박물관 전시 및 교육론

엮은이

미즈시마 에이지(水嶋英治) : 츠쿠바대학(筑波大学) 교수(敎授).

오호리 사토시(大堀哲) : 나가사키역사문화박물관(長崎歷史文化博物館) 관장.

지은이

나카야마 세이지(中山誠二) : 야마나시현립박물관(山梨県立博物館) 학예과장.

마키 신이치로(牧慎一郎) : 오사카시립텐노지동물원(大阪市立天王寺動物園) 원장(園長).

미즈시마 에이지(水嶋英治) : 츠쿠바대학(筑波大学) 교수(敎授).

사카이 카즈미츠(酒井一光) : 오사카역사박물관(大阪歷史博物館) 학예원(学芸員).

사토미 치카유키(里見親幸) : 뮤지오그라피연구소(ミューゼオグラフイー研究所) 소장.

야마니시 료헤이(山西良平) : 니시노미야시패류관(西宮市貝類館) 고문.

오시마 테츠야(大島徹也) : 히로시마대학(広島大学) 교수.

오호리 사토시(大堀哲) : 나가사키역사문화박물관(長崎歷史文化博物館) 관장.

츠카하라 마사히코(塚原正彦) : 토키와대학(常磐大学) 교수.

카토 켄이치(加藤謙一) : 가나자와미술공예대학(金沢美術工芸大学) 미술공예연구소(美術工芸研究所) 주임연구원(主任研究員).

코니시 타츠오(小西達夫) : 진화생물학연구소(進化生物学研究所) 주임연구관.

코마미 카즈오(駒見和夫) : 와요여자대학(和洋女子大学) 교수.

타시로 히데토시(田代英俊) : 국립연구개발법인 과학기술진흥기구(国立研究開発法人科学技術振興機構) 프로그램 매니저 보좌(プログラムマネージャー補佐).

타카노 미츠유키(鷹野光行) : 토호쿠역사박물관(東北歷史博物館) 관장.

타카다 코지(高田浩二) : 후쿠야마대학(福山大学) 교수.

타카야스 레이지(高安礼士) : 치바시과학관(千葉市科学館) 프로젝트 어드바이저(プロジェクトアドバイザー).

타카하시 노부히로(高橋信裕) : 코우치미래과학관(高知みらい科学館) 관장.

타케우치 유리(竹内有理) : 나가사키역사문화박물관(長崎歷史文化博物館) 교육보급그룹리더(教育普及グループリーダー).

하타 노부유키(端信行) : 시가현평화기념관(滋賀県平和祈念館) 관장

옮긴이

김건희(金建希, Koni Kim) : 세린문화예술 (공동)대표 · 세린문화예술연구소 소장.

배정현(裵庭賢, JungHyon Bae) : 세린문화예술연구소 연구원.

주미정(朱美貞, Mi-Jung Ju) : 세린문화예술연구소 객원연구원 · 국립중앙박물관 고객지원팀.

serin@srcac.co.kr

세린문화예술총서 1

박물관 전시 및 교육론

미즈시마 에이지 · 오호리 사토시 엮음

김건희 · 배정현 · 주미정 옮김

학연문화사

한국의 독자에게

이 책은 박물관의 여러 활동 중에서도 가장 중심적인 활동인 '전시'와 '교육'에 초점을 맞추어 서술된 최신 연구성과입니다. 일본의 박물관 현장에서 활약하는 학예원學芸員과 박물관학 연구자에 의해 집필된 이 책이 이번에 세린문화예술연구소의 김건희 선생을 비롯한 한국의 박물관 연구자에 의해서 번역된 것을 매우 기쁘게 생각하고 있으며, 우리 집필자에게는 더없이 영광스러운 일입니다.

이 책의 여러 부분에 일본의 사례 연구가 서술되어 있는데, 박물관 전시나 교육이나 그 근저에 있는 철학은 세계적인 보편적 가치를 가진 활동이기에, 한국의 박물관 관계자 여러분에게도 유용한 정보로 가득 차 있다고 생각합니다. 또한 박물관 전시 및 교육활동에 의해서, 한국과 일본 양대 문화의 정신적 접촉에 기여할 수 있으며, 박물관 업무에 대한 용기와 자신감을 주는 책이 될 것이라고 기대합니다.

이 책을 통하여 한국과 일본의 지적 교류가 촉진되고, 이를 계기로 직접 및 간접적으로 한·일의 박물관학이 더욱더 발전하기를 진심으로 기원합니다.

2017년 3월

미즈시마 에이지·오호리 사토시

지은이 머리말

이미 박물관이 평생학습사회에서 중요한 역할을 달성하고 시민의 생활 속으로 깊이 파고들어서인지, 박물관의 이미지는 진부해지고 존재의의 또한 흔들리고 있다. 그 배경이 되는 원인은 다양하여 한마디로 표현할 수 없다. 간략하게 말하자면, 가치관의 다양화·경제격차의 증대(전시에 가고 싶은 사람은 가고, 갈 수 없는 사람은 가고 싶어도 갈 수 없는)·대중매체의 풍요로움이 가져온 폐해가 원인이라 할 수 있다. 이는 우리 사회가 정보사회에서 정보과다의 세상이 되었기 때문일 것이다. 잡박한 표현을 쓰자면, 주변에 압도되어 박물관의 참신함이 없어졌다고나 할까.

그러나 가령 박물관이 사회 속에서 퇴색되었다고 하더라도, 지역사회에서 박물관의 존재의의는 결코 사라지지 않는다. 지역의 역사를 지키는 역할·지역의 문화를 육성하는 기능·지역의 기억을 차세대에게 계승하는 활동이 있는 이상 박물관은 사라지지 않는다.

그런데 2011년 3월 도호쿠東北 지방을 강타한 동일본 대지진으로부터 일본의 박물관 관계자들은 도대체 무엇을 배운 것일까.

거대지진의 교훈은 지역문화의 계승에 있어서 박물관은 없어서는 안 되는 존재라는 것이었다. 라이프라인lifeline인 사회기반 시설이 복구되고 지역 전체가 부흥을 향해 나아갈 때, 지역의 기억 및 지역의 문화적 상징은 주민들의 정신적 지주가 된다는 것을 증명해 보여 주었다.

박물관을 연구하는 의의는 지역문화를 어떻게 지키고, 지역의 문화재를 어떻게 계승해 나갈 것인가 하는 물질문화의 기본문제는 물론 박물관이 정신문화의 조성을 어떻게 이행해 나갈 것인가 하는 철학적 과제를 해명하는 단서를 얻기 위한 것이다. 그렇기에, 박물관학의 이론·실학實學·실천의 세계를 넘나들지 않으면 안 된다. 사회와 박물관을 연결하는 것, 사람과 박물관을 연결하는 것, 그것은 바로 교육이며, '전시자료=문화재'이다.

박물관학의 포괄범위는 넓지만, 이 책에서 다루는 영역은 '박물관전시론'과 '박물관교육론'이다. 이 책을 통해, 소장품과 자료를 어떻게 전시하고 교육에 활용할지에 대해서 학습하기를 바란다.

이 책의 집필자들은 박물관 일선 현장의 학예직이며, 최첨단 연구 및 교육에 항상 노력하고 있는 연구자들이다. 박물관을 살리는 것도 전문가로서의 학예직의 역량에 달려 있다. 아무쪼록 이 기회에 이 책을 십분 활용하고, 면학에 힘써주기를 바란다. 그리고 박물관학을 하는 한 사람 한 사람이 박물관의 질적 향상에 공헌해 준다면, 그것은 집필자들의 기대 이상의 기쁨이 될 것이다.

편저자   **오호리 사토시** 나가사키역사문화박물관장

미즈시마 에이지 츠쿠바대학 교수

옮긴이 머리말

한국박물관의 역사는 서구에 비해 짧지만, 1980년대부터 한국의 박물관은 괄목할 만한 양적인 성장을 해왔다. 이제는 이러한 양적 팽창에 걸맞은 질적 향상을 모색해야 할 때이며, 이를 위해서는 학문적인 뒷받침이 뒤따라야한다.

박물관학은 서구에서도 짧은 역사를 가진 학문으로, 국내에 도입된 지는 얼마 되지 않는다. 이로 인하여, 용어적 · 개념적 · 이론적인 측면에서 다소 체계적이지 못한 모습을 보이는 경향이 있다. 한국 박물관 분야의 발전을 위해서는, 서구의 박물관학에 대한 연구와 함께, 이를 수용한 비서구권의 박물관학에 대한 연구도 필요한 것으로 보인다. 이를 통해 시행착오를 줄이고, 한국의 실정에 맞는 체계적이고 실효성이 있는 박물관학의 정착을 도모할 수 있을 것이다.

박물관학의 정착이라는 관점에서 한국박물관의 역사를 뒤돌아보면, 일본과의 관계를 소홀히 할 수 없다. 이 책에 주목하게 된 이유는 서구의 박물관학이 일본에서는 어떻게 받아들여지고, 박물관 관련학계와 현장에 얼마나 깊이 뿌리내리고 있는 지, 2017년 현 시점에서 한국에 뿌리내린 박물관학과 어떤 차이점과 유사점이 있는지, 그 유사점과 차이점을 통해 한국의 박물관이 배울 수 있는 점은 무엇인지 등에 대한 학문적 호기심에 의한 것이다.

이 책은 박물관학에 입문하고자 하는 전공자들에게 박물관 전시와 교육에 대한 길잡이가 되어 줄 것이다. 한 가지 당부하고 싶은 점은, 이 책은 일본의 독자를 대상으로 저술되었다는 점이다. 따라서 이 점을 염두에 두고, 일본의 박물관계를 일본인의 시각에서 어떻게 보고 있는지, 그들이 고민하는 문제는 무엇인지, 그것이 우리 박물관 분야에서 같이 고민해야 할 문제인지 등의 관점에서 읽어 주기를 바란다.

끝으로, 이 책이 일본의 박물관학의 현주소를 이해하는 데 도움을 줄 뿐만 아니라, 우리 박물관학의 기반을 다지는 데 기여하기를 바란다. 또한 출판계의 어려운 사정에도 불구하고, 박물관학의 잠재성과 중요성을 인식하고 흔쾌히 출판을 결정해주신 학연문화사의 권혁재 사장님과 출판사 직원들에게 진심으로 감사를 드린다.

2017년 3월

김 건 희

목 차

제1부 박물관전시론

제2부 박물관교육론

제 1 부

박물관전시론

제1장 박물관 전시의 의의[1]

제1절 전시의 사회적 역할

1. 박물관 전시의 묘미

박물관 전시를 생각함에 앞서 박물관의 특징이 무엇인지를 살펴보고자 한다. 박물관의 특징은 무엇보다도 현지까지 가지 않아도 그곳의 생물이든, 표본이나 자료든, 또한 그것들을 포함한 문화든, 이것들을 박물관에서 볼 수 있다는 비속지성非屬地性에 있다.

요컨대, 동물원을 생각해 보면 그 의미는 명백해진다. 동물원에서는 열대에서 극지방까지 지구상 각지에 서식하는 생물을 수집하고, 사육 및 관리하여 방문자에게 보여주고 있다. 원래대로라면, 지구 끝까지 가지 않으면 볼 수 없는 생물들을 한자리에 모아놓았기 때문에, 동물원에 가는 것만으로 지구를 여행할 필요가 없어진다.

이것은 다른 시설에서도 마찬가지이다. 수족관도 그렇고, 식물원도 마찬가지이다. 게다가 이러한 생물계 박물관뿐만이 아니다. 전통이 있는 국립박물관에 가면, 옛 선조들이 남긴 보물들을 볼 수 있다. 일부러 고도古都의 이름난 절을 방문할 필요도 없다. 박물관에서는 시공을 초월한 온갖 사물을 한자리에 모아서 볼 수 있다. 미술관도 마찬가지이다. 일일이 미술작품을 찾아다닐 필요가 없다. 미술관에서는 세계의 예술을 한자리에 모아 전시·

---

1) 하타 노부유키(端信行) : 시가현평화기념관(滋賀県平和祈念館) 관장.

공개하고 있다. 따라서 그곳으로 발길을 옮기는 것만으로 세계의 예술을 만 끽할 수 있는 것이다.

최근에는 다양한 주제를 가진 크고 작은 박물관이 많이 생겨나고 있다. 장난감박물관에 가면, 그야말로 전 세계의 장난감을 볼 수 있다. 역사박물 관에 가면, 그 지방의 역사를 보여주는 다양한 자료와 지역문화의 많은 것 을 보고 배울 수 있다. 일본 오사카부大阪府 스이타시吹田市에 위치한 국립민 족학박물관国立民族学博物館은 민족을 주제로 말 그대로 전 세계의 민족에 관한 자료와 정보를 수집 및 전시하고 있다.

이러한 사례는 현재 일본에서 끝없이 들 수 있다. 요컨대, 박물관의 묘미 는 박물관에는 각 박물관의 특성을 토대로 다양한 표본과 자료가 전 세계에 서 수집되고 있으며, 일부러 현시나 현장을 찾아가지 않아도 그것들을 한 곳에서 볼 수 있다는 점이다. 이것이 박물관의 가장 기본적인 특성이며, 적 어도 박물관 전시가 지향해야 할 점은 이러한 기본적인 특성을 충분히 발휘 하는 전시가 되도록 유의하는 것이다.

2. 박물관의 본질은 소장품

각 박물관의 전시는 기본적으로 그 박물관이 소장하고 있는 자료나 표본 의 종류 및 특성에 의해 결정된다. 박물관이 소장하고 있는 소장품의 특성 이야말로 그 박물관의 전시스타일을 결정하는 것이다. 그 점에서 박물관과 전시는 일체적이라고 간주하지 않으면 안 된다.

동물원에서 소장하고 있는 자료는 살아있는 각종 동물류가 중심이기 때 문에, 전시는 각 동물을 사육·관리하고, 동시에 사람들이 견학하기 쉬운 구 조를 가지고 있을 필요가 있다. 수족관이나 식물원도 같은 원리로 설립되고 있다고 할 수 있다. 이에 비하여, 비생물계의 자료나 표본을 다루는 시설에서는 기본적으로 자료나 표본을 수장시설에서 관리하고, 그 일부를 전시실에서 진열 및 공개하는 것이 일반적이다. 과학계의 광석류나 화석류 같은 표본도, 인문계의 중요미술품 등도 수장과 전시의 원리는 마찬가지이다.

서구 근대박물관의 형성은 근대 초기 서구세계의 확대에 따라 세계 각지의 희귀한 물건들이 수집되고, 수집가가 자신의 수집품을 갤러리에 진열하고 사람들에게 공개하는 스타일에서 비롯되었다. 신기한 물건이나 희귀한 물건을 유리상자 너머로 보는 양식도 이 무렵부터 시작되었다. 메이지 초기 일본에 박물관이라는 개념이 들어왔을 때의 전시양식은 당연히 그러한 갤러리 진열형 전시를 모방하였고, 이러한 전시양식은 현대에도 많은 박물관에 계승되고 있다.

이 갤러리 진열형 전시는 박물관 전시양식으로 보편적이라고 할 만큼 일본에서는 물론이고, 전 세계에 널리 보급되어 있다. 그리고 거기에서는 신기하고 희귀한 것을 비롯해 일반적으로 가치가 높다고 생각되는 것들이 진열된다. 이용하는 사람들도 또한 박물관이라고 하면 그런 신기한 것, 희귀한 것 등 가치가 높다고 여겨지는 것이 진열되어 있는 곳이라고 생각해 왔다.

그러나 오늘날에는 많은 박물관이 설립되어, 사람들 가까이에 여러 박물관 시설이 존재하게 되었고, 박물관이 수집하고 있는 소장품은 반드시 신기하거나 희귀한 것들이라고는 말할 수 없게 되었다. 사람들이 극히 일상적으로 사용해 오던 여러 가지 도구와 가구를 비롯한 생활용품이나 생산도구 등이 박물관 자료로 중요하다고 여겨지게 되어, 이것들을 수집 및 소장하는 활동이 진행되어 왔다. 이것들은 한 점만으로는 일부러 감상할 가치가 별로 없을지도 모르지만, 다른 여러 자료나 표본과 연계하여 큰 의미를 지닌 메시지를 만들어 낼 수 있다.

　이것은 생물의 경우에도 마찬가지로, 물고기도 동물도 한 마리만 보이는 것보다, 암수 한 쌍이나 가족의 형태, 경우에 따라서는 무리로 보여줌으로써 그것들이 사는 세계를 엿보게 할 수 있다.

　이렇게 크고 작은 다양한 주제를 가진 박물관 시설이 가까이에 있는 현대에서는 각 박물관이 수장하고 있는 소장품의 특성에 따라 지금까지의 갤러리 진열형이 아닌 새로운 전시방법을 시도하게 되었다. 이 경우 전시물을 한 점씩 진열하는 것이 아니라, 자료 및 표본의 배경이나 관계에 근거하여 다른 자료 및 표본과 조합한 장면 구성을 구상하는 전시방법이 채택되고 있다. 이러한 전시양식을 장면 구성형이라고 부른다. 현대의 박물관 전시에는 갤러리 진열형과 장면 구성형이 혼재하고, 양자의 차이는 기본적으로 각 박물관에서 수장하고 있는 소장품의 특성의 차이에 의한 것이다.

3. 박물관의 종류와 전시

　박물관 전시는 박물관의 종류에 따라 매우 다르다는 것을 고려하지 않으면 안된다. 이 책의 제3장에서는 전문분야별로 10종의 박물관을 소개하고 있다. 그 중 '박물관'이라는 용어를 명칭에 사용하고 있는 곳이 6관이고, 독자적인 용어를 명칭으로 사용하고 있는 곳이 4관이다. 그러나 이 중 자연사계 박물관이나 이공계 박물관은 종종 과학관이라는 용어를 사용하고 있는 경우가 많으므로, 이러한 경우에는 '박물관'이라는 용어를 명칭에 사용하는 곳이 4관이 되고, 독자적인 명칭을 사용하고 있는 곳이 6관이 된다.

　후자의 경우, 즉 독자적인 용어를 명칭으로 사용하고 있는 박물관은 그 명칭을 사용하는 단계에서 이미 전시내용을 사람들에게 제시했다고 할 수 있다. 그런 의미에서 박물관의 명칭은 이미 전시의 일부로서의 기능을 하고 있으며, 일반인들의 박물관에 대한 이미지 형성에 있어서 박물관 건물과 함께 중요한 요소가 되고 있다. 즉, 미술관은 미술작품을, 문학관은 현대작가의 작품을, 동·식물원이나 수족관은 각각 동물이나 식물, 어류·수중생물을 전시한다. 전시내용과 박물관의 명칭은 연결되어 있으며, 사람들에게 쉽게 박물관의 이미지를 환기시킨다고 할 수 있다.

이에 비하여, 전자의 경우는 모두 전문분야의 '박물관' 혹은 '자료관'이라는 용어를 명칭으로 사용하고 있는 사례가 많고, 후자의 경우처럼 박물관의 명칭에서 직접 전시내용을 떠올리는 것이 어려운 경우가 많다. 실제로 명칭에 대한 다양한 연구가 보이지만, 그래도 전시내용을 떠올리게 하는 것은 대단히 어렵다. 그렇다면, 어떻게 전시내용을 연상시킬 수 있는가? 박물관이라는 시설의 명칭이나 건물을 통하여 사람들에게 구체적인 전시내용의 이미지를 전달하는 것이 어렵다면, 전시내용 자체를 구체적으로 사람들에게 알리려는 노력을 해야 한다. 여기에 박물관 전시활동의 본연의 의의가 있다.

사람들이 기대하고 사회가 요구하는 박물관의 역할을 다른 여러 시설과 비교해 보면 그 의미가 보다 더 명확해질 것이다. 예를 들어, 극장이라면 상연되는 작품이 있고, 배우나 연주자에 대한 나름의 정보가 있어서, 극장이라는 시설에 대하여 사람들이 요구하는 바는 상당히 명확하다. 도서관의 경우는 이용하고 싶은 책이 있는지 등의 정보가 중요하고, 그 편의성에 대한 사람들의 요구needs는 명확하다.

그렇다면 사람들이 박물관에 기대하고 요구하는 것은 무엇인가? 다양한 전시가 일반대중에게 공개되고 여러 가지 행사가 개최되고 있어도, 그것이 사회에 있어서 또는 사람들에게 있어서 어떤 의미가 있는지, 무엇을 위하여 존재하는지에 대하여 박물관은 거의 설명하지 않는다. 사람들이 박물관에 대한 적절한 이미지를 형성하는데, 박물관 측은 어떤 설명 수단을 가지고 있는지, 그러기 위해서는 어떤 표현형식이 가능한지 지금에 와서 새삼스럽게 박물관의 표현방법에 대한 질문이 제기되고 있다. 이것은 박물관 전시활동의 근본적인 과제가 될 수밖에 없다.

4. 가까워진 박물관

지금에 와서 박물관 전시의 근본적인 의미를 되묻는 이유는 무엇인가? 그것은 박물관이라는 존재가 그 어느 때보다 사람들에게 가까워졌기 때문이다.

일본에서 〈박물관법博物館法〉이 시행된 것은 1951년이다. 그 이후, 반세기 이상의 세월이 흘렀다. 제2차 세계대전 이후 일본은 고도성장기를 거치고, 1980년대에는 '박물관 붐boom'이라는 말을 들을 정도로 전국에 많은 박물관이 설립되었다. 〈박물관법〉이 시행된 1951년 당시 문부과학성文部科学省(문부성)은 일본 전국의 박물관 현황을 조사했는데, 그 당시 전국에 200관을 넘어선 정도였다. 그것이 2008년에는 문부성이 파악하고 있는 것만으로도 전국에 5,775관에 달하고 지금도 늘어나고 있는 추세이다. 현県단위로 보면, 1현県당 120관 이상이 된다. 이제는 전국 어느 도시, 어느 지역이든 1관 이상의 박물관이 존재하게 되었고, 그만큼 박물관이 사람들에게 가깝게 되었다고 할 수 있다.

그러나 박물관이 많이 생겨나고 사람들에게 가까운 존재가 되었지만, 사람들이 박물관에 대해서 어떤 이미지와 지식을 가지고 있으며, 개개인은 어떤 요구에 따라 박물관을 이용하거나 이용하지 않는 결과가 나타나는 지에 대하여 생각해 볼 필요가 있다. 박물관은 일반적으로 사람들에게 알려지지 않은 경우가 많고, 그것이 주된 원인이 되어 많은 사람들이 품고 있는 박물관에 대한 이미지는, 개개인이 정확한 이용을 가늠하기에는, 그 명확성이 조금 부족하다고 하지 않을 수가 없다.

그 이유를 생각해보면, 사람들에게 가까운 존재가 되면서 박물관은 스스로의 존재의의에 대해 사람들에게 충분히 설명하지 않았기 때문이 아닌가 생각된다. 그것은 '박물관법이란?'이라든지 '박물관의 존재의의란?'과 같은 강의를 하라는 것이 아니다. 그것은 사회에서의 박물관에 대한 명확한 이미지를 형성하려는 노력을 하지 않았다는 것이다. 박물관은 지속적으로 다양한 전시와 행사를 많은 사람들에게 공개하고 있지만, 사람들의 생활의 어디에 위치하는지, 사람들의 삶의 방식에 어떤 의미를 가져올지 등에 대해서 명확한 메시지를 전달하는 데 성공하고 있다고는 생각되지 않는다.

사회에는 다양한 시설이 있다. 예를 들어 상점은 사람들이 원하는 제품을 상품으로 판매하고, 신문사는 신문을 발행하고, 도서관은 사람들이 필요로 하는 도서를 비치하여 이용의 편의를 도모한다. 그렇다면 박물관은 무엇을 하고 있는 곳일까?

이것은 다른 관점에서 보면, 사람들이 박물관에 대해 느끼게 되는 이미지를 형성하는 질문이기도 하고, 그 결과로 박물관에 대한 사람들의 요구가 형성되게 하는 문제이다. 박물관에 대한 사람들의 이미지가 명확하지 않다면, 사람들이 박물관을 이용하려는 동기나 욕구를 촉진하는 출발점은 생겨날 수 없다. 박물관을 적극적으로 이용하고 활용하려는 요구가 부족하다면, 그것은 박물관 측의 이미지 형성을 위한 노력이 부족하다고 말하지 않을 수 없다. 만약 박물관 측이 충분히 노력하고 있다고 주장한다면, 그 노력이 지향하는 것과 사람들이 원하는 것 사이에 차이가 생기고 있다는 것이다.

현대처럼 가까워진 박물관에서는 사람들은 명확한 편의성이 없으면 이용하지 않는다고 간주해야 한다. 그렇다면 박물관이 제공하는 편의성 및 서비스는 무엇일까? 그와 같은 메시지를 보내는 것은 우선 박물관의 전시활동일 것이다. 사람들은 박물관이 제공하는 다양한 전시활동을 보고 싶다는 욕구를 가지고 있는가? 관점을 바꾸어 보면, 전시활동이야말로 박물관과 이용자들을 사회와 맺어주는 끈이다. 이 연결 끈을 얼마나 강하게 할 것인지, 그것이 과제이다.

제2절 조사 · 연구 성과로서의 전시

1. 박물관의 양면성

박물관의 기본적인 기능은 ① 표본자료의 수집과 관리, ② 표본자료에 대한 조사 및 연구, ③ 전시를 통하여 수집한 표본자료의 공개, ④ 교육 보급 이렇게 네 가지 기능이 있다고 볼 수 있다. 이 네 가지 기능은 서로 반대로 작용한다. 표본자료의 수집 · 관리 그리고 그 표본자료에 대한 조사 · 연구는 박물관이라는 시설의 중심, 즉 내부에서 이루어지는 활동이다. 반면 전시 공개나 교육 보급과 같은 활동은 널리 사회 속의 일반대중을 위한 활동이다. 일반대중의 입장에서 볼 때 보통은 박물관 내부까지 들어가는 일이 없기 때문에, 박물관은 전시 공개나 교육 보급 활동을 실시하는 시설이라는 면밖에 볼 수 없다. 박물관은 이와 같이 외부에서는 볼 수 없는 활동과 사회인들을 대상으로 한 활동이라는 정반대의 두 얼굴을 가지고 있다.

이와 같은 정반대의 활동을 연결하는 역할을 담당하고 있는 것이 학예직이다.[2] 일반적으로 박물관 전문직으로서의 학예직은 박물관의 수집활동에 관여하고, 수집한 표본자료의 분류와 조사를 실시하고, 표본자료의 학술적 위치나 의의를 밝힌다. 또한 학예직은 박물관에서 수집한 표본자료를 이용해서 어떤 형태로든 전시활동을 한다. 전시작업이 완료되어 전시가 공개되면, 학예직은 자주 전시실에 나가 전시를 관람하는 사람들에게 전시의 학술적 위치나 전시되어 있는 표본자료의 가치 등에 대해 해설한다.

즉 학예직의 업무는 박물관의 네 가지 기본적인 기능 전부에 관여하고 있다. 이러한 상황에서 박물관은 학예직의 활동에 의해서 유지되고 있다고 해도 과언이 아니다. 예를 들면, 전시를 기획하려면 우선 어떤 표본자료를 다룰지를 결정해야 한다. 이 주제의 기획이라면 반드시 이러한 표본자료를 전시할 필요가 있다고 결정하는 것은 전적으로 학예직의 역할이며, 박물관에서 그 자료를 소장하고 있지 않은 경우에는 대여할 자료의 소재를 알고 있어야 한다. 그리고 대여절차를 진행하는 것도 학예직의 업무이다.

2. 전시의 혁신

이처럼 전시는 일차적으로는 학예직의 활동 여하에 달려 있다. 대부분의

---

2) 서구의 'curator', 'keeper', 'conservateur' 등에 대응하는 말로 일본에서는 '學芸員(학예원)'이란 용어를 사용하고 있고, 국내에서는 학예(연구)사, 학예(연구)관, 학예연구원 등의 용어를 사용하고 있음. 이난영의 《박물관학》(2008:197)에 의하면, 우리는 일본의 학예원이라는 단어를 옮겨 쓰기가 매우 어려워 한때는 '박물감'이란 말을 사용하다가, '학예직'으로 바꿨다가, 연구직으로서의 자격이 거론되면서 '학예연구직'이란 말을 사용하게 되었다고 함. 하지만 이 용어는 '학예'와 '연구직'이란 말이 중복되어 있다고 비판함. 이에 이 책에서는 원서의 '學芸員'이라는 용어의 번역어로 '학예직'을 사용하기로 함. 역주

경우, 학예직의 조사·연구의 내용이 전시에 그대로 반영되는 것을 피할 수는 없다. 이러한 의미에서 전시는 학예직의 조사·연구의 성과라고 할 수 있다. 그리고 종종 그 성과가 전시의 새로운 혁신innovation을 일으키는 결과가 되고 있다.

그런 전형적인 사례는 최근 생물계 박물관, 즉 동물원·수족관·식물원 등의 전시 혁신에서 찾아볼 수 있다. 예를 들어, 이 분야에서는 원래 표본 전시가 일반적이었다. 동물원에서는 우리나 울타리 속에 방목한 동물을 보여주는 것이 목적이었다. 수족관과 식물원에서도 종류별로 구별하여 보여주는 것이 일반적이었다. 그러나 이러한 생물의 생태에 관한 연구가 진행되어 오면서, 그것들이 사는 환경을 재현하거나 어떤 특정 환경 속에서 다른 종과 공생하는 실태를 전시하는 것이 요구되었다. 환경을 재현하고 복원하는 기술의 진보도 뒷받침하고, 생태적인 전시구성이 널리 보급됨으로 인해서, 사람들은 마치 그 생물이 본래 서식하는 환경 속에서 살고 있는 것처럼 볼 수 있게 되었다.

이러한 사례가 박물관 전시의 묘미이다. 왜냐하면 본래는 지구상의 각지에 뿔뿔이 흩어져 각기 서식하고 있기 때문에, 각 지역을 방문하지 않는 한 볼 수 없는 것을 의도적으로 한 곳에 모아 보여주는 시설이 박물관이기 때문이다. 박물관이 박물관일 수밖에 없는 근본은 역시 그 비속지성에 있다. 그렇기 때문에 박물관에서도 특히 자연과학계 박물관에서는 일찍부터 생물의 박제를 전시할 때 서식지의 환경을 재현하려고 시도했고, 그 과정에서 디오라마 전시가 발달하게 된 것이다. 이제 사람들은 생물을 볼 때, 항상 서식환경을 의식하는 것을 배울 수 있게 되었다.

이러한 생물과 서식환경에 대한 사고방식이 최근에는 동물원이나 수족관과 같은 생물계 박물관 시설에 이르게 됨에 따라, 생물과 서식환경 자체의 재현이 시도되고 있는 것이다. 최근에는 또한 생물의 행동과 같은 분야까지 더 깊이 파고드는 전시가 시도되어 많은 사람들의 주목을 받고 있다.

3. 상설전시와 기획전시

박물관에는 일반적으로 언제 가더라도 볼 수 있는 전시와 일정기간 내로 한정된 전시가 있다. 전자는 보통 상설전시라고 부르는 경우가 많고, 후자는 기획전시 또는 특별전시라고 부른다.

박물관의 종류에 따라 대체로 5-6년부터 10년 안팎으로 상설전시의 개편 작업이 이루어진다. 이처럼 상설전시는 장기적이고 고정적인 전시이며, 전시를 구성하는 표본자료들은 기본적으로 그 박물관의 소장자료 즉 소장품이다. 장기적으로 전시하려면, 다른 박물관에서 대여해온 자료는 적절하지 않으며, 또 실제로 그런 경우는 있을 수 없다. 상설전시야말로 그 박물관의 소장품의 특색을 보여주는 것이며, 따라서 박물관 자체의 특색도 되기 때문에 당연히 학예직도 주력하는 것이다.

그렇지만 일반 사람들이 반드시 이 상설전시에 강한 관심을 가지는 것 같지는 않다. 상설전시는 언제 가도 볼 수 있기 때문에, 한번 보면 그 이후에는 거의 관심을 보이지 않는 경향이 있다.

이러한 원인 중 하나는 당연한 결과로 학예직의 활동이 기간이 한정된 전시 이른바 기획전시나 특별전시의 기획 및 제작을 중심으로 하는 사이클을 중시하기 때문일 것이다. 또 그렇게 기간이 정해진 전시는 포스터나 여러 매체를 이용해 대대적으로 홍보를 하고, 관람자의 확보를 목표로 널리 알리려고 총력을 기울이는 것이 보통이다. 그러한 홍보에 이끌려 박물관을 방문하면, 목적인 전시실 외에 상설전시실이 있다는 것을 처음으로 알게 된다. '어라, 이런 전시가 있었구나'인 셈이다. 이 단계에서 사람들은 새삼 '이 박물관은 이런 박물관이군'하고 깨닫게 된다.

전시기간이 한정된 기획전시나 특별전시를 즐기며 여러 번 박물관을 찾는 사람을 '재방문자repeater'라고 부르는데, 본래 '재방문자'란 의미는 언제 박물관을 방문해도 볼 수 있다는 이점에 매력을 느끼고 몇 번이나 박물관을 방문하는 사람을 말한다. 언제 박물관을 방문해도 좋아하는 작품이 같은 곳에 있으며, 매력적인 전시코너나 좋아하는 생물이 있다는 점, 그 매력에 이끌려 몇 번이나 박물관을 들리게 함으로서 원래 의미의 '재방문자'를 만들어 내는 것이 박물관 전시의 매력 만들기라고 할 수 있다.

왜냐하면 기간이 한정된 기획전시나 특별전시에서는 종종 다른 박물관과 연계한 순회전시나 다른 박물관의 소장품을 대여한 전시가 많기 때문이다. 다른 박물관에서 대여한 표본자료에 사람들이 기대한다는 것은, 그 박물관이 소장하고 있는 표본자료에 사람들이 매력을 느끼지 않는다는 것이다. 다른 박물관의 표본자료를 전시하는 것은 확실히 사람들에 대한 서비스가 될지도 모르지만, 발밑의 자신의 박물관이 소장하고 있는 표본자료로부터 사람들의 눈을 다른 데로 돌리게 하는 작용도 있으니 주의해야 한다.

4. 학예직제도의 한계

그러나 다른 한편으로는 항상 학예직의 조사 · 연구 성과가 전시의 혁신으로 연결되는 것은 아니다. 이것은 특히 인문계 박물관에서 상당히 심각한 문제라고 말하지 않을 수 없는 상황이다. 학예직이 전시에 관여하는 것은 앞서 말한 바와 같이 크게 두 가지로 상설전시와 기획/특별전시이다.

상설전시는 수년 이상에 걸쳐 고정적으로 전시하는 경향이 있으므로, 학예직이 총출동하여 기획단계부터 논의하는 전체 구상단계부터 참여한다. 전체적인 구상이 정해지면, 각각 업무분담을 결정하여 세부사항을 채우면서 조정해 나간다. 여기에서는 전체에서 개별로 진행되는 작업의 흐름이 인정된다.

이에 반해, 기획/특별전시에서는 대부분의 경우 개별 작업으로 시종일관하는 경향이 보인다. 즉, 기획/특별전시에서는 일반적으로 기획단계부터 전시공개까지를 담당자 혼자 진행하는 경우가 많다. 학예직은 대개 전문분야를 가지고 조사·연구를 진행하고 있기 때문에, 기획/특별전시는 그러한 학예직의 전문분야와 밀착해서 이루어지고 있다.

그 결과 상설전시에서는 각 학예직이 전체 중 일부에만 관여하지만, 기획/특별전시에서는 자연히 한 명의 학예직이 기간이 한정된 전시를 전면적으로 담당하게 된다. 따라서 특히 상설전시에서 대대적인 개편작업을 하지 않는 한, 학예직의 전시관련 통상업무는 기획/특별전시에 관한 것이 된다. 기획/특별전시는 그 주제theme나 규모에 따라서는 수년의 준비기간을 필요로 하는 것도 있다. 이렇게 학예직의 조사·연구는 장기간에 걸친 고정적인 상설전시 및 기간이 한정된 기획/특별전시에 직접적으로 반영된다. 경우에 따라서는, 이 전시들은 학예직의 조사·연구의 성과라고 할 수 있다.

하지만 동시에 이것은 공개된 전시를 관람자가 어떻게 수용하는지, 관람자 또는 제삼자로부터 어떤 형태로든 평가를 받게 된다: 많은 사람들에게 수용되었는지의 여부, 혹은 다른 박물관 관계자로부터 어떤 평가를 받았는지. 그러나 전시에 관해서는 기준이 되는 평가방법이 확립되어 있다고는 말하기가 어렵기 때문에, 자연히 관람자 수가 평가의 지표로 자주 화제가 되기 쉽다.

또한 박물관 전시 전반이 이렇게 학예직의 조사·연구의 성과라는 형태에 의존하기 때문에, 전시주제는 학예직의 전공분야에 치우치는 경향도 나오게 된다. 게다가 학예직의 조사·연구는 반드시 전시를 전제로 한 연구만은 아니다. 그러나 박물관 전시는 널리 사회적으로 공개하는 것을 전제로 하기 때문에, 거기에는 사실의 오류가 있어서는 안 된다. 따라서 조사·연구의 뒷받침이 없는 전시는 있을 수 없다. 이 점에서 보자면, 학예직이 자신의 전문이 아닌 분야의 주제를 다루는 전시는 실현이 어렵다고 볼 수 있다. 이런 문제를 해결하려면, 전시주제와 관련된 분야를 전문으로 하는 연구자를 외부에서 초빙하는 방법밖에 없다.

5. 전시는 누구의 것인가?

박물관 전시는 학예직의 조사·연구를 기초로 성립되고 있는 것은 틀림없다. 그러나 전시를 통해서 어느 특정 표본자료를 널리 사회에 공개하는 의미(혹은 가치)가 있는지의 여부를 누가 판단하는가 하는 점에 이르면, 그것이 반드시 명확하다고 할 수는 없다.

예를 들어 박물관 설립자나 제삼자가 전시내용에 대해 이의를 제기하는 사례를 볼 수 있다. 일본에서는 비교적 드물지만, 서구에서는 전시를 둘러싼 시비 논쟁을 종종 볼 수 있다. 이것은 박물관 활동이 매우 사회적이며, 전시활동은 높은 사회성을 띠고 있기 때문이다. 박물관 전시는 다음 절에서 설명하듯이 반드시 관람자나 사회에 일정한 메시지를 발신하는 특성, 즉 메시지성을 가지고 있으며 그 메시지가 어떤 사람들에게는 부적절하다고 판단되는 일이 일어날 수 있는 것이다.

일본에서는 이러한 박물관 전시에 대한 이의제기가 서구에 비해 적다고 말했지만, 일본의 박물관 전시는 그러한 강한 사회성을 회피하는 경향이 있다. 될 수 있으면 설립자나 제삼자의 이의제기를 피하려고, 전시내용을 학술성이나 예술성에 의거한 메시지를 선호하기 때문이다. 그러나 이 경향도 몇 가지 문제점을 안고 있다.

쉽게 알 수 있는 일이지만, 전시내용에 학술성이나 예술성이 강해져서 박물관이 학술이나 예술의 거점이 되면 당연히 일반대중으로부터 외면당하기 마련이다. 일반대중들이 원하는 것과 박물관의 전시내용이 크게 어긋나는 사태가 일어나는 것은 바람직한 일이 아니다. 설립자도 이러한 사태가 진행되면, 전시내용에 이의를 제기할지도 모른다.

또한 이러한 학술성이나 예술성을 중시하는 전시는 경우에 따라서는 일반사회와는 동떨어진 활동을 전개하는 것처럼 받아들여지는 경우도 있다. 박물관의 활동은 극히 사회적이기 때문에, 사회의 동향이나 사람들의 관심사 등과 맞지 않을 정도로 유리된 활동은 사람들의 신뢰를 잃게 한다.

그런 의미에서 보면, 일본의 인문계 박물관의 전시는 자칫 일반 사람들의 생활 감각에서 동떨어지는 경향이 있기 때문에, 오늘날같이 사람들 주변에 다양한 박물관 시설이 존재하게 된 이상, 점점 사람들의 생활 감각을 중시한 전시에 유념할 필요가 있다. 전시의 메시지성은 박물관 활동의 중심이기도 하므로, 사회성에 대해서는 항상 의식해야 한다.

전시는 박물관의 것이 아니다. 하물며 학예직의 것도 아니다. 사회 속의 박물관인 이상, 전시활동은 사회의 것임을 명확히 하고자 한다.

제3절 커뮤니케이션으로서의 전시

1. 전시란?

박물관 전시라고 하면 지금까지는 박물관이 소장하고 있는 많은 표본이나 자료들을 나열하여 보여주는 것이라고 이해하는 경향이 있었다. 하지만 현대의 박물관 전시는, 한걸음 더 나아가서 전시라는 것은 물건(표본·자료)을 매개로 한 사람들간의 커뮤니케이션이라고 여겨지게 되었다. 즉, 전시를 통해서 우선 사람과 물건3과의 커뮤니케이션이 생겨난다. 하지만 전시하는 물건의 배후에는 항상 전시하는 측의 의도가 있기에, 사람이 물건과 커뮤니케이션한다는 것은 물건의 이면에 있는 전시의도와도 커뮤니케이션하는 것이 되며, 따라서 사람이 전시실에 서면 거기에서는 물건을 통해서 전시의도를 둘러싼 커뮤니케이션이 시작되는 것이다. 전시가 가지는 이와 같은 대화성對話性이야말로 전시의 본질적 요소이다.

그런 의미에서 현대의 박물관 전시에서는 전시의 메지시성이 큰 과제가 되고 있다. 즉 유리케이스 안에 어떤 표본이 한 점만 놓여 있는 경우에도, 관람자는 그 표본 자체의 속성만이 아니라 그 표본 한 점이 선택되고 진열된 배후에 있는 전시자의 의도까지도 이해의 대상으로 한다. 거기에 전시되어 있는 표본이라는 물건에 대한 평가도 당연히 실시되지만, 왜 거기에 두는 것이 그 표본이어야 하느냐는 표본자료의 선택에 대한 해석이나 평가도 할 수 있다.

어떠한 스타일이든, 전시행위는 모두 메시지를 발신한다. 그 메시지는 구

---

3) 전시되어 있는 표본이나 자료.

체적으로 어떤 방법으로 발신되는지 모르지만, 경우에 따라서는 그 메시지는 아무런 구체적인 표시도 없이 전시의 이면에 숨어 있을 지도 모른다. 그 경우에 관람자는 전시의 이면에 숨어있는 메시지를 해독해야 할 필요가 있을지도 모른다. 그러나 관람자는 각인각색이어서 전시가 함축하고 있는 메시지를 다양하게 받아들이고 해석할 것이다. 아니면 그 메시지를 받아들이지 못하고 그냥 지나칠지도 모른다. 그러나 그것도 하나의 평가이다.

이처럼 전시하는 행위는 물건을 매개로 한 커뮤니케이션이며, 결코 표본과 자료를 단지 늘어놓고 보여주기만 하면 되는 것이 아니다. 전시는 반드시 어떤 메시지를 보는 사람에게 전한다. 전시된 물건 그 자체가 메시지를 발신하는 경우도 있고, 전시기법이나 양식이 메시지를 발신하는 경우도 있을 것이다. 관람자는 자유롭게 전시가 발신하는 메시지를 받아들이고, 어떤 평가와 함께 스스로의 관람을 체험화하게 된다.

2. 일방향에서 쌍방향으로

지금까지의 박물관 전시에서는 전시의 메시지성을 박물관 측의 과제로 다루는 것이 일반적이었다. 즉, 박물관 측이 학예직을 중심으로 전시를 구축하는 경우, 전시를 통해서 무엇을 사람들에게 전달하려고 하는 것인지, 또한 전시가 발신하는 메시지가 제대로 관람자에게 전달되고 있는지, 만약 제대로 전달되지 않는다고 하면 어디에 결함이 있는지, 전시의 메시지성을 둘러싼 논의는 박물관 측에 있어서 중요시되었다. 그 때문에 관람자에 대한 설문조사 등을 실시하여 전시개선으로 연결하는 방법도 고안되었다.

하지만 이러한 사고방식에는 기본적으로 전시 메시지가 박물관 측에서 관람자를 향하여 일방적으로 발신되는 것이라는 전제가 있었다. 〈박물관법〉이라는 법적 근거도 한몫하여, 일본의 박물관은 사회교육기관 혹은 평생학습기관이라는 인식이 강하기에, 아무래도 전시의 메시지도 교육 또는 학습 의식을 내포하고 관람자를 향해 일방적으로 이루어지는 경향이 있다.

또한 박물관 전시는 기본적으로 불특정 다수의 관람자를 전제로 하고 있기 때문에, 그 메시지도 당연히 불특정 다수를 전제로 한다. 불특정 다수의 사람을 대상으로 메시지를 보내면, 학교수업은 아니지만 아무래도 일방적인 메시지를 발신하게 된다.

하지만 전시를 커뮤니케이션이라고 한다면, 메시지는 당연히 쌍방향이어야 한다. 설사 불특정 다수의 관람자를 전제로 한다 하더라도, 전시가 발신하는 어떤 메시지에 대해 관람자 쪽에서 대화를 시도해볼 수는 없는 것인가? 이것이 현대 박물관 전시의 큰 과제이다.

3. 기술의 발달

현대의 전시를 특징짓는 요소로서는 최근의 현저한 과학기술의 발달이 있다. 박물관 전시가 오랫동안 부득이하게 전시실 유리케이스에서 진열되어 왔던 것은, 그 배경에 20세기 전반의 두 차례에 걸친 세계대전이 있었기 때문일 것이다. 주지하다시피 세계 과학기술의 개발은 근대 전쟁을 상징하는 항공기술·무기·레이더기술 등의 분야에 치중된 것이다. 20세기 후반이 되면 때마침 세계적인 전후 경기 및 경제성장이 찾아와, 과학기술의 발달은 다양한 민생분야에 미치게 되었다. 이에 사진·조명·음향·영상·인쇄·공간디자인 등 전시공간을 구성하는 여러 기술들이 활발하게 도입되었다. 1970년 오사카大阪 센리千里 지역에서 개최된 국제만국박람회의 각 전시관pavilion에는 이러한 최신 기술이 투입되어 사람들에게 전혀 새로운 전시공간이 탄생한 것을 증명하였다.

　계속해서 1980년대에는 1981년에 개최된 고베포토피아박람회神戸ポートピア博覧会가 대성공을 거둔 것을 시작으로, 크고 작은 여러 지방박람회가 전국 각지에서 개최되었고, 박람회 철거지에는 박물관 시설이 차례로 설립되었다. 이 1980년대는 일본에서 문화행정·문화정책의 기초가 확립되는 시대이며, 일본에 '지방박물관 붐', '박물관 붐'이 일어나던 시대였다. 당연히 박람회의 개최나 박물관의 건립에는 하루가 다르게 발전하는 최첨단 기술이 투입되었다. 이것이 박물관 시설의 신설과 새로운 전시공간을 만들어낸 것이다.

　그리고 이 새로운 기술이 도입된 전시는 사람들의 주목을 끄는 큰 요인이 되었다. 대형 박물관이 속속 개관하고, 새로운 전시공간을 찾는 사람들이 이 박물관 시설을 방문하게 된 것이다. 그런 의미에서 박물관 전시의 메시지성은 이러한 새로운 기술에 힘입은 일면이 있음을 부인할 수 없다.

　게다가 1980년대 중반에 반도체를 이용한 컴퓨터가 등장하고, 정보전달기술이 혁명적으로 혁신하게 되면서, 당연히 전시와 관련된 여러 기술에도 도입되어 전시공간의 기술혁신이 한 단계 진보하였다.

　하지만 이러한 기술혁신의 최첨단은 기하급수적으로 기술혁신의 속도에 박차를 가하여 박물관 전시에 도입된 기기나 시스템이 순식간에 새로운 모델로 교체되는 사태가 발생하였고, 특히 공립박물관 등에서는 바로 새로운 모델에 대응하지 못하고 좀처럼 세상의 일반적인 기술 수준을 유지하는 것이 어려워, 걸핏하면 역시 박물관은 일반세상보다 뒤처진다는 야유도 들었던 것이다.

　이렇게 새로운 고민을 가지게 되었지만, 박물관이 항상 기술의 발달을 수용한다는 점은 앞으로도 후퇴하지는 않을 것이다. 오히려 그 어느 때보다 더 욕심내어 기술혁신에 도전할 필요가 있다. 왜냐하면 이미 언급한 바와 같이 전시커뮤니케이션론에서는 불특정 다수의 관람자를 대상으로 어떤 방법으로든 개개인과의 대화가 가능한 쌍방향으로의 발전이 요구되고 있기 때문이다.

박물관은 현재로서는 개인 한 사람 한 사람의 요구에 개별적으로 대응할 방법이 없다. 아무래도 박물관으로서는 사람들을 집합 내지 대중으로 파악할 수밖에 없다. 따라서 이 점을 어떻게 극복할 수 있을 지가 향후 박물관의 큰 과제이다. 그리고 이 과제는 관람자 개개인의 요구에 맞추는 것을 가능하게 하는 기술의 개발로 해결될 때가 올 것이다.

4. 오감을 자극하는 전시

그런데 여기서 다시 한 번 '사람들이 박물관을 방문할 때, 박물관의 매력은 무엇인가?'라는 가장 근본적인 과제로 돌아가 보자.

참고로, 사람들이 도서관을 방문하는 것은 찾고자 하는 책이 있기 때문이다. 또한 사람이 상점에 가는 것은 필요한 물건을 사기 위해서이다. 사람의 행동은 대체로 이와 같이 요구하는 바가 명확하다. 그렇다면 사람들은 무엇을 바라고 박물관을 방문하는 것인가? 요구needs라는 사고방식으로 보면, 박물관에는 사람들의 요구를 충족시키는 것이 있기 때문일 것이다.

박물관이라고 칭하지 않으면서 생물계를 취급하는 시설의 경우, 관람자의 요구는 거의 명백하다. 동물원이든 수족관이든 확실히 보고 싶은 생물이 있기 때문이다. 미술관도 생물이 아니더라도 방문하는 이들이 보고 싶다고 하는 요구는 비교적 명백하다고 말할 수 있다. 전람회에서는 볼 수 있는 미술품이 대체로 작가와 함께 드러나 있기 때문에, 그 작품을 보고 싶다는 요구를 가진 사람들이 방문하게 된다.

하지만 언뜻 보기에 미술관과 비슷한 것 같은 이른바 인문계 박물관에 대한 사람들의 요구는 무엇일까? 인문계 박물관 관계자의 고민의 근원은 아무래도 이 질문에 있다고 생각된다. 전람회의 홍보물에는 분명하게 어떤 주제로 특정 표본자료가 전시되어 있다는 정보가 공개적으로 발표되어 있지만, 그것이 전면적으로 박물관을 방문하게 되는 관람자의 요구와 연결된다고는 생각되지 않는다.

박물관에 사람이 방문하는 것은 구체적인 대상을 보려는 요구가 있어서라기보다는, 좀 더 광범위하게 비일상성으로 채운 창조적 환경을 원하기 때문이라고 생각할 수 있다. 앞서 서술한 바와 같이, 현재의 박물관 전시는 사람들을 불특정 다수의 집단으로만 파악할 수밖에 없다. 전시는 분명히 물건을 중심으로 성립되고 있지만, 현재의 전시는 다양한 방식으로 진보한 기술에 힘입어 물건에 국한하지 않는 전시공간을 창출하고 있다. 전시의 메시지성은 단순히 물건에 담긴 정보 이상으로 전시공간에서의 전시체험으로 커뮤니케이션되고 있다고 말할 수 있다.

전시는 전시공간화하고 있으며, 현대사회에 있어서 일종의 비일상적인 공간이 되고 있다. 앞서 생물계 박물관이나 도서관은 방문자의 요구가 명백하다고 했지만, 박물관과 도서관은 이 부분이 다르다. 도서관에는 비일상성은 없을 것이다. 하지만 동물원이나 수족관 또한 식물원에서조차 역시 비일상적 연출로 채워져 있다. 그리고 다루고 있는 자료성이라는 측면에서 보아도, 이 박물관 시설들은 모두 인간의 오감을 자극하는 성질을 가지고 있다. 사계절마다의 생물의 모습은 사람의 오감을 자극해 마지않는다. 현대의 박물관 전시는 사람들의 오감을 자극하는 전시공간을 갖추고, 사람들에게 작은 비일상의 세계를 연출한다. 이 작은 비일상을 충분히 만족시키는 공간이야말로 사람들이 바라는 것이 아닌가 생각된다.

제2장 전시론과 전시의 역사[4]

제1절 전시론의 계보

일반적으로 가치가 있는 자료(물건)를 수집하고, 정리·분류, 소장·보존, 전시, 교육 보급, 조사·연구하는 것이 박물관의 목적인 것으로 알려져 있다. 그러나 이러한 박물관의 기능은 오랜 세월에 걸쳐 문화적·사회적·교육적 사명을 박물관 스스로에게 부여해 왔다고 할 수 있다. 특히 박물관의 얼굴인 전시는 디스플레이 기술의 진전과 연출효과의 발달로 인해 박물관의 표현방법을 풍요롭게 만들고 있으며 '매혹적인' 디스플레이에 대한 연구는 방문자의 눈을 충분히 즐겁게 하기에 이르렀다. 이 장에서는 전시론의 계보를 추적하기 위하여, '전시'라는 용어, 전시학의 융성, 박물관 전시의 과제에 대해 기술하고자 한다.

1. 전시라는 용어

용어상으로 '전시'는 '진열'과 기본적으로는 같은 뜻이지만, 박물관학에서는 이 두 용어를 구별한다. 진열은 단순히 물건을 보여주는 것을 의미하며, 전시는 메시지성이나 어떤 의도를 담아 연구하여 배치한 것을 가리킨다. 영어의 'display'는 작품을 '전시하다'·'게시하다'·'진열하다'는 의미를, 'exhibit'은 화면에 '표시하다'·'자랑스럽게 내보이다'·'두드러지다'·'과시

---

4) 미즈시마 에이지(水嶋英治) : 츠쿠바대학(筑波大学) 교수(教授).

하다'·'동물의 구애행동' 등의 의미를 가진다. 하지만 용어는 역사의 변천과 함께 그 의미도 조금씩 달라진다.

한편 '전시'를 의미하는 말에는 'exhibition'이라는 용어도 있다. 이 경우는 무언가를 진열한 행위의 결과로서, 전시되어 있는 전체, 그것이 전시되어 있는 장소를 가리킨다(데발레·메레스 2010:34-35).

다발롱(1986)은 "우리의 말이 아닌 외부에서 차용한 전시의 정의를 생각해보자. 이 'exhibition'이라는 용어와 그것을 축약한 'exhibit'은 관객들에게 물건을 전시하는 행위, 전시된 자료(전시품) 및 이 전시가 열리는 장소를 의미한다"고 서술하고 있다(데발레·메레스 2010:35 재인용). 즉, 전시는 '행위'이며, '물건'이며, '장소'이다. 개념적으로는 매우 넓은 의미를 가지고 있다.

《박물관학의 기초개념Key Concepts of Museology》에 의하면, 라틴어 'expositio'에서 파생된 프랑스어의 'exposition'은 12세기 초 옛 프랑스어에서는 'exposiciun'이라는 용어였다. 처음에는 비유적인 설명이라는 의미 exposé로, 문자 그대로의 'exposition'의 의미('버려진 아이'의 스페인어 'expósito'는 고어로는 공공시설에 수용된 버려진 아이의 의미) 외에, 일반적인 '전시'라는 뜻을 동시에 가지고 있었다(데발레·메레스 2010:34-38).

16세기에 이르러, 프랑스어의 'exposition'은 상품을 제시한다는 의미를 가지게 되었고, 17세기에는 포기abandonment, (일을 설명하기 위한) 최초의 설명initial presentation, 또는 (건물의) 위치situation 등을 의미하게 되었다.[5]

---

5) "From there (in the 16th century) the French word *exposition* had the meaning of presenting (merchandise), then (in the 17th century) it could mean abandonment, initial presentation (to explain a work) or situation (of a building)"(데발레·메레스 2010:35). 역주

18세기에는 프랑스어에서 'exhibition'은 미술품의 전시라는 뜻으로 영어와 같은 의미를 갖기 시작하였다. 그러나 미술을 보여준다는 의미로 사용되었던 프랑스어 'exhibition'은 그 후 'exposition'으로 대체되어 버렸다.

반대로, 영어의 'exposition'은 ① 의미 또는 의도를 설명하는 것, 또는 ② 전시회를 뜻하며, 이전의 프랑스어의 의미를 보존하고 있다.

오늘날 프랑스어의 'exposition'과 영어의 'exhibition'은 같은 의미를 가지고 있다. 의미하는 바는 일반의 관람을 위하여 모든 종류의 전시품을 진열하는 것(행위)이며, 전시품 그 자체이며, 전시가 개최되는 장소이다.

이처럼 언어에 따라 또는 시대에 따라 말은 변화하지만, 한 시대에 등장하고는 사어死語가 되어 사라지는 용어도 많다. 용어는 개념이며, 추상적인 개념이라도 언어를 통하여 표현된다. 오늘날 사회는 기술혁신이 치열한 시대인 만큼, 학예직은 박물관과 관련된 용어에 대해서도 세심하게 연구를 해나가야 할 것이다. [6]

2. 전시기술의 발전과 전시학의 융성

전후 일본에서는 전시관련 기업이 생성 및 발전하여 세계 유수의 전시기술을 자랑하게 되었다. 특히 눈부신 발전을 이룬 것은 1970년 오사카 만국박람회(Expo' 70)와 1985년 이바라키현茨城県 츠쿠바시つくば市에서 개최된 국

---

6) '전시'라는 용어와 관련하여, 문헌상에 나타나는 '전시'에 대한 역사연구 프로젝트가 일본에서 3년에 걸쳐 진행되어 왔다. 그 성과는 일본전시학회(日本展示学会)가 2010년에 발행한 《전시학(展示学)》 제48호에 소개되어 있다. 이것은 1877-1944년에 이르기까지 '전시'라는 용례를 수집한 귀중한 연구이다.

제과학기술박람회國際科學技術博覧会의 영향이 크다고 할 수 있다. 최근에는 컴퓨터기술·IT기술이 전시에 포함되어, 가상세계를 현실세계처럼 표현할 수 있는 기술도 개발되고 있다.

이러한 움직임 속에서 전시기술의 발전은 인간의 감성에 호소하는 연구가 갈수록 고도화되어, 인간공학뿐만 아니라 감성공학 및 전시공학이 탄생하였다. 또한 전시 자체를 연구하는 학문과 학회도 등장했다. 다시 말해서, 전시학의 융성으로 전시학회가 창립된 것이다.

시모유 나오키下湯直樹에 의하면, 일본에서 전시학은 국립민족학박물관國立民族学博物館의 전 관장 우메사오 타다오梅棹忠夫 등이 전시 자체를 '종합적인 커뮤니케이션 미디어'로, 그것과 관련된 인간 경험의 집적과 지식의 체계를 '학문'으로 인식하고 제창한 신흥 학문이다(전일본박물관학회 2011).

1980년대는 일본의 고도 경제성장에 따라 대기업 등이 박물관 건립에 나서는 시기이기도 했다. 또한 메이지明治 100년, 현정県政 100년 등의 기념사업의 일환으로, 지방자치단체가 경쟁적으로 박물관을 건립하여 전국 각지에 박물관·미술관을 비롯한 전시시설이 잇달아 설립되었다. 일본전시학회日本展示学会는 이러한 가운데 탄생했다. 전시에 대한 사고방식이 기존의 '진열'이라는 개념에서 크게 변화하여, 전시 자체가 '종합미디어'라는 관점에 서서 전시연구의 필요성을 호소하면서 1982년에 설립되었다.

전시라는 개념은 박물관 전시에 한정하지 않고, 광고매체나 도시공간에서의 전시 등도 대상으로 하고 있는 광의의 개념이다. 정보사회가 된 오늘날, 종합미디어로서 전시의 위상은 더욱 그 중요성이 더해가고 있는 듯하다.

3. 전시가치의 연구

박물관 전시에 대해 다시 언급하고자 한다. 전시라는 개념이나 전시기술, 전시방법을 다루는 박물관 기술museography 분야 이외에 아직 충분하게 연구되지 않은 주제가 있다. 그것은 '전시가치'에 관한 연구이다. 폴 매틱Paul Mattick에 의해 이미 전시가치라는 개념은 제시되었지만, 매틱의 다음 지적은 경청할 만하다.

"이전의 쓰임새의 흔적을 남기면서 '예배가치'를 '전시가치'로 변질시킴으로써 예술작품은 현재와 과거 사이의 연속성을 구현할 수 있다"고 하듯이(넬슨 외 2002:141), 종교 작품의 회화적 요소(가령 모자이크화)도 기도의 대상에서 관찰 및 감상의 대상이 되는 것이다. 이러한 가치의 변화가 없으면, 종교 회화도 불상도 박물관에서 감상할 수 없다. 역설적으로 말하면, 종교심이 있는 학예직은 종교적 유품을 객관적인 자료로 취급할 수 없다는 것이다.

전시할 만한 가치는 회화작품에만 국한되지는 않는다. 예를 들어, 루마니아 몰도비아Moldovia에 있는 수도원들의 프레스코 벽화도 마찬가지이다(〈그림 2.1〉). 건축유산이나 유형문화재 자체를 보여주는 경우, 전시가치는 즉 "인류 역사의 중요한 단계를 말해주는 건축양식, 혹은 건축적 또는 기술적인 집합체, 혹은 경관에 관한 뛰어난 견본"일[7] 것이다.

야외박물관에 전시된 건축물도 마찬가지이다. 보여주는 가치의 변화가 없으면 안 된다. 주거·은행·세관·역사驛舍·궁전·감옥 등의 유형문화재도

---

7) 〈세계유산협약의 이행을 위한 운영지침(Operational Guidelines for the Implementation of the World Heritage Convention)〉(2011) 제77조 iv항에서 제시하고 있는 '현저한 보편적 가치'(Outstanding Universal Value)'의 판단기준.

옛날의 유용성(건축가치)에서 감상을 겸한(동결 또는 활용적) 보존가치 · 전시가치로 바뀌었기 때문이다. 그렇게 하지 않으면 박물관화는 쉽지 않고, 전시 또한 성립하지 않게 된다.

좀 더 덧붙이자면, 박물관 자료로 '보여주는' 것만이 전시가치는 아니다. 희소성 · 예술성 · 역사성 · 보존가치 · 환경적 가치를 지닌 문화재는

〈그림 2.1〉 **루마니아 슈체비차 수도원(Suceviţa Monastery)** 외벽이 종교 회화로 덮여 있다. 예배가치에서 전시가치로의 변모를 볼 수 있는 사례 (2010년 9월 필자 촬영)

박물관화될 수 있는 잠재 가능성이 있는 박물관 전시자료이지만, 박물관이 하드웨어 중심에서 소프트웨어 중심으로 전환함에 따라 전시가치는 단순한 구경거리가 아니라, 박물관 자료로서의 자료가치 · 교육적 가치가 중시되어야 하는 것이다.

제2절 16세기부터 19세기까지의 전시

1. 호기심의 방

16세기에 전성기를 맞이한 오스만제국은 아시아 · 아프리카 · 유럽 3대륙에 걸친 거대한 제국을 완성했지만, 이 제국으로 말미암아 육로로 동방진출이 봉쇄된 유럽 각국들은 바닷길로 활로를 찾아냈다. 이것이 대항해 시대의 개막이다. '발견의 시대'라고도 불리던 15-17세기 전반의 대항해 시대는 유럽인이 신항로와 신대륙을 발견하고, 다양한 동물이나 식물, 진귀한 물건을

유럽에 가져왔다. 이때 수집된 각양각색의 물건은 사람들의 호기심을 자극했고, 16세기가 끝날 무렵에는 유럽 각지에 나타나기 시작한 조사·연구 의식과 지식을 탐구하려는 정신이 고조되어 갔다. 또한 부유한 사람들 간에는 앞다투어 진귀한 물건을 수집하는 것이 유행하였다. 이러한 움직임은 이미 알려져 있는 동·식물을 분류하는 데에 도움이 되었고, 과학적인 견해를 지향하게 하였다. 이 시대를 한 마디로 요약하면, 분류학의 맹아, 과학정신의 융성이라고 해도 좋을 것이다.

유럽 각지에서는 유럽인들이 수집한 물건들을 '호기심의 방cabinet of curiosities(진귀한 물건의 방)'이나 '자연계의 경이'에서 진열했고, 이 공간들은 이윽고 박물관의 원형으로 성장하게 된다.

다양한 수집품 중에서도 네덜란드 상인 레빈 빈센트Levin Vincent(1658-1727)의 박물학 수집품은 뛰어나고, 과학적인 요소를 포함하고 있었다. 동물은 알코올 액침표본으로 보존되었고, 골격표본은 오늘날과 마찬가지로 손으로 들고 볼 수 있게 전시되어 있었다. 또한 식물은 건조표본으로 종이 위에 붙여서 보존하고 있었다.

16세기에 그려진 이탈리아 나폴리의 박물관을 보면 알 수 있듯이(〈그림 2.2〉), 당시의 수집품은 오늘날의 박물관 전시처럼 정리 및 체계화된 것이 아니었다. 수집품은 무질서하게 소장되었고, 일정한 분류기준이니 질서가 있는 전시방법이 채택되고 있었던 것은 아니었다.

17세기에는 '호기심curiosity'과 '박물관museum'이라는 용어가 동의어였지만, 이 시대에 이르러 체계적인 자료정리의 개념이 싹트는 것이 엿보이기 시작하는데, 어수선하게 늘어놓았던 물건들 중에서 비슷한 것들을 상자 한 개에 담고, 상자의 겉에는 라벨을 붙이고 있다. 이를 통해 자료분류에 대한 개념

〈그림 2.2〉 16세기말 이탈리아 나폴리의 박물관
출처: 페란테 임페라토(Ferrante Imperato, 1521-1609역주) 《Dell'historia natural》(1599)

〈그림 2.3〉 17세기 초 독일 뉘른베르크의 호기심의 방
출처: 바질 베슬러(Basil Besler, 1561-1629)의 뉘른베르크의 호기심의 방(1622).

이 나오기 시작했다고 말할 수 있다. 독일 뉘른베르크의 '호기심의 방'(〈그림 2.3〉)에는 옥석류의 라벨이 상자에 붙여져 있고, 약초류·식물류·화학제품이 분류·정리되어 있는 것이 보인다. 이러한 분류체계는 후에 생물분류학의 방법을 확립한 칼 폰 린네Carl von Linné(1707-1778)의 저서 《자연의 체계 Systema Naturae역주》로 이어진다.

일반대중에게 개방하기 위하여 박물관 건축을 목적으로 건립된 최초의 사례는 16세기라고 알려져 있다(브느와 2002). 바이에른의 공작 알브레히트 5세Albrecht V가 1563-1567년 사이에 건립한 박물관이 그 예라고 말해지는데, 이는 1753년 더브리티시박물관The British Museum(대영박물관)이 창설되면서 근대박물관이 탄생했다는 통설보다 빠른 것이다.[8]

---

8) 근대박물관의 효시로 영국의 애슈몰리언박물관(Ashmolean Museum)이 꼽히고 있음. 이 박물관은 엘리어스 애슈몰(Elian Ashmole, 1617-1692)이 자신의 수집품을 옥스포드대학에 기증하면서, 자신의 수집품이 맞춤형 박물관(custom-built museum)에 소장되어야 한다는 조

건물로서의 박물관의 기원을 살펴보면, 사적 주거공간인 두 개의 방 '갤러리'와 '호기심의 방'에서[9] 생겨난 것이다. 전자는 미술관, 후자는 자연사박물관의 기원이라고 해도 좋을 것이다.

이탈리아 르네상스 시대의 갤러리는 프랑스의 대저택에 있는 큰 홀, 즉 응접실에서 유래하고 있다. 거기에 놓인 미술품은 장식적 역할을 담당하고 있는 것에 지나지 않았다.

이러한 예는 많은데, 브라만테Donato Bramante(1444-1514)의 설계에 의한 바티칸 궁전과 벨베데레를 연결하는 갤러리, 퐁텐블로성Château de Fontainebleau의 5개의 갤러리, 막시밀리안 1세Maximilian I(1459-1519)가 자신이 소장한 고대미술품을 위하여 뮌헨에 세우게 한 안티쿠아리움Antiquarium(고대미술관) 등이 그 예이다(브느와 2002). 갤러리는 남유럽 각국에서 보이는 공간인데 반하여, 캐비닛은 북유럽의 것이다. 일반적으로 캐비닛 안의 회화는 여러 종류의 작품이 한 점씩 불규칙한 상태로 빼곡하게 설치되어 있었는데, 이런 상황은 19세기 중반까지 통례였다(〈그림 2.4〉).

18세기가 되자, 박물관은 수집품collection의 보존 장소이며, 전시장, 공개시설로 의미가 변형되었다. 18세기 이후, 'museum'은 컬렉션보다도 건물을 가리키는 용어가 되었다.

건을 내걸었기에, 이에 응하여 1683년 토머스 우드가 설계한 건물에서 개관함. 당시 이 건물은 수집품실, 화학실험실 및 강의실로 구성됨. 1845년 코커렐(Charles Robert Cockerell)이 설계한 신관으로 이전하게 되는데, 이때 건물의 반은 박물관으로 반은 언어교육 기관으로 사용됨. 역주

9) 캐비닛: 소진열실.

〈그림 2.4〉 17세기 전반에 그려진 호기심의 방
출처: 프란츠 프랑켄 2세(Frans Francken II,
1581-1642)의 호기심의 방(1636). 오스트리아
비엔나 미술사박물관(Kunsthistorisches
Museum) 소장.

〈그림 2.5〉 17세기 중반 경 올레 보름의 박물관
출처: 올레 보름(Ole Worm, 1588-1654)의 《Museum
Wormianum》(1655)에 수록된 표지삽화.

〈그림 2.6〉 17세기 후반 이탈리아 볼로냐의 박물관
출처: 1677년 페르디난도 코스피(Ferdinando Cospi,
1606-1686) 작의 이탈리아 볼로냐에 위치한 팔라초
포지박물관(Museo di Palazzo Poggi).

〈그림 2.7〉 18세기 초 레빈 빈센트의 〈자연의
경이〉컬렉션 출처: 레빈 빈센트(Levin
Vincent, 1658-1727)의 《Elenchus
tabularum》(1719)에 수록

2. 18세기의 '뮤제오그라피아'

18세기 박물관의 모습을 역사적 문헌에서 좀 더 살펴보고자 한다. 1727
년 라이프치히Leipzig에서 간행된 세계에서 가장 오래되었다고 알려진 박물

〈그림 2.8〉《뮤제오그라피아》의 표지

〈그림 2.9〉 함부르크의 나이클의 박물관
(나이클 1727)

관학서 《뮤제오그라피아Museographia》는 박물관사 연구에도 자주 등장하는 문헌이다.[10] 1727년이라고 하면, 지금부터 280여년전의 일이다. 독일의 상황뿐만 아니라, 유럽사회도, 문화에 대한 시민의 인식도, 혹은 세계관도 오늘날 우리가 살고 있는 21세기의 양상과는 모든 점에서 상당히 달랐다. 정보통신 수단과 교통사정이 좋지 않음에도 불구하고, 18세기 전반에 쓰여진 《뮤제오그라피아》에는 세계 각지의 박물관 사정이 기록되어 있을 뿐만 아니라, 멀리 극동지역에 있는 일본의 박물관에 관한 기록도 있어[11] 어떻게 정보를 수집했는지 불가사의하다. 한마디로 말하면, 이 책은 세계의 박물관

---

10) 정식 도서명은 《Museographia Oder Anleitung Zum rechten Begriff und nützlicher Anlegung der Mvseorvm, Oder Raritäten-Kammern》이다.

11) 〈Miyako〉절 참조.

및 도서관 사정을 기록하고 있는 디렉터리directory이다. 19세기 프랑스에서 출판된 세계백과사전인 《Grand dictionnaire universel du XIXe siècle》에 의하면(라루스 1874:718), 'muséographie'는 '박물관에 관한 기술記述'이라는[12] 의미로서의 '박물관 기재학博物館記載学'이다. 여기에는 오늘날에 있어서의 '박물관 기술技術'이라는 의미는 거의 없다. 이를 통해, '뮤제오그라피아'는 학문에 있어서 영역분류의 명칭이 아니었다는 점과 오늘날과 같은 의미로 사용된 것은 18세기 라이프치히에서 간행된 도서명에서 기인했다는 사실을 알 수 있다.

《뮤제오그라피아》의 저자인 카스파 프리드리히 나이클Caspar Friedrich Neickel은 학자가 아닌 상인이었다. 직업 때문인지, 스위스제 인형·식물·화석류·화폐 1,600점 등의 자료를 개인적으로 수집해 소장했다. 이 책에서 나이클은 자신의 희망인 학자들에게 가치가 있는 '박물관을 위한 박물관Museo Museorum / Museum of the Museums'을 구상하고 있었던 것이다. 표지에는 "뮤제오그라피아, 올바른 이해를 도모하기 위한 그리고 박물관 건설에 도움이 되는 가이드"라고 이 책의 취지를 설명하고 있으며, 계속해서 "'진귀한 물건의 방'의[13] 가이드이다", "진귀한 물건의 방은 오늘날 유럽에서는 어디에서나 볼 수 있으며, 재화와 보물, 예술의 방이다"라고 덧붙이고 있다(〈그림 2.8〉). 이 책은 수많은 박물관사와 관련된 문헌에 등장하는 '호기심의 방'의 존재를 증명하는 귀중한 문헌이기도 하다.

《뮤제오그라피아》에 등장하는 박물관은 모두 18세기의 '호기심의 방'의

---

12) Description des musées.
13) Raritaeten Kammern(Rarity Chambers의 뜻).

영향을 받고 있으며, 대체로 당시 박물관의 수집범위는 동물화석·식물·광물·서적 등 자연사 자료였다.《뮤제오그라피아》의 삽화를 보면, 중앙의 책상 위에 자연사 표본을 두고 문헌을 참조하는 인물이 있다(〈그림 2.9〉). 방의 좌측 벽면은 도서류가 정연하게 배열되어 있고, 앞에서부터 논리학Logics·천문학Astron·의학Medici과 같은 도서분류 라벨이 보인다. 우측 벽면에는 작은 동물의 골격표본 또는 화석이 진열되어 있다. 이를 통하여, 이 시대에는 모든 연구서와 표본류가 대응하여 하나의 방에 정연하게 배열되어 있었다는 것을 알 수 있다.

《뮤제오그라피아》에서는 "자연계의 품목Naturalibus과 인공물의 품목Artificiosis은 원칙적으로 구별되어야 한다"고 주장하고 있다. 그 결과 '자연계의 캐비닛'과 '인공물의(예술적) 캐비닛'의 유의점에 주의하지 않으면 안 된다고 지적하고 있다. 박물관학의 시점에서 보자면, 이와 같은 '명칭'(이른바 오늘날의 자료명) 문제에 대한 지적은 매우 흥미롭다.

3. '아이솔레이션 스페이스'의 발명에 따른 전시방법의 개선

전시방법의 개선이라는 점에서 역사를 되돌아보고자 한다. 18세기 말이 되면 근대적인 박물관이 유럽 각지에 설립되면서 일반 서민들도 자연계의 진기한 물건이나 예술작품을 볼 수 있게 되었다. 권력자가 소장하고 있던 작품이나 수집품을 전시하게 되면, 박물관의 내부 공간에 자료나 소장품을 배치하고 벽면에는 회화작품을 빼곡히 장식하는 것이 당연시되었다. 가능한 한 많은 수집품이나 작품을 보여주려고 한 나머지, 벽면에는 빈틈이 없을 정도로 작품이 장식되었는데, 이것은 일종의 유행이었다. 이는 가능한 한 많은 작품을 보여주는 것이 박물관 전시라고 간주했기 때문이다.

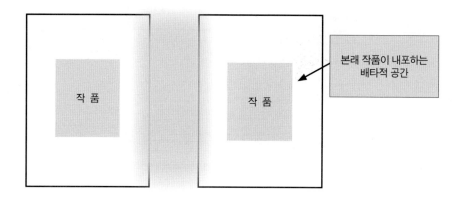

본래 작품이 내포하는
배타적 공간

작품

작품

〈그림 2.10〉 아이솔레이션 스페이스

하지만 전시기술이나 전시방법에 관해 시행착오를 반복하는 동안에 작품을 아름답게 전시하기 위해서는 작품을 독립적으로 보여주는 것이 필요하다고 인식하기 시작했다. 작품과 작품의 사이에 공간을 두고, 작품의 독립성·주장성主張性을 강하게 표현할 수 있게 전시방법이 개량되었던 것이다.

본래 작품은 공간적 영역territory을[14] 내포하고 있으며, 옆에 있는 작품으로부터 영향을 받지 않도록 일정한 공간적 거리가 필요하다는 입장에서 격리된 공간isolation space을 두는 것이 인식되었다(〈그림 2.10〉). 바꾸어 말하면, '아이솔레이션 스페이스isolation space'란 작품을 침해하지 않는 배타적 공간이다. 이렇듯 '과시적'인 전시에서 차츰 작품의 독립성을 보장하고, 배치에도 규칙

---

14) 공간적 영역(territory)이란 세력권이며, 배타적 공간 즉 경계가 정해진 세력범위인 것이다.

〈그림 2.11〉 1796년의 루브르박물관

〈그림 2.12〉 1844년의 루브르박물관

〈그림 2.13〉 1880년의 루브르박물관

〈그림 2.14〉 오늘날의 루브르박물관

을 정해 스토리성을 중시하도록 고안하게 되었다. 〈그림 2.11〉은 프랑스혁명 직후에 탄생한 루브르박물관의 모습이다. 그 후에도 아이솔레이션 스페이스는 확보되지 않았지만(〈그림 2.12-13〉), 오늘날에는 작품과 작품 사이에 아이솔레이션 스페이스를 확보하고(〈그림 2.14〉), 보기 쉬운 전시, 쾌적한 공간을 표방하게 되었다.

　이제는 이러한 전시방법이 많은 미술관의 작품 전시방법에 영향을 끼치고 있다.

제3절 박물관 전시의 기술적 발전

박물관 전시는 일반시민에게는 박물관의 '얼굴'이며, 학예직에게는 연구 성과를 발표하는 장이다. 전시방법이나 교육프로그램의 좋고 나쁨에 따라서, 방문자의 박물관에 대한 인상도 달라진다.

테즈카 테루오手塚映男는 '전시'에 대해서 "자료와 이용자를 연결시키기 위한 박물관 자체의 교육적 수단"이라고 정의했다. "자료 자체를 이용자에게 작용하도록 함과 동시에, 이용자가 보기 쉽고 알기 쉽게 하는 것이 기본이고, 그 때문에 교육에 대한 연구와 전시기술의 개발, 시청각 기기의 활용 등으로 교육적 효과를 높일 필요가 있다"고 서술하고 있다(국립사회교육연수소 1978:102). 테즈카에 따르면, 전시=자료=교육이 삼위일체로 위치하며, 각각 독립적이면서도 상호의존 관계에 있다. 기본적으로 오늘날의 박물관 전시도 교육과 연결되어 있다는 점은 변하지 않았다. 달라진 점이 있다면, 시청각 기기가 컴퓨터와 네트워크 기술로 대체되었다고 지적할 수 있지만, 내용적으로는 동일하다. 그러나 오늘날의 박물관 전시는 보기 쉬움과 알기 쉬움에 더하여, 연출효과나 복합적인 전시방법으로 즐거움을 주는 기능(엔터테인먼트성)을 중시하는 전시가 많아지고 있다.

박물관은 자료와의 만남의 장·발견의 장이라고도 불리듯이, 박물관·미술관은 예술작품을 만나고 감동하는 장소이기도 하다. 그러한 '장소'에서 장황한 해설을 늘어놓는 것보다 혼자 조용히 작품을 감상하기를 원하는 관람자가 있는가 하면, 반대로 예술품을 보는 방법·감상하는 방법, 미술품을 읽는 방법, 작품의 탄생 배경 등을 알려주기를 바라는 방문자도 있다.

이러한 경우, 학예직은 어느 쪽의 요구에 응하면 좋은가? 이 질문은 박물관 전시에 던져진 본질적인 질문이기도 하다.

양자의 요구에 부응하기 위해서는, 미술관은 예술작품에 라벨이나 해설문을 너무 많지 않게 하면서, 감상 공간을 우선적으로 생각하는 것이다. 정보제공을 위한 라벨은 최소화하고, 해설문·패널 등은 작품 옆에 두기보다는 어느 정도의 거리를 두고, 필요에 따라 정보기기에서 해설을 제공하는 방식을 고려해야 할 것이다.

〈그림 2.15〉 **전시실에서의 감상** 루브르박물관에서 휴대전화 카메라로 촬영하고 있는 방문자(2010년 9월 필자 촬영)

근래에는 인터넷에 연결된 휴대전화로 해설정보를 송신하는 시스템도 개발되고 있다(〈그림 2.15〉). 오늘날의 인터넷 기술이나 소프트웨어를 이용하면 다양한 정보의 가시화(보여주는 법)도 가능하다. 1899년 인류학자 츠보이 쇼고로坪井正五郎가 지적했듯이, "박물관 전시는 되도록 문자를 쓰지 않고, 될 수 있는 한 해설을 생략하고, 더구나 많은 문자를 늘어놓은 긴 설명을 첨부하는 것 보다 이해하기 쉽게 하는 것"이라는 시대는 지나갔다(헨미 1986:20-29). 자료(작품)는 박물관의 핵심적인 존재이기 때문에 자료(작품)를 중심으로 하는 감상 공간으로서의 자리를 확보하고, 정보공간은 개인의 요구에 따라 (단말기 장치나 인터넷 등을 활용하여) 제공하는 시대가 된 것이다.

과학계 박물관에서도 이러한 전시에 대한 사고방식·정보제공의 방식으로 이행하고 있다. 도쿄의 국립과학박물관国立科学博物館에서는 방문자가 소장품에 자극을 받아 개개인의 다양한 지적 욕구를 충족시킬 수 있도록, 전시내용을 계층화하고, 다언어화한 디지털 아카이브의 구축에 의한 전시해설 서비스 시스템을 도입했다.

지금까지의 전시해설은 패널이 중심이었지만, 2004년 국립과학박물관의 신관 개관 때부터는 설명문·사진·동영상의 디지털 아카이브화를 실시하여, 각 전시코너에 설치한 컴퓨터 및 정보 단말기를 통하여 관람자에게 상세한 전시정보를 제공하고 있다. 또한 터치패널의 도입으로 이용자의 하드웨어 조작상의 장벽을 제거하였다. 한층 더 다양한 전시해설 서비스의 제공을 위하여, 해설내용의 다언어화를 도모하고, 영어·중국어·한국어로 정보제공을 실시하고 있다. 정보의 계층화를 시도하여, 일반대중을 위한 해설 외에 어린이를 위한 해설의 도입을 도모하고, 방문자의 지식과 요구에 따른 해설을 제공하고 있다.

이러한 새로운 정보기술의 도입에 의해서 부차적인 효과가 드러나고 있다. 기존의 해설패널의 면적이 대폭 줄어들게 됨에 따라, 패널조명이 불필요하게 된 것이다. 이러한 변화에 따라서, 효과적인 연출조명을 연구하는 것이 가능하게 되어 미적인 공간을 실현시키게 된 것이다. 달리 표현하면, 소장품이 갖는 박력과 매력을 방문자에게 전해 놀라움·감동·발견을 만들어내는 전시공간의 창출로 이어졌다고 평가할 수 있다.

이 장의 제1절에서 언급한 바와 같이, 박물관 전시는 '행위'이며 '사물(자료·작품)'이며 '장소'였다. 오늘날 박물관은 IT기술의 도입에 의해서 전시 '행위'에 정보제공이 부가되고, 디스플레이 기술의 향상에 의해서 '사물' 자체를 아름답게 보이기 위한 연출공간이 더해져, 그 결과 전시공간이라는 '장소'가 사람들을 매료하는 새로운 공간으로 성장하게 된 것이다.

제3장 박물관 전시의 형태와 방법[15]

제1절 전시의 형태

전시의 형태는 전시하는 장소나 전시방법 등 다양한 관점에서 분류할 수 있다. 이 장에서는 '전시환경'·'사업관리'·'전시구성'·'전시방법'의 관점에서 설명하고자 한다.

1. 전시환경
박물관 전시는 건물 내에 전시물을 전시하는 실내 전시는 물론, 야외에 전시물을 두거나 거대한 건조물이나 일부 동식물처럼 야외가 아니면 전시할 수 없는 경우가 있다. 전시환경의 특징은 다음과 같다.

1) 실내 전시
박물관에서는 자료의 보존이나 보관의 용이성·자료의 안전성·관리의 용이성·방문자의 편리성 때문에, 실내에서 자료가 전시되는 경우가 많다.

2) 실외 전시
박물관의 실외 전시에는 다음과 같은 예가 있다.
- 유적·유구·건물·배 등의 거대 건조물 등 실내에 넣기 어려운 것

---

15) 타시로 히데토시(田代英俊) : 국립연구개발법인 과학기술진흥기구(国立研究開発法人科学技術振興機構) 프로그램 매니저 보좌(プログラムマネージャー補佐).

- 실내환경에서 사육·육성이 어려운 생물
- 연구 등의 이유로 원위치 보존이 필요하거나, 동물원 내에서 이동할 수 없는 것
- 조각 등의 작품으로 실외 전시를 상정하고 제작된 것

실외환경은 햇빛이나 비바람 등의 영향에 따라, 심각한 자료의 열화劣化를 초래할 우려가 있다. 이 때문에 자료가 내구성을 가질 수 있도록 코팅coating을 하거나, 비바람을 막기 위한 가설지붕을 만드는 등 보존·보호를 위한 조치를 충분히 검토하여 대책을 강구할 필요가 있다.

2. 사업관리

사업관리의 관점에서 전시를 파악하면, 전시장소·전시기간·전시 제작비 등의 관점에서 다음과 같이 구분할 수 있다.

1) 상설전

박물관의 설립 목적을 구현하기 위하여 5년, 10년이라는 장기적인 전망에서 만들어진 전시이다. 자료의 교체 등을 얼마간 하는 경우도 있지만, 전시스토리나 동선을 변경하는 등 대대적인 전시변경이나 전시개편은 거의 행해지지 않는다.

2) 기획전(특별전)

기획전시실이나 단체휴게실 등 소규모 공간을 사용한다. 상설전시를 보완하는 내용이나 사회에서 화제가 되고 있는 토픽topics을 수주에서 수개월간, 즉 단기간 동안 전시하는 것이다.

3) 순회전

여러 박물관이 어느 특정 전시물을 패키지화해서 순회하는 것이다. 규모적으로는 기획전과 같다. 순회전은 한 박물관에서 주최하고 다른 박물관에 대여하는 경우도 있고, 여러 박물관이 공동으로 기획·구성하고 운영하는 경우, 박물관에서의 전시를 목적으로 공공단체나 기업이 전시 패키지를 제작하여 대여하는 경우 등이 있다.

3. 전시구성

전시는 자료를 단순히 나열하는 것이 목적이 아니다. 박물관 자료를 교육적인 배려 아래, 전시물을 통해서 어떻게 방문자에게 박물관의 의도를 전할 수 있을지, 방문자의 학습이나 이용에 제공할 수 있는지를 생각하고, 자료와 패널 등의 정보를 공간적·논리적으로 구분하여 방문자에게 의미 있게 기능하도록 하는 것이 목적이다. 이것은 박물관 자료를 단순한 자료에서 전시로 바꾸는 행위임에 틀림없다. 그러기 위해서는 방문자의 이해에 도움이 되도록, 다음과 같은 전시구성에 의하여 자료를 구분하여 전시스토리를 구축할 필요가 있다.

또한 여기서 소개하는 전시구성의 시점은 애초에 박물관 자료의 연구방법론임을 유의해 둘 필요가 있다. 바꿔 말하면, 박물관에서의 연구방법과 연구결과가 전시에 반영되는 것이다.

1) 비교분류 전시

자료를 형태나 기능, 시대나 지역성 등 어떤 특징을 기준으로 해서 그룹화하여 늘어놓거나, 혹은 차별화하여 나열해 놓은 것이 전시이다. 박물관 전시구성의 기본을 이룬다.

2) 시간축 전시

시간축을 따라 전시구성을 하는 것으로, 역사박물관이나 자연사박물관에서 흔히 볼 수 있는 전시이다. 도구의 발달이나 동식물의 진화를 연대순으로 전개하는 구성이다. 자료가 시간축에 따라 변화하고 있으므로, 이용자에게 이해가 용이한 전시가 되기 쉽다.

3) 공간축 전시

지역별 도구의 변화나 지역환경의 특성에 따른 동식물의 변화 등 공간특성의 시점에서 전시한다.

4) 계통분류 전시

생물의 분류나 악기의 분류 등 학술적인 기준을 축으로 자료를 전시하는 것이다.

5) 구조 · 기능 전시

사물의 물리적 구성요소와 거기에 내재하는 메커니즘mechanism과 시스템을 소개하는 전시이다. 인문과학계의 전시사례로는 건물의 구조와 기능, 자연과학계에서는 생물의 구조와 기능, 우주의 구조와 기능 등을 예로 들 수 있다.

6) 사회적 과제에 관한 전시

전시물을 학술적인 관점에서 파악하는 것이 아니라, 사회가 가지고 있는

〈그림 3.1〉 **안테나 사이언스 뉴스(Antenna Science News) 코너** 영국 국립과학관(Science Museum)의 이 전시코너에서는 최신 과학의 과제나 문제점을 실시간으로 제공하고 있다.

〈그림 3.2〉 **인간복제의 시비에 대해서 영국 국립과학관(Science Museum)의 안테나 사이언스 뉴스 속에 있던 전시** 사람 유래 세포로부터 복제를 하는 것의 시비에 대해서, 그 장점과 논리적 과제를 던지고 있다. 중앙의 전시물은 DNA 분석기(analyzer)이다.

다양한 과제, 이를테면 우리들의 생활과 환경, 전쟁 등의 관점에서 파악하고, 그 위에 학술적인 지식을 섞어가면서 전시물을 중심으로 방문자에게 정보제공을 하는 전시이다(〈그림 3.1-3.2〉).

7) 상징전시

하나의 독립된 개체로 볼 수 있는 전시물, 그 자체로 완결되는 전시이다. 귀중한 자료나 학술자료 등이 이처럼 전시되는 경우가 많다. 그 개성 때문에 다른 전시와 인접하게 늘어놓아도, 예컨대 그 귀중함 때문에 독자적인 전시의의를 조성하는 전시가 된다. 단독으로 전시되는 경우도 있고, 앞서 언급한 시간축 전시 · 공간축 전시 등으로 구성된 전시스토리 속에서 전시하고, 시대나 지역의 상징으로 기능하는 경우도 있다.

8) 종합전시

전시물과 관련된 각 학술분야의

지식, 사회의 사고방식 등을 횡적으로 취급하는 정보를 제공하는 것이다. 예를 들어, 물고기에 관한 전시코너가 있다고 가정해보자. 종합전시에서는 물고기의 생물학적 분류나 생태 등 자연과학 분야의 식견을 제공하는 동시에, 물고기를 잡는 법이나 요리법 등 우리의 일상생활과의 관계, 이에 더해 해당 물고기가 가져올 경제효과 등 사회과학적인 측면 등 인문과학적인 식견도 통합하여 전시하고 있다.

4. 전시기법

각각의 자료에 대해서, 그 자료를 통해서 무엇을 전할 것인지, 무엇을 느끼게 할 것인지, 무엇을 배우게 할 것인지에 따라, 자료를 보이는 방법, 즉, 전시기법은 자연히 달라진다. 여기에서는 자료의 전시기법을 유형별로 개관槪觀하고자 한다.

1) 정지전시靜止展示

전시 중 가장 기본적인 것으로 자료를 정지상태에서 전시하는 방법이다. 자료의 형태나 색상 등 그 상태를 차분히 관찰하기에 적합하다. 자료가 정지상태이므로, 자료의 열화도 비교적 적다.

2) 동태전시動態展示

농기구나 자동차 등 평상시 그 용도에 준하여 사용하는 상태로 전시하는 방법이다. 도구처럼 움직여봐야 비로소 의미가 있는 물건은, 움직이는 상태가 아니면 본래의 이용방법을 이해할 수 없다. 따라서 실제로 이용하고 있는 상태와 똑같이 움직이는 것이 방문자의 이해를 돕는 것이다. 단, 이 전시방법은 자료를 움직이는 것부터, 자료의 상태가 가동에 견딜 수 있는 것은 물론, 움직이는 데에 따른 자료의 열화나 파손 등의 대책을 고려하여야 한다. 또한 기계의 가동 등은 방문자에게 위험을 끼칠 가능성이 있으므로, 방문자의 안전성을 충분히 고려할 필요가 있다.

3) 체험전시

방문자가 전시장에 있는 자료나 해설을 일방적으로 보고 듣는 수동적인 전시방법이 아니라, 방문자가 전시품을 직접 만지거나 혹은 전시품을 직접 조작하는 능동적인 움직임 속에서 체험적으로 사물의 형태나 기능을 이해하는 유형의 전시이다. 과학관이라 불리는 박물관에서 많이 볼 수 있는 방법이다.

4) 시범 · 실연實演

과학실험이나 기계류의 실연 등 사람이 하는 시범의 형태로 방문자에게 사물을 알리는 방법이다. 과학계 박물관에서 흔히 볼 수 있다. 또한 최근에는 인문계 박물관에서도 사람이 대응하는 세밀한 해설의 장점, 사람이 실제로 사용하는 모습을 볼 수 있다는 등의 이유로 염색이나 종이뜨기 등 전통공예의 시범 · 실연을 종종 볼 수 있게 되었다.

5) 생태전시

동물원 · 식물원 등 생물을 사육 또는 재배하고 전시하는 것이다. 생물의 형태를 관찰한다면 표본에 의한 정지전시가 적합하지만, 생태 등 살아있는 모습을 관찰하려면, 사육이나 재배환경을 보여주는 생태전시가 유일한 방법이다.

6) 디오라마 전시

전시자료와 그 자료를 둘러싼 환경을 입체조형으로 표현하는 방법이다. 생물이라면 그 생물의 생태환경을 본뜬 조형 속에 박제 등의 자료를 놓고 바로 살아 있을 때의 모습을 재현하도록 전시한다. 역사전시歷史展示 등에서는 옛 생활풍경의 한 장면을 선정해, 건물이나 도구 등을 포함한 전시자료를 축으로 생활환경의 재현을 하기도 한다.

7) 영상·음성전시

일반적으로 영상(정지영상, 동영상)·음성정보는 전시물을 보완하는 전시해설로 생각하는 경향이 있다. 그러나 어떤 사물이나 현상의 순간을 포착하거나, 어떤 사물이나 현상의 움직임이나 소리를 담고 있는 유일무이한 기록정보로서, 1차 자료의 측면을 가진 영상·음성도 있다. 사진패널, 모니터나 프로젝터, 스피커를 활용하는 형태로 정보전시의 한 방법으로 자리잡고 있다.

8) 플라네타륨planetarium · 대형 영상

대형 돔이나 대형 스크린을 활용하는 플라네타륨·대형 영상이라고 불리는 기법은 그 특성으로 압도적인 몰입감·현장감·정보의 뛰어난 재현성이 있고, TV 모니터 등을 사용한 영상전시와는 다른 교육효과와 엔터테인먼트성을 제공할 수 있다. 특히 플라네타륨에 대해서는 기존에는 항성원판을 사용한 광학식 투영기에서 천체 운행을 재현하는 방식을 취하고 있었지만, 최근에는 컴퓨터에 의한 천체의 움직임을 시뮬레이션하고, 비디오 프로젝터로 출력하는 디지털 플라네타륨이 보급되고 있으며, 시간과 공간을 초월한 우주 전체를 내려다본 영상표현이나 3D 투영이 가능하게 되었다. 여기에 최근에는 천체 시뮬레이션뿐만 아니라, 물리법칙의 시뮬레이션이나 생체반응의 시뮬레이션 등 과학의 시각화science visualization라고 불리는 영역을 다루는 박물관이 나타나고 있다.

제2절 전시의 방법

1. 박물관 전시에 활용할 수 있는 상품진열 방법

박물관의 사명에 따라 방문자가 전시실 내로 저절로 이끌려 들어갈 것 같은 전시구성, 방문자의 마음을 사로잡는 전시스토리 구성은 전시실의 전체구성을 생각할 때 매우 중요한 사항이다. 동시에, 각각의 자료를 보여주기위한 방법, 자료가 가지는 특징을 효과적으로 끌어내기 위한 연출에 대해서도 충분한 고려가 필요하다. 그리고 이러한 기술은 상점의 매장환경 만들기나 상품진열 방법이 참고가 된다는 점을 필히 염두에 두고자 한다. 예를 들면, 다음과 같은 관점이 있다.

① 고객의 마음을 상점 앞에서 붙잡아, 상점 안으로 들어오게 하는 유도형 진열
② 고객의 요구에 따라, 하루 중 시간대나 계절에 따라 잘 팔리는 상품으로 진열을 바꾸는 매장 만들기
③ 같은 종류의 상품을 그룹화하여 진열
④ 강약을 살린 상품진열
⑤ 보기 쉬운 상품진열
⑥ 고르기 쉬운 상품진열

박물관 전시의 관점에서 고려해보면, ①의 경우 돋보이는 귀중한 전시물을 전시실 입구에서 먼저 방문자에게 보여 방문자의 마음을 사로잡는 것과 동시에, 전시실 입구에서 보이도록 눈에 띄는 귀중한 전시물을 전시실 안쪽에 배치하여, 방문자가 전시실 안으로 들어갈 수 있도록 동기부여를 해줄 수 있는 전시구성을 고려할 수 있다. ②처럼 방문자의 요구에 부응해서 전시를 바꿀 수 있다면, 당연히 방문자에게 효과적인 정보제공이 가능하게 된다. 또한 방문할 때마다 전시가 변하기 때문에, 방문자에게 '다음에 오면 어떤 식으로 변해 있을까?'라는 마음을 불러일으켜 재방문하려는 마음을 들게 하는 것이다. 그 외 ③-⑥에 대해서도 같은 종류의 전시물을 그룹화해서 차별화된 보기 쉬운 전시공간을 만들거나, 방문자가 자신이 보고 싶은 전시물을 정확하게 찾을 수 있도록 안내패널 등을 연구하는 것이 고려될 수 있다. 이 밖에도 색채계획이나 사인sign계획 등 전시공간 전체의 연출에 대해서도 고려하여, 방문자에게 매력적인 전시공간을 연출할 수 있다.

위와 같은 방법을 통하여, 전시물을 방문자에게 어필하는appeal 것뿐만이 아니라, 다음의 두 가지 점에 대해서도 유의해두고자 한다.

첫째로, 보편적 디자인universal design과 무장애물 디자인barrier free design에 대한 배려이다. 비장애인만이 방문자는 아니다. 장애가 있는 사람도 평생학습의 일환으로 종종 박물관을 활용한다. 예를 들면, 휠체어를 탄 사람이라도 전시물에 다가가 충분히 자료를 볼 수 있도록, 전시공간을 조성할 때 이 점을 반드시 명심해야 한다.

둘째로, 자료의 훼손이나 도난 등에 대한 대책과 예방조치이다. 특히 박물관의 전시물은 유일무이한 매우 고가의 물건 및 귀중한 물건이 많기 때문에 표적이 되기 쉬운 것도 사실이다. 박물관의 전시물은 분별이 없는 사람에 의한 훼손이나 도난의 위험에 항상 노출되어 있다. 따라서 전시물 전체를 훤히 잘 볼 수 있는 예방적 공간 조성, 방범카메라 설치, 감시원 배치, 각 전시 진열장에 방범대책 실시 등 박물관 전체의 운영을 고려하여 대책을 실행할 필요가 있다.

2. 전시동선

전시장에서는 방문자가 스스로 이동하며 각 전시물을 보면서 전시스토리를 이해하게 된다. 전시를 설계하는 측에서는 전시스토리에 기초한 전시물의 배치와 방문자의 이동을 계산하면서 방문자가 전시에 대하여 이해할 수 있도록 전시동선을 고려해야 한다. 전시동선과 관련하여, 특히 전시해설문과의 관련성에 주의하고자 한다. 일본어의 경우, 해설문을 가로쓰기나 세로쓰기로 작성하는 것이 가능하다. 그리고 가로쓰기라면 왼쪽에서 오른쪽 방향으로, 세로쓰기라면 반대로 오른쪽에서 왼쪽 방향으로 글자를 읽어 나가게 된다. 따라서 해설문의 작성방법에 따라 방문자의 실내동선도 시계방향이 해설문을 읽기 쉬운지, 혹은 시계 반대방향이 읽기 쉬운지를 알게 된다.

동선의 패턴pattern으로는 직선적으로 방문자를 움직이게 하는 강제형 동선, 전시실 내의 견학순서를 방문자 스스로 판단할 수 있는 자유동선, 강제형 동선에서 방문자에게 견학의 자율성을 주고자 동선을 분산하는 우회로by pass를 결합한 동선 등 다양한 유형이 있다. 전시구성이나 각 전시자료를 보여주는 방법을 고려하면서, 방문자의 움직임을 상정하고 동선을 설정할 필요가 있다.

3. 상징이 되는 전시물의 특징

전시실에서 보여주는 자료, 즉 전시물은 전시의도를 메시지로 방문자에게 명확하게 전달하기 위하여, 방문자의 눈을 사로잡고 존재감을 주장할 수 있는 전시물을 선정하는 것이 중요하다. 특히 전시실 입구에서 방문자에게 영향을 주거나, 전시스토리의 상징, 스토리의 핵심이 되는 위치에 두는 인기 전시로 불리는 전시물은 다음과 같은 특징을 가지고 있다는 점을 이해할 필요가 있다.

① 유명한 것
② 거대하거나 색채가 화려하거나 해서 사람의 이목을 끄는 것
③ 희소한 것
④ 값비싼 것
⑤ 미적인 것
⑥ 추악·잔혹·추잡한 것

4. 자료의 전시방법

박물관 자료는 전시구성이나 그 자료가 가지고 있는 특성에 따라, 자료를 그대로 전시물로 방문자에게 보여주는 경우도 있고, 가공하거나 혹은 2차 자료를 제작해서 전시물로 활용하는 경우도 있다. 또한 자료에 의존하지 않는 전시방법도 있다. 여기에서는 각종 전시방법을 크게 아홉 가지로 나누어 소개하고자 한다.

1) 전시용·연구용으로 자료를 수집하여 가공하지 않고 그대로 전시하는 경우

전시용·연구용으로 수집한 자료, 예를 들면 암석 자료 등의 자연사 자료

나 바이올린 같은 인문계 자료를 그대로 전시 진열장에 넣어 전시하는 경우이다. 이 경우, 지진 등으로 자료가 파손되는 일 등이 없도록 전시 진열장이나 집기에 대한 연구를 실시하여 자료를 고정할 필요가 있다.

2) 수집한 자료를 전시용으로 가공해서 전시하는 경우

전시로 무엇을 보여줄지, 그 전시구성에 따라 전시용 자료에 가공할 필요가 생긴다. 바이올린 전시를 예로 들어보자. 전시구성의 의도로 바이올린의 구조를 보여주려고 생각한다면, 바이올린을 절단해서 내부를 보여주거나, 바이올린을 구성하는 부품 자체까지 분해해서 전시해야 하는 필요성이 나온다. 이 경우, 전시이용을 위한 자료의 가공·분해는 불가피하게 된다. 전시에 있어서는, 자료를 전시물로 하기 위하여 가공이라는 것도 충분히 유의할 필요가 있다.

3) 자료수집을 하지만, 수집자료는 전시하지 않고 복제품이나 사진 등 2차 자료만을 전시물로 하는 경우

자료를 전시실에 내놓는다는 것은 수장고보다 열악한 환경에 내놓겠다는 것이나 다름없다. 조명·온도·습도·미생물 등의 영향을 받기 쉬우며, 보관환경으로 전시실은 결코 좋은 환경이 아니어서 자료의 열화는 불가피하다. 또한 전시로 보여주는 방식을 중시하는 경우, 자료에 손상을 줄 수 있는 무리한 형태로 전시해야 하는 경우도 나온다. 예를 들면, 공룡 등의 화석표본을 복원해서 독립적으로 전시하는 경우이다. 공룡의 골격을 복원하여 독립적으로 전시하면 상당히 돋보이지만, 다른 한편으로 화석은 어디까지나 돌덩어리이다. 일상의 전시에서는 문제가 없어도, 지진 등의 충격으로 자료

자체의 무게에 의하여 붕괴하는 경우가 있다. 경우에 따라서는 자료의 붕괴에 의하여 방문자에게도 위험이 미칠 수 있다. 그래서 이러한 경우는 1차 자료는 전시하지 않고, 2차 자료를 제작하여 2차 자료만을 전시하는 것도 고려할 필요가 있다.

4) 수집자료와 2차 자료를 같이 전시하는 경우

박물관에서는 진품을 보여주고자 하는, 후대에 물려주고자 하는 사고방식이 있다. 하지만 자료의 안전성 등을 고려하면, 반드시 방문자에게 보기 쉬운 형태로 자료를 전시할 수 있는 것은 아니다. 그래서 1차 자료를 전시하는 것과 동시에, 2차 자료를 제작·전시하여 1차 자료에서 보기 어려운 부분을 보완하는 것이다.

더브리티시박물관The British Museum(대영박물관)에서는 인류의 귀중한 문화유산인 로제타 스톤Rosetta Stone을 진열장에 넣어 보존 및 전시하고 있다(〈그림 3.3〉). 하지만 진열장 안의 로제타 스톤은 보기 어렵다는 난점이 있다. 그

〈그림 3.3〉 영국 더브리티시박물관의 로제타스톤 실물전시

〈그림 3.4〉 영국 더브리티시박물관의 로제타스톤 복제품 전시

래서 방문자에게 눈앞에서 보여주고 또 그 촉감을 제공하기 위하여, 복제품을 제작하여 이것을 만지는 자료로 전시하고 있다(〈그림 3.4〉).

5) 2차 자료를 제작 및 구입하여 전시하는 경우

박물관은 방문자에게 가능한 한 진품인 실물자료를 제공하고자 생각하는 것이 보통이지만, 실제로는 자료의 희소성이나 자금 문제로 인하여 자료를 입수할 수 없는 경우가 상당히 있다. 또한 건축물이나 기계 등은 도면이 존재하지만, 실물자료는 현존하지 않는 경우도 있다. 게다가 전시자료에 대한 방문자의 이해를 촉진하기 위해서는 1차 자료라고 불리는 실물자료만으로는 박물관이 의도하는 정보제공이 충분히 실행되지 못하는 경우도 많이 있다. 이러한 경우는 실물에서 추출된 정보나 도면 등을 가지고 복제품이나 모형 등 2차 자료라고 불리는 전시물을 제작하거나 구입하여 전시자료로 활용한다.

6) 자료에 의존하지 않고 전시물을 제작하는 경우

방문자에게 자연계의 원리나 사물의 기능 등을 전달하기 위한 장치가 있는 전시물을 제작해서 방문자에게 제공하는 예가 있다. 과학관이나 과학센터로 불리는 자료를 가지고 있지 않은 교육중시형 박물관에서 많이 볼 수 있는 방법이다.

7) 영상 · 음성정보를 제공하는 경우

영상 · 음성정보에 대해서는 정보자체는 컴퓨터나 DVD로 관리하고, 모니터나 프로젝터, 스피커로 출력하여 전시한다. 정지화静止画에 대해서는 컴퓨터로 정보를 관리하고 모니터 등으로 출력하는 것 외에 사진 패널로 전시하는 경우도 많다.

8) 플라네타륨 · 대형영상에 의한 경우

전시물과 같은 물건을 사용하는 것이 아니라 대형돔이나 대형스크린을 활용하고, 시각에 호소하여 자연계의 원리나 사물의 법칙을 전달하는 방법이다. 방문자가 마치 우주나 심해저처럼 갈 수 없는 공간에 존재하는 듯한 몰입감 · 현장감을 체험하는 중에 교육 · 학습체험을 제공한다.

9) 방문자의 생각을 전시에 반영하는 경우

박물관은 전시물을 통해서 정보를 제공할 뿐만 아니라, 정보를 어떤 방식으로 방문자가 받아들이는지, 무엇을 생각했는지, 무엇을 학습했는지를 파악하여, 앞으로의 활동에 이를 활용할 필요가 있다. 이러한 관점에서 방문자의 의식평가가 필요한 것이고, 이 의식평가를 실행하는 활동 자체를 전시할 수 있다.

구체적으로는 방문자가 전시를 보고 무엇을 생각했는지를 적은 종이를 받아서 게시하거나, 간이 설문조사 시스템을 전시물로 설치하고,

〈그림 3.5〉 미국 시카고산업과학관(Museum of Science and Industry, Chicago)에서 유전자 변형작물의 시비를 방문자에게 질문하는 전시 유전자공학이 가져오는 과제에 대하여 환경 · 식량 · 윤리의 관점에서 이익과 위험성을 전시로 소개한 후에, '당신은 어떻게 판단합니까?'라는 질문을 방문자에게 던지는 전시물이다. 우측 하단의 둥근 부분에 '유전자 변형작물은 대량생산을 지원한다', '유전자 변형작물은 종교규범에 위반한다' 등 8가지 대표적인 의견이 적혀있으며, 버튼을 누르면 그날 방문자 수의 몇 퍼센트가 같은 버튼을 눌렀는지, 즉 방문자와 같은 의견이었는지, 다른 의견이었는지가 그래프로 표시된다.

응답을 받아 그 조사결과를 컴퓨터로 처리하고, 전시물의 디스플레이 상에

'오늘 방문하신 분 중 **%는 이 전시를 보고 나서 **라고 생각하였습니다'라는 통계 메시지를 되돌려 보내는 것이다. 방문자는 자신이 느낀 것, 생각한 것이 다른 방문자와 비교해서 일반적인 견해인지, 아니면 다른지를 알수 있다. 이와 같은 경우는 사회적 과제에 관한 전시 등에서 볼 수 있다(〈그림 3.5〉).

전시방법에 대해서, 이 절에서는 전시물의 관점에서 그 방법을 설명하였다. 하지만 전시는 전시물만으로 성립되지 않는다는 점에 유의해 두고자 한다. 전시물과 함께 해설패널이나 자료라벨, 해설영상, 해설시트 게다가 해설사의 도움이 있어서, 즉 전시해설의 도움이 있어서, 비로소 전시로 성립되는 것이다. 이러한 관점에서 전시방법에 대해서는 이 장과 함께 '제6장 박물관의 전시해설 활동'을 세트set로 생각할 필요가 있다.

제3절 전문분야별 전시

1. 종합박물관[16]

1) 종합박물관의 역할

종합바물관의 전시에 대해서 설명하기 전에, '종합박물관'이 무엇인지에 대한 개념정립을 명확히 하고자 한다. 종합박물관은 1973년 11월 일본에서 제정된 〈공립박물관의 설치 및 운영에 관한 기준公立博物館の設置及び運営に関する

---

16) 오호리 사토시(大堀哲) : 나가사키역사문화박물관(長崎歷史文化博物館) 관장.

基準〉제2조 제1항에 "인문과학과 자연과학 양분야의 자료를 종합적인 입장에서 다루는 박물관이다"라고 정의되어 있다. 여기서 말하는 '종합'의 의미는 단순히 인문과학 자료와 자연과학 자료를 박물관 내 한자리에 수집하고, 전시 및 교육활동 등을 전개하는 것은 아니다. 적어도, 자연과학 자료와 인문과학 자료를 나열하는 것만으로는 종합의 의미를 갖지 않는다. 힘들여 자연사·역사·미술 같은 분야의 소장품을 소유하면서, 별도의 전시실에서 독립된 전시를 실시하고 있다면, 그것은 단순한 병렬 전시에 불과하기에 '종합'의 의미가 무색하게 된다.

종합박물관이 되기 위해서는 그 박물관의 설치이념·목적에 맞는 두 분야의 과학이 결합되거나 융합한 연구활동을 거쳐서 새로운 개념·판단이 생성되는 전시·교육활동을 하는 것이 필요하다.

또한, 자연과학과 인문과학 자료를 겸하여 활동 중인 박물관만 종합박물관이 아니라, 자연과학박물관에서도 동물학·식물학·지구과학 등 두 분야 이상의 과학자료를 다루면서 활동 중인 박물관 역시 과학의 종합박물관으로 불린다. 그 전형적인 박물관에는 도쿄의 국립과학박물관이 있다.

오늘날 학문분야의 세분화가 진행되는 한편, 기존의 전문분야를 초월한 학제화의 진전도 현저하다. 지구온난화·자연보호 등 환경문제의 이해를 도모하려면, 자연과학뿐만 아니라, 인문과학 분야와도 밀접한 연관이 있으므로, 종합적·학제적으로 판단할 재료를 제공할 필요가 있다. 그런 의미에서 종합박물관의 역할이 크다.

2) 전시의 내용 및 방법

전시는 박물관의 얼굴이라고 한다. 그 때문에 학예직은 매력적인 전시를 만들기 위하여, 밤낮으로 자료수집·전시방법 등에 대한 진지한 연구를 계속하고 있다. 그러나 종합박물관이라고 해서, 다른 분야의 박물관과 특별히 다른 점은 없다. 종합박물관의 전시에서 중요한 것은 두 분야 이상의 과학 자료를 어떻게 종합·융합하는 전시로 전개하는 가이다. 자연과학 자료와 인문과학 자료를 종합적으로 전시하는 경우, 지역의 자연 속에서 세월을 보내온 자료를 수집하는 동시에, 사람들이 어떤 자연환경 속에서 생활을 구축해 왔는지, 현실생활의 문제와 아울러 연구성과를 전시하고 종합적으로 이해를 도모할 수 있도록 하는 것이 중요하다.

3) 종합전시의 사례

시가현립비와코박물관滋賀県立琵琶湖博物館은 자연과학과 인문과학 두 분야의 자료를 다루면서 활동하고 있는 종합박물관이라고 말할 수 있다. 이 박물관은 비와 호수를 주제로, 이에 특화된 전시를 실시하고 있다. 전시목적은 비와 호수에 관한 종합적인 이해를 심화하여 호수와 인간의 보다 나은 공존관계를 구축하는 데 있다. 전시는 '비와 호수의 생성과정', '사람과 비와 호수의 역사', '호수의 환경과 사람들의 생활' 외 희귀한 민물고기를 중심으로 하는 수족관 시설을 설치하여, 국내외의 민물고기를 전시함과 동시에, '디스커버리 룸'에서는 가재 모형 등 어린이를 위한 전시를 하고 있다. 인간의 생활에 관한 전시로는 쇼와기昭和期 일반가정의 생활공간을 충실히 재현한 전시 등을 통하여 관람자의 흥미와 관심을 심화하고 있다. 시가현립비와코박물관의 전시에서는 자연과 사람의 생활을 종합적으로 이해할 수 있도록 해준 다양한 연구가 엿보인다.

이번에는 일본에서 과학의 종합박물관인 국립과학박물관의 사례를 들어

다보자. 국립과학박물관은 지구와 생명ㆍ과학기술의 역사를 밝히고, 인간과 자연의 바람직한 관계, 과학기술의 본연의 자세를 생각할 기회를 제공하기 위하여, '인류와 자연의 공존을 목표로'를 상설전시의 주제로 하고 있다. 전시는 지구관과 일본관에서 전개하고 있다.

지구관에서는 '지구 생명사와 인류'를 주제로, 생명과 지구환경의 보전 등 지구 규모의 과제를 인류적 관점에서 고찰하는 데 불가결한 '지구와 생명의 공진화共進化', '생물의 다양화와 인류의 확산', '과학기술의 발전과정' 등을 체계적으로 소개하고 있다.

또한 일본관에서는 '일본의 자연과 일본인의 형성과정', '일본인과 자연의 관계' 등을 종합전시로 소개하고 있다.

전시의 실시에 있어서는, 전시ㆍ연출방법 등을 연구하고, 지구관ㆍ일본관을 전혀 다른 인상을 주는 전시공간으로 완성하고 있다. 또한 최신의 연구성과를 살려서, 어린이부터 고령자까지 폭넓은 연령층의 다양한 요구에 부응할 수 있도록 풍부한 표본자료의 매력을 최대한 끌어내려 하고 있다. 이를 위하여, IT활용 정보단말기에 상세한 전시정보를 입력하고, 개개인의 흥미와 관심에 따라 지식을 습득할 수 있도록 고안되어 있다. 이에 더하여, 갤러리 토크ㆍ가이드 투어 등을 통해 새로운 발견ㆍ감동ㆍ즐거움을 얻을 수 있는 전시에 대한 연구가 여기저기에서 보인다.

2. 역사민속계 박물관[17]

1) 물건에서 사실로의 전시

역사민속계 박물관의 취급자료와 전시품은 처음부터 감상을 목적으로 제작된 미술작품을 소개하는 미술관과는 크게 다르다. 역사민속계 박물관의 자료는 경우에 따라서는 귀족이나 다이묘[18] 등으로부터 전해진 미술공예 자료나 신앙의 대상물인 불상 등이 포함되지만, 전시대에 걸친 사람들의 생활용품이나 고문서류가 중심이며, 일정한 역사적 평가나 해설이 없으면 박물관 이용자에게는 거기에 놓여져 있는 의미나 내용을 알 수 없는 자료가 대부분이다. 게다가, 역사민속계 박물관에서 이용자에게 전하고 싶은 정보는 자료의 배후에 숨어있는 역사나 민속에 속하는 사람들의 행위 자체가 대상이 되고 있다. 그러므로 취급자료의 성격이나 박물관 전시의 목적이 전시 방법에도 크게 좌우된다.

역사민속계 박물관의 전시의 흐름은 실물자료인 물건의 진열에서 역사적 사상事象을[19] 중심으로 하는 형태, 다시 말하자면 '물건에서 사실'로 크게 변화하고 있다. 역사적 사상을 전시 속에서 표현하는 방법으로 기존의 해설패널뿐만 아니라, 디오라마 모형이나 영상 등이 이용되고 있지만, 특히 1980년대 말부터 1990년대에 걸친 일본의 역사민속계 박물관의 흐름은 실물크기의 디오라마 모형이라는 형태로 나타나고 있다.

쿠사도센겐草戸千軒 유적의 조사·연구를 바탕으로 중세의 거리를 재현한

---

17) 나카야마 세이지(中山誠二) : 야마나시현립박물관(山梨県立博物館) 학예과장.
18) 저자는 일본의 역사민속계 박물관의 소장품을 예로 들고 있음. 역주
19) 관찰할 수 있는 사물과 현상. 역주

히로시마현립역사박물관広島県立歷史博物館(1988년 개관)이나 에도시대의 다리인 니혼바시日本橋와 에도성의 모습, 근대 도쿄의 건물을 실내에 재현한 에도도쿄박물관江戸東京博物館(1993년 개관), 중세의 젠코지善光寺 문전을 재현한 나가노현립역사박물관長野県立歷史博物館(1994년 개관), 조몬시대繩文時代 마을의 일부와 쇼와시대 폭설지대의 모습을 재현한 니가타현립역사박물관新潟県立歷史博物館(2000년 개관) 등 환경복원모형으로 알려진 수법은 점차 대형화해 갔다.

실물크기 디오라마의 출현으로 이용자는 전시되고 있는 시대로 시공간을 이동한 것 같은 감각으로 먼 과거를 가깝게 느낄 수 있게 되었다. 그러한 한편으로 이러한 기법은 초기 설비에 막대한 비용이 들어가고, 한번 제작해버리면 그 전시를 바꿀 수 없는 단점도 가지고 있다.

이에 초기 비용을 낮추는 깃과 마찬가지의 효과를 낳는 전시방법이 고안되어, 현재는 전시자료뿐만 아니라 영상이나 음향·소형 디오라마·컴퓨터 시뮬레이션 등 다양한 기술을 결합한 기법이 많이 사용되고, 전시기법도 나날이 발전하고 있다. 이 절에서는 최근의 실천사례로 야마나시현립박물관山梨現立博物館을 소개하고자 한다.

2) 전시의 실천: 야마나시현립박물관을 중심으로

야마나시현립박물관(이하 야마나시현박)의 상설전시는 도입전시·감상학습형 전시·체험형 전시·상징전시 등 4개의 공간으로 구성되어 있다.

(1) 도입전시

도입전시는 박물관의 주제·지역성·역사성을 우선적으로 느낄 수 있도록 연구되어 있는 경우가 많다. 일본의 경우, 박물관에 따라서는 바다에 둘

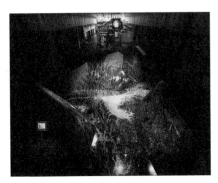
〈그림 3.6〉 야마나시현립박물관의 도입전시

러싸인 일본열도를 이미지화한 돔형의 영상공간, 세계와 일본의 민족을 비교한 영상극장 등 박물관의 개념에 따른 전시를 하고 있다.

야마나시현박에서는 바다 없이 주위가 산으로 둘러싸여 있고, 3,000m 이상의 높이차를 가진 지형적 특징이 지금까지의 역사의 무대가 된 것을 나타내기 위해서, 우주에서 촬영한 커다란 위성사진을 사용한 전시를 하고 있다(〈그림 3.6〉). 표고차와 지형을 표현하기 위해서, 위성사진은 입체적으로 주변이 솟아올랐고, 그 안에 들어서면 산으로 둘러싸인 내륙지형의 모습을 잘 알 수 있다. 이러한 전시는 시가현립비와코박물관 등 최근 많은 박물관에서 채택하고 있는데, 새가 높은 하늘에서 아래를 내려다보는 것처럼 높은 곳에서 지역을 내려다보는 것으로, 평소 무심코 생활하고 있는 지역을 다시 보게 되는 계기도 되고, 가족이나 친구 간 대화에도 꽃이 핀다.

도입전시는 방문자를 현실세계에서 벗어나 박물관의 세계로 유도해 나가는 입구의 공간으로 전체구성 중에서도 매우 중요한 전시이다.

(2) 감상학습형 전시

상설전시의 중심이 되는 주제를 소개하는 전시로, 박물관의 주요 전시라고 할 수 있다.

역사계 박물관의 대부분은 원시시대부터 근현대의 역사를 시간 순으로 전

개하는 시대별 전시가 주류를 이룬
다. 야마나시현박에서는 시간의 흐
름 속에서 변해가는 현상과 동시에
변하지 않는 역사의 보편성을 표현
한다는 방침을 기본구상 단계에서
결정하고는 테마전시라는 기법을 취
하고 있다.

〈그림 3.7〉 감상학습형 전시

전시의 기본주제인 '야마나시의
자연과 사람의 역사'를 중심으로 크게 '야마나시의 풍토와 생활', '카이甲斐를
오가는 군상' 이렇게 2개의 공간으로 나뉜다. 이 소주제들은 더 세분화되어
'자연의 숲 속에서', '카이의 쿠로코마甲斐の黒駒',[20] '물에 대항하여', '카이를 달
리는 무사들', '강을 수놓은 타카세부네高瀬舟',[21] '풍토병과의 싸움' 등 19개의
소항목 주제별로 전시가 완결되면서 전시의 기본주제를 표현하고 있다(〈그
림 3.7〉).

이 전시공간에는 실물자료뿐만 아니라, 영상 및 음성·정보단말장치·디
오라마·해설그래픽 등 다양한 전시기법이 이용되어, 전하고 싶은 역사적
사안이 감각적으로 이해될 수 있도록 연구되어 있다(〈그림 3.8-3.9〉). 특히
400개가 넘는 인물상을 배치한 소형의 디오라마는 다른 박물관에는 없는
특징이다.

일본의 박물관에서는 일반적으로 디오라마 모형은 학술적 고증을 바탕으

---

20) 고대 카이국(甲斐国)은 '카이의 쿠로코마'라는 명마의 산지로 알려짐. 역주
21) 얕은 여울에서도 저을 수 있는 운두가 낮고 밑이 평평한 너벅선. 역주

〈그림 3.8〉 전시자료와 영상·음성의 전시　　　　〈그림 3.9〉 디오라마 전시와 실물자료의 서랍형 전시

〈그림 3.10〉 고후성 상업지역의 디오라마　　　　〈그림 3.11〉 에도시대의 마을 경관 디오라마

로 축적비율을 정하여 정확하게 제작되는 경우가 많다. 그러나 정확성을 중시한 나머지, 전시 속에서 무엇을 방문자에게 보여주고 싶은 지, 이른바 전시의도가 전달되기 어려운 경우도 많다. 야마나시현박의 디오라마는 건물은 15분의 1, 인물은 12분의 1로 굳이 축척비율을 바꾸어 복원함으로써, 인물의 표정·의상·작업의 상태 등을 세밀하게 표현하고, 에도시대의 농촌 풍경과 마을의 여러 축제 등을 재현하고 있다(〈그림 3.10-3.11〉). 이러한 기법은 한국

의 롯데월드 민속박물관 등에서도 사용되고 있는데, 작은 디오라마로도 연구를 통해 충분한 정보와 연출효과를 확보할 수 있다.

(3) 체험형 전시

역사민속계 박물관의 경우 지정문화재 등 매우 귀중한 자료를 공개하기 때문에, 전시품은 기본적으로 유리케이스 너머로 감상하는 이른바 핸즈오프(만져서는 안된다) 전시가 중심이 된다. 이 때문에 내용이 어렵고 딱딱하다는 이미지가 앞서 어린이들의 이용을 막는 경우가 있다. 이에 대한 반성을 토대로 최근 신설되는 박물관에서는 핸즈온hands-on 전시기법을 받아들인 체험형 전시의 도입 사례가 증가하고 있다.

체험형 전시는 어린이들을 대상으로 한 체험학습적인 의도에서 만들어진 'Children's Museum'(어린이를 위한 박물관이나 과학관)에 공통되는 기본방침으로, 물건을 만지고 느끼고 놀면서 학습할 수 있는 전시기법이다.

그런데 감상을 중심으로 한 전시실 내에서 이 기법을 사용해 버리면, 이용자는 어떤 자료를 만져도 좋은지, 혹은 만져서는 안 되는지를 모르기에, 반대로 혼란을 초래하는 결과를 가져온다. 야마나시현박의 경우, 이러한 혼란을 피하기 위해서 처음부터 체험을 할 수 있는 전시공간과 감상을 중심으로 하는 공간을 분리하여 설계하고 있다. 게다가 체험형 전시와 감상형 전시의 칸막이를 제거하여, 자유롭게 양쪽의 전시실을 오갈 수 있도록 디자인되어 있다.

'역사체험공방'으로 불리는 체험공간에서는 헤이안 시대의 주니히토에+=

<그림 3.12> 전통의상 체험

蝉외22 에도시대의 여행복 등을 입어보는 체험을 할 수 있는 코너(〈그림 3.12〉), 옛날 놀이 등을 체험할 수 있는 서당 코너, 에도시대의 고후성 상업지역을 모의체험하는 시뮬레이션 게임, 에도시대의 고슈가도甲州街道를 여행하는 룸러너room runner 등 13종류의 체험 프로그램이 제공되고 있다.

체험형 전시를 통해서 역사를 학습하기 이전의 아동이나 일본에 관한 지식이 적은 외국인 등도 그 즐거움을 체감할 수 있으며, 역사를 친근한 것으로 느끼게 할 수 있게 되었다.

(4) 상징전시

역사민속계 박물관을 비롯한 많은 박물관의 상설전시는 실제로는 수개월마다 전시 교체를 실시하고 있음에도 불구하고, 언제 가도 변하지 않는다는 이미지가 있다. 이것은 한번 정비한 전시의 전체 구성을 크게 바꿀 수 없는데서 기인한다.

야마나시현박에서는 이러한 이미지를 바꾸기 위하여, 상설전시 중에 상징전이라는 기간 한정의 소기획 전시를 마련하여 전시에 변화를 주고 있다. 대형의 특별전과는 달리, 중요문화재 등과 같은 자료 중 1점을 중점적으로

---

22) 여관(女官)들의 정장(正裝). 남자의 속대(束帶)에 해당함. 역주

소개하거나, 학예직의 조사·연구를 공개하는 장으로 이용하고 있으며, 재방문자의 확보에도 한몫하고 있다.

3) 역사민속계 박물관의 해설사interpreter

앞서 기술한 바와 같이, 역사민속계 박물관의 전시품은 자료 자체의 감상만으로는 이해하기 어려운 특성을 가지고 있다. 이러한 의미에서 전시를 알기 쉽게 해설하고, 박물관 전시를 통하여 즐기면서 학습하는 것을 지원하는 해설사의 배치는 매우 효과적이다.

해설사는 전시품의 안전성을 확보하기 위하여 둔 감시원이라는 의미 이상으로 방문자에게 전시내용을 전달함으로써 전시에 대한 이해도와 관람의 만족도를 높이는 효과가 있다. 또한 전시해설을 통하여 박물관 측과 방문자 사이에 커뮤니케이션이 발생하고, 역으로 방문자로부터 중요한 정보를 얻을 수도 있다. 그 정보를 새로운 전시나 박물관의 조사·연구에 활용할 수 있는 것이다. 이것이야말로 전시를 통한 교류 스타일이라고 할 수 있다.

과학관 등에 가면 시간과 요일에 따라서 사이언스 쇼 등의 행사가 진행되며, 간단한 실험 등을 통하여 이용자의 관심을 끌고 있다. 이에 비하면, 역사민속계 박물관에서는 좀처럼 그와 같은 연출을 하지 못하고 있다. 그런데 역사민속계 박물관에서도 해설사에 의한 히스토리 쇼를 전개함으로써, 상설전시의 매력을 한층 더 높일 수 있다.

야마나시현박에서는 전시교류원展示交流員이라고 불리는 직원이 전시안내 및 해설 외에 '놀자, 배우자, 서당광장'이라는 체험행사를 매주 실시하고 있다(〈그림3. 13〉). 카이국甲斐の国과 관련된 타케다 신겐武田信玄의 수제 그림연극 공연이나 에도시대의 화폐를 사용하는 쇼핑체험, 보자기의 매듭이나 무늬

<그림 3.13> 체험행사

놀이 등 다양한 역사 체험이 직원들에 의해서 창작되어 방문자에게 제공되고 있다. 게다가 최근에는 이러한 행사가 학교의 박물관 이용으로 그 범위가 넓혀져, 박물관과 학교가 연계하는 도구의 하나로 사용되고 있다. 이와 같이 해설사는 다양한 활동을 통하여 역사민속계 박물관의 가능성을 넓히는 존재가 되고 있다.

이상 야마나시현박의 전시 사례를 중심으로 소개했지만, 일본 전국의 역사민속계 박물관에서도 각 박물관의 전시주제를 방문자에게 알기 쉽게 전달하기 위한 다양한 전시기법과 노력이 행해지고 있으며, 개성이 강한 박물관이 늘어나고 있다.

그러나 가장 중요한 것은 박물관에서 무엇을 방문자에게 보여주고 학습하게 할 것인가라는 주제설정과 실물자료이며, 전시방법은 어디까지나 그것들을 알기 쉽게 연출하기 위한 도구임을 잊어서는 안 된다.

3. 고고학 박물관[23]

1) 전시에 있어서의 유의점

고고학 자료는 '인류가 남긴 물질적 자료, 즉 유적, 유물'로, 유물과 함께

---

23) 타카노 미츠유키(鷹野光行) : 토호쿠역사박물관(東北歷史博物館) 관장.

유적을 구성하는 유구도 그 중 하나이다. 박물관에서는 고고학의 연구성과에 따라 이러한 자료를 다양한 형태로 전시에 활용하고 있다. 특히 유물은 구체적인 형태를 가지고 있는 것이기 때문에 고고학 박물관은 역사 일반의 박물관에 비해 보다 더 알기 쉬운 전시가 가능하며, 사람들의 관심도 끌기 쉬운 이점이 있다고 해도 좋을 것이다. 그러나 그런 만큼 더 많은 연구가 강하게 요구되는 것이고, '자료를 전시한다'기보다는 '자료에 대해서 전시'하고, '자료에게 말하게 한다'는 사고방식이 필요하다.

이를 위해서는 고고학 박물관을 방문하여 전시를 보는 사람들에게 비교관점을 주고 질문을 제기할 수 있는 전시구성에 관한 연구를 해야 한다. 비교하는 관점은 고고학이라는 역사를 다루는 분야의 박물관 전시이기 때문에 당연히 시간축에 의한 수식적 비교의 관점이다. 그러나 시간순으로 시대 (시기)를 쫓는, 예컨대 조몬토기縄文土器를 죽 옆으로 늘어놓은 전시라도 시기에 따라 형태나 문양이 변화하는 것을 나타내는 비교관점을 가진 전시라고 할 수 있지만, 그것이 겉보기에는 박력이 있고 또 다소의 전문지식을 가진 사람에게는 상당히 흥미를 끄는 것일지라도, 일반인에게는 어떻게 비칠 것인가를 생각해 보아야 한다(〈그림 3.14〉). 따라서 줄지어 늘어놓은 토기의 전시를 보게 하여 토기의 변화를 이해시킬 뿐만 아니라, 이해를 쉽게 하기 위한 도움 또한 필요하다. 시간축에 따른 비교라 해도, 단지 시간을 쫓아 나란히 늘어놓는 것만으로는 끝나지 않는다.

〈그림 3.14〉 에베쓰시향토자료관(江別市鄕土資料館)의 토기전시

비교는 수직적 관점뿐만 아니라, 수평적 관점도 가질 수 있다. 전시되어 있는 자료가 어떻게 사용된 도구였었는지, 또한 현대 우리들의 생활 속에서 사용하는 도구 중 어느 것에 대응되는 것인지에 대해서도 수직적 비교로도 연관 지을 수 있지만 수평적으로도 비교할 수 있다. 그렇게 하면서, 자료의 명칭을 나타내는 것도 도구의 용도 및 역할을 비교하는 단서가 되는데, 예를 들어 돌접시는 접시가 아닌, 돌도끼라 해도 도끼로 한정된 용도가 아닌 것 또한 생각해 볼 수 있게 해야 할 것이다. 또한 그 도구가 세계 역사상 동시대에 어떤 범위에서 공통적으로 사용되고 있었는지, 지리적·문화적인 분포에 의한 비교도 또한 수평적 관점이 되는 것이다.

비교하는 관점과 관련하여, 이용자가 자료를 보고 의문을 가지게 하는 전시를 구성하는 것이 바람직해 보인다. 자료를 보여주거나 가르치는 전시실에서는 전시를 관람하는 사람에게 질문하려는 생각은 나오지 않는다. 서두에서도 언급했듯이, 자료에 따라서 생각하게 하려는 관점에서야말로, 이용자에게 질문을 하는 전시나 해설도 나온다. 해설 속에 직접 '물음표(?)'로 표시해도 좋고, 퀴즈 형태의 해설도 있다. 자료를 보고 그저 감탄을 자아내기보다는, 보고 생각하게 하는 전시를 구성하기 위해서도 이러한 비교관점과 질문이 있는 전시는 효과가 있다 (〈그림 3.15〉).

여기서 다시 재미있고 즐겁고 잘 이해했다고 평가되는 혹은 그렇게 느껴지는 전시에 대하여 생각해보자. 이공학계의 철도 등을 테마로 하

〈그림 3.15〉 요시고패총자료관(吉胡貝塚資料館)의 질문과 대답

는 박물관에는 다른 종류의 박물관에 비해 더 많은 이용자가 있는 것은, 재미있고 또 오고 싶다는 생각이 들게 하는 전시가 있기 때문이다. 여기에서는 전시자료를 보여줄 뿐만 아니라, 버튼을 누르거나 손잡이를 돌리거나 해서 전시물을 움직일 수 있으며, 또한 전시 속에 들어가 조작할 수 있거나, 이용자가 직접 전시물을 움직이지 않아도 박물관 직원이 움직여 보여준다. 이렇게 움직이고 느끼는 체험이 되는 것이, 나중에 즐거웠기에 다시 가고 싶다는 마음을 갖게 하는 요인 중 하나임에 틀림이 없을 것이다. 이 방법은 유적에서 출토된 실물자료를 가지고 연구를 진행하는 고고학 박물관에서도, 같은 종류의 여러 자료들을 얻기 쉽다는 점에서 유효하고 채택하기 쉬운 점이 있다. 실물자료를 이용한 체험전시가 가능하면 그보다 좋은 일은 없겠지만, 복제품을 이용해도 전시효과는 크다.

2) 전시의 실제

고고학 자료인 유구와 유물 중, 대부분의 유구는 커서 전시실 안에 그대로 반입할 수 없기 때문에 실물을 전시하기 위해서는 여러 가지 방법이 사용된다.

(1) 유구의 실물전시

묘광이나 옹관묘 등 매장과 관련된 시설, 조몬시대繩紋時代의 불땐 자리 등 실물을 유적의 원위치에서 떼어내 전시실 내로 운반하여 전시하는 방법이다. 매장시설과 관련된 부분에서는 매장된 상태 그대로 전시하게 되지만, 어디까지나 실물이어야 한다는 사고방식에 얽매이지 않아도 될 것이다.

(2) 떼어낸 표본에 의한 토층이나 패층 단면의 전시

이것도 실물이지만, 유적에서 노출된 토층이나 패층貝層의[24] 단면을 전사한 표본을 실내의 벽면 등에 부착한다. 이를 통해, 실물 그대로 반입할 수 없는 유적의 생생한 형체를 보여 줄 수 있다.

(3) 유구의 복원전시

수혈주거나 고상식高床式 건물 정도의 크기라면, 전시실이 넓으면 실물 크기로 복원한 전시가 가능하다(〈그림 3.16-3.17〉). 주거 내에는 거기에서 사용되었던 도구나 토기 등이 놓일 수도 있지만, 그 고증은 엄밀하게 해야 한다. 실물크기이므로 그곳에서의 생활모습을 체험하는 장이 될 수도 있지만, 여기에서도 고증을 엄밀하게 한 후 전시자료를 선택하지 않으면 오해를 낳게 될 수도 있으므로 주의가 필요하다.

〈그림 3.16〉 시즈오카시립토로박물관(静岡市立登呂博物館)의 복원전시

〈그림 3.17〉 토로박물관(登呂博物館)의 복원주거의 내부료관(吉胡貝塚資料館)의 질문과 대답

---

24) 조개무지가 쌓인 층. 역주

(4) 유물전시

과거 사람들의 생활에 사용되었던 도구나 생활 속에서 발생하는 다양한
잔재를 중심으로 전시가 구성되는 것이 많다. 도구라면 가급적이면 알기 쉽
게 그 사용법과 용도를 보여주어야 한다. 단 자료의 명칭만 붙여진 전시는
여기에서는 바람직하지 않다. 크기가 작은 자료인 경우에는 등신대 인형이
나 실물크기의 손 등에 지니고 있던 것을 몸에 부착시켜 사용했던 상황을
나타내며, 화살촉·돌도끼·창끝에는 당연히 그것에 맞는 화살대와 활, 자
루 등을 복원해서 함께 갖추도록 해야 한다.

또한 위에서 말한 바와 같이 자료의 명칭과 거기에서 연상되는 용도 간에
괴리가 있는 것도 있으므로 주의가 필요하다.

(5) 체험전시

전시에 사용된 자료의 대부분은
과거의 사람들이 어떤 형태로든 사
용하기 위해서 제작된 것이므로, 자
료를 진열장에서 나란히 보여만 주
는 전시가 아니라 사용해 볼 수 있는
체험전시가 유효하게 도입된다는 점
은 다른 종류의 박물관에서는 그다
지 볼 수 없는 고고학 박물관의 특색

〈그림 3.18〉요시고패총자료관(吉胡貝塚資料館)
의 체험전시

이라고 해도 좋을 것이다(〈그림 3.18〉). 실물자료를 이용해서 체험하는 것이
어려울 때에는 복제품의 이용도 효과적이다. 대량으로 출토된 토기 조각 등
조사·연구 자료로 충분히 역할을 다했다고 볼 수 있는 것에 대해서는, 전시

실에서 자료가 손상되는 것도 고려하여 손으로 만질 수 있는 노출형 전시에
활용하는 것도 좋을 것이다.

4. 미술관[25]

1) 전시의 목적

미술관에서 전시되는 것은 주로 예술가(이하 '작가')가 제작한 회화나 조각
등 예술작품(이하 '작품')이다. 미술관 전시에는 아래에서 보듯 몇 가지 종류
가 있지만, 그 공통된 목적은 작품의 원형(진품)을 보여준다는 것이다. 화집
을 열면 거기에는 작품의 도판이 여러 점 실려 있다. 또한 뮤지엄샵 등에서
는 복제화가 즐비하게 벽이나 선반에 줄지어 있다. 그렇지만, 미술관에서
전시하는 것은 특별한 의도나 사정이 없는 한 그것들은 생산품이나 복제품
이 아니라 진품인 것이 기본이며, 미술관이라는 곳은 작품의 실물을 보여주
는 장소이다. 반대로 말하면, 일부 특수한 개념의 미술관과 전시회를 제외
하고 기본적으로 작품의 실물을 전시하지 못하면, 그것은 미술관이나 미술
전시회로서 성립되지 않는다.

2) 전시의 분류 및 형태

미술관 전시의 종류에는 우선 상설전(혹은 소장작품전)과 기획전(혹은 특별
전)의 두 가지가 있다. 상설전(소장작품전)은 자관自館 소장작품의 전시이다.
미술관에 따라서는 그곳에 가면 언제든지 그 일군의 작품을 볼 수 있다는

---

25) 오시마 테츠야(大島徹也) : 히로시마대학(広島大学) 교수.

데 중점을 두고, 대체로 늘 같은 작품을 전시하고 있다(이 경우, 문자 그대로 '상설전'이라고 부를 만하다). 명품을 많이 소장하고 있는 미술관이라면 매력있는 상설전이 가능하다. 그러나 그렇지 않은 경우, 관광지 등에 위치하고 있어서 항상 새로운 사람들이 방문하는 일도 없다면, 그 전시방식은 매너리즘에 빠지고 활력을 잃은 미술관이 될 위험성이 있다. 혹은 '상설전'이라기보다는 오히려 '소장작품전'으로 기획전의 회기와 연동하거나 해서 전시내용을 적극적으로 바꾸는 방식을 취하고 있는 미술관도 있다. 주요작품은 자관自館 소장품의 핵심을 이루는 존재로서, 또한 그것을 목적으로 한 방문자를 배려하여 보존상 문제가 없으면 자주 전시에 나오게 하겠지만, 그 이외의 작품은 그때마다 크게 바뀐다. 따라서 전시교체의 노력은 크게 증가하지만, 소장품 수가 많은 미술관에서는 그렇게 함으로써 자관自館 소장품의 다양한 측면을 보여줄 수 있게 된다. 또한 항상 전시에 나오는 작품이라도, 평소와는 다른 작품과 함께 나란히 보는 것으로 지금까지 느끼지 못했던 매력을 끌어낼 수도 있다.

상설전/소장작품전의 형태로서는 통사적 내지는 시대별·장르별·지역별이거나, 어느 한 작가 또는 한 유파를 특집으로 하거나, 특정 테마를 설정하거나 하는 다양한 방법이 있다. 반드시 어느 한 방식만으로 상설전/소장작품전 전체를 만들어야 한다는 것은 아니며, 전시실 또는 구역마다 형태를 바꾸어 전체를 구성하는 것이 오히려 일반적이다.

기획전/특별전은 앞서 거론된 작가든, 유파든, 주제든 간에 학예직이 결정하고 거기에 맞는 작품을 다른 미술관이나 화랑, 개인 수집가, 작가 본인 등으로부터 대여하여 실시하는 전시이다. '기획전'과 '특별전'의 차이에 대해서는, 어떤 조건에 근거해서 구별하는 지에 대한 상세한 기준을 미술관 내부적으로 가지고 있기에, '기획전'과 '특별전'이라고 구분하여 부르는 두 종류의 전시를 개최하고 있는 곳도 있을 수 있다. 하지만, 대부분의 미술관에서는 어느 호칭을 채택하는 가의 문제일 뿐이다(이하 '기획전'). 상설전/소장작품전처럼 자관自館 혼자 힘으로 하는 기획전도 있지만, 보통 필요한 경비도 인력도 상설전/소장작품전을 훨씬 웃돌기 때문에, 다른 미술관·신문사·방송국 등과 공동주최로 하는 경우가 많다. 예산제한·소장자의 의향·공동주최자의 사정 등 다양한 조건을 갖추면서, 필요한 작품을 외부에서 모아 전시를 구성해야 하는 상설전/소장작품전에는 없는 어려움이 있기 때문에, 기획전은 학예직의 실력을 가장 잘 보여주는 곳이다.

기획전의 주요 형태로는 개인전·단체전·테마전 등이 있다. 개인전은 특정의 한 작가를 다루는 것이지만, 그 다루는 방법에도 여러 가지가 있다. 한 작가의 작품 전체를 다루는 회고전이거나, 근작전이나 신작전이거나, 혹은 과거의 특정 시기나 특정 장르만을 취급하는 방식도 있다. 단체전은 여러 명의 작가를 하나로 통합해 보여주는 것으로, 일반적으로 어떤 유파나 집단이나 동향을 형성하여 서로 관계가 깊은 작가를 다룬다. 테마전은 단체전의 한 형태라고도 할 수 있지만, 독자적인 주제를 정하고, 그 주제에 적합한 다양한 작가의 작품을 찾아 모아서 구성하는 전시이다.

3) 전시상의 유의점

작품의 배치에 관해서는 각각의 작가·제작연도·주제·미디엄(유채화·수채화·소묘 등의 구별)·크기·포맷·색조·모티브·허용 조도 등 여러 요소를 고려하여 배치 순서를 정하게 된다. 그 후 회화·소묘·판화·사진처럼 평면작품을 벽에 실제로 전시할 때는, 예를 들어 그것들을 어느 정도의 높이에 전시할 것인지가 하나의 문제가 된다. 이에 대해서는, 일본의 경우 일본인의 평균 신장을 고려하여, 화면의 중심이 150cm 정도의 높이에 오게 전시하는 것이 기본이다. 그러나 어린이나 고령자가 주된 관람층인 전시라면 그것보다 더 낮출 수도 있고, 또는 혼잡이 예상되는 전시에서는 사람들의 후방에서도 어느 정도 그림이 보이도록 높이 전시할 수도 있다.

평면작품을 벽에 전시하는 주요 방법에는 위에서 와이어로 매다는 방식과 벽에 직접 고정하는 방식 이렇게 두 가지가 있다. 와이어로 거는 것은 상하좌우의 위치 수정이 벽에 직접 고정하는 것에 비해서 편하다는 장점이 있다. 그러나 크기가 작은 것 등 작품에 따라서는 와이어가 눈에 띄어 감상에 방해가 되기도 한다. 또한 지진 시에는 작품이 좌우로 흔들리고 옆의 작품이나 벽과 부딪쳐 파손될 위험이 있다. 그러므로 와이어를 스테이플로 고정하는 등의 대책을 실시하는 것이 바람직하다. 벽에 직접 고정하는 것은 와이어로 걸 때의 단점이 없거나 혹은 적기 때문에, 보다 아름답고 안전한 전시가 된다. 그러나 고정 쇠장식의 구조상 일정범위 이상의 위치 수정이 쉽지 않기 때문에, 위치 결정에 있어서는 와이어 매달기 이상으로 신경을 쓴다. 또한 벽에 나사나 못을 박기 때문에 그때마다 벽이 손상되어 간다는 문제도 있다.

조각작품은 일반적으로 좌대 위에 두게 되는데, 좌대의 크기와 높이는 작품의 인상에 깊이 관계되기 때문에 작품마다 적절한 것을 선택할 필요가 있다. 그리고 관람객의 동선과 관련하여, 각각의 작품을 어디에 어떤 방향으로 설치할지를 잘 생각한다. 그때 측면이나 후면에도 관심을 기울일 수 있도록, 가능하면 작품의 주위를 돌 수 있도록 배치에 유의한다. 또 한편으로 지진이 일어났을 때의 안전성도 충분히 배려하기를 바란다. 안정성이 좋지 않은 작품에 대해서는 되도록 면진대를 붙이도록 한다. 특히 대형작품의 경우에는 쓰러질 때 감상자에게 피해를 줄 수 있고, 작품 자체의 피해가 커질 위험성이 높으므로 주의가 필요하다. 더욱이 무게가 나가는 작품에 대해서는 전시실 바닥이 견딜 수 있는 하중의 상한에도 주의하고, 불안하다면 바닥 밑의 상태도 확인하는 등 충분한 강도가 있는 위치에 전시한다.

이 밖에도 전시와 관련하여 유의해야 할 문제는 여러 가지가 있지만, 끝으로 한 가지 더 말하자면 각각의 작품을 아름답게 보이려고 하는 것만으로는 부족하다는 점이다. 작품에 붙이는 캡션이나 해설 등 패널의 위치, 작품과 작품의 간격, 심지어 작품을 보호하는 결과로서 배치하는 방법 등까지 빈틈없이 주의하면서, 최종적으로는 전시공간 전체를 미적으로 만들려는 의식을 가지고 전시에 임하는 것이 중요하다.

5. 자연사계 박물관[26]

박물관에서 추진되고 있는 일상적인 조사·연구활동, 자료수집 활동의 성과는 전시 및 다양한 교육보급활동을 통해서 시민에게 환원된다. 자연사계 박물관의 경우, 후자가 차지하는 비중이 높은 경향이 있다 하더라도, 전시가 다수의 사람들을 대상으로 한 핵심사업이라는 점에서 다른 종류의 박물관과 다름이 없다.

1) 전시자료

자연사계 박물관이 수집하는 자료의 중심은 실물표본이다. 자연사 표본

---

26) 야마니시 료헤이(山西良平) : 니시노미야시패류관(西宮市貝類館) 고문.

에는 식물의 석엽, 곤충의 건조표본, 수생동물이나 양서파충류 등의 액침표본, 미세생물이나 미세화석의 프레파라트, 척추동물의 골격이나 박제·패각·화석·암석 및 광물·볼링코어 샘플이나 지층의 떼어 낸 부분 등 다양한 형태가 있다. 그것들이 박물관에 소장되어 있는 양은 방대하지만(수만 점에서 수백만 점과 같은 순서), 그에 비하여 진열되어 보기에 좋은 것은 그 수가 적으며, 조형미를 갖춘 곤충·조개, 혹은 대형의 화석·골격, 결정이 아름다운 광물 등 극히 일부의 자료에 한정되어 있다. 색이 빠진 액침표본이나 마른 풀과 마찬가지의 석엽은 말할 것도 없고, 많은 표본종류들은 그 자체로는 관람자에게 감동을 주는 전시물이 될 수 없다. 이 때문에 자연사계 박물관의 소장 표본에서 전시에 제공되고 있는 소장품 수의 비중은 크지 않다(보통 몇 %에서 고작 10% 정도까지). 물론 나머지가 사장되고 있다는 뜻이 아니라, 학술자료로 활용되고 있으며, 또한 변천하는 자연의 기록 및 증거로서 그것들 자체가 영구적으로 보존되지 않으면 안 되는 것이다.

이와 같이 전시자료로써 자연사 표본의 볼품이 좋지 않은 것을 보완하기 위하여 이미지 등을 원용하는 것은 물론이지만, 살아 있을 때의 색채와 형상을 복원한 식물·버섯이나 개구리 등의 복제나 작은 동물의 확대모형 등의 예산을 확보하고 업자에게 위탁하여 전시용 자료를 제작하는 것이 행해진다. 이러한 경우, 실물자료나 사진을 업자에게 제공하고 전시용 자료를 제작하게 되는데, 그때 이를 감수하는 학예직의 노력량과 역량에 의해서 성과가 좌우된다. 화석 등과 같이 취약한 원표본을 전시하기 어려운 경우에도 복제품을 만들어 전시자료로 활용하는 경우가 적지 않다. 박제나 골격표본도 전시에 제공하는 물품에 대해서는 업자에게 제작을 위탁하는 경우가 많다. 또한 액침표본의 결함을 보완하기 위해서 투명수지 속에 실물을 심어 넣는 수지포매 방법이 사용된다. 곤충의 유충이나 버섯에 대해서는 동결건조 처리를 하는 경우도 있다.

공룡 등 척추동물의 전신 골격과 같은 것을 제외하면, 자연사계 박물관에서 단체로 완결할 수 있는 전시품이라고 하는 것은 오히려 예외이다. 반대로 수수한 표본이라 하더라도 환경이나 시대, 사람이 하는 일 속에서 가지는 의미가 드러나고, 다른 전시물과 연관되면서 그 가치를 관람자에게 호소할 수 있게 된다.

2) 상설전시

상설전시는 그 박물관의 설립목적과 사명을 구현한 것이어야 한다. 과거 일본에서 'Natural History'가 '박물학'으로 번역되던 시대에는, 자연사계 박물관 즉 Natural History Museum의 전시는 자연계를 구성하는 실물자료를 최대한 포괄적으로 자연의 체계(생물의 분류나 지질시대의 편년 등)에 따라서 진열하는 분류 전시적 기법이 기본이었다. 일본에서 'Natural History'를 '자연사'로 번역하게 된 것은 고도경제성장 하에서 공해와 자연파괴가 심각한 사회문제가 된 1970년대의 일이다. 거기에는 자연계를 정적인 존재로서가 아니라 발달사적으로 파악하는 것, 특히 인간활동과의 관계 속에서 자연계의 변천을 파악하는 것이 중요하다는 인식이 근저에 깔려 있었다.

자연사계 박물관이 도시에 입지하는 경우, 자연과 접할 기회가 적어진 시민이나 '자연이탈'이 심각한 어린이들의 자연에 대한 관심을 높이는 것이 중요한 과제가 된다. 콘크리트 사막으로 변한 토지가 원래는 울창한 숲이었음을 보여주는 디오라마 전시 등은 그 지역에 사는 사람들에게 큰 영향을 줄 것이다. 그런 도시에 겨우 잔존하는 자연에 대한 소개나, 도시에 자리잡고 꿋꿋하게 살아가는 사람과 공존하는 생물의 삶 등도 매력 있는 전시주제이다. 반대로 자연이 풍요로운 지역에서는 의외로 지역주민이 지역의 자연의 가치에 무관심한 경우가 적지 않다. 그와 같은 지역에 위치하는 박물관에서는 지역인들이 그 진가를 깨달을 수 있는 전시기법이 요구된다. 사람들의 관심을 높이고 많은 자연 애호가를 육성하고, 그런 사람들과 함께 지역의 자연을 더 깊이 탐구하는 것이 이와 같은 박물관의 중요한 사명이 될 것이다. 어쨌든 상설전시는 그 박물관의 사명에 따라 메시지성이 강해질 수밖에 없다.

자연사계 박물관의 상설전시에서는 디오라마라는 전시기법을 도입하는 경우가 많다. 디오라마에서는 지반, 식생 및 그 곳에 서식하는 동물 등의 복제물과 실물과의 조합에 보다 엄밀한 고증을 거쳐서 입체적으로 배치하고 배경그림도 더하여, 현지를 방불케 하는 경관이 전시실 속에 재현된다. 각각의 자료는 호소력이 약한 자연사 자료를 전시하는 데 매우 효과적이고 감성에도 호소하는 기법이다. 당연히 제작에는 많은 노력을 필요로 하는 동시에, 지출되는 경비도 이만저만이 아니다. 그러나 디오라마는 '말하지 않는 전시'이며, 스스로 말을 걸어오지도 않는다. 단지 놓여있는 것만으로는 '진짜와 똑같네'로 끝나 버린다. 예를 들어, 전술한 바와 같이 도시에 있던 원시의 자연을 복원하거나, 원시림과 야산을 대비시키는 등, 전시스토리에서 그 의미부여를 명확히 함으로써 비로소 효과를 발휘하는 것이다.

이상과 같이 스토리 전시를 하는 기법이 자연사계 박물관에서는 기본이며, 전시는 실물·복제품 등의 자료, 제작·조형, 화상, 문자에 의한 해설 등을 조합한 요소에 디오라마 등을 배치하여 구성된다.

같은 자연과학계 박물관이라도, 물리화학적 법칙과 현상에 대한 접근이

중심이 되는 이공계 과학관과 자연계에 존재하는 사물의 소개를 중심으로
한 자연사계 박물관은 전시 분위기가 매우 다르다. 하지만 앞으로의 자연사
계 박물관에서는, 예를 들어 DNA 수준의 생물다양성·진화, 생태학에서의
생물과 환경 혹은 생물 간의 상호작용, 판구조론plate tectonics의 이론이나 지
진 등 실물자료 전시에서는 설명할 수 없는 현상과 이론, 법칙의 전시도 다
양한 분야에서 필요하다고 여겨진다. 그 때문에 과학관에서 일반적으로 도
입되고 있는 참가체험형·게임형 전시 등도 상설전시 중에 포함하게 될 것
이다(오사카시립자연사박물관 2011).

상설전시의 '상설'이라는 말이 '언제나 변함없다'는 의미로 파악되는 것을
피하려는 논의도 있지만, 적어도 자연사계 박물관의 경우는 박물관에 있어
서 근저에 있는 메시지를 발신하는 장이자 공들여 만든 공간이며, 반대로
'언제 가도 지역의 자연의 근본을 알고 지구의 역사를 알고 공룡의 전신 골
격을 볼 수 있다'는 의미에서는 '상설'하고 있다는 것이야말로 의의가 있다.
그러나 학문이 진보하고, 또 박물관의 자료수집이나 조사·연구활동의 성
과가 축적되면, 상설전시의 내용도 그것을 따라가지 않으면 안 된다. 전시
품의 열화는 불가피하기에, 보다 향상된 전시기법을 도입할 필요도 나온다.
이러한 점에서, 10년에 1회 정도는 상설전시도 대폭적으로 개편하여 관람
자의 기대에 부응할 수 있도록 해야 한다.

3) 특별전시·기획전시

특별전시는 상설전시에서 못다한 내용을 보완하는 것으로, 별도로 마련된
일시적인 전시용 공간에서 단기간(보통 2개월 전후)에 개최하는 전시이다. 기
획전시라는 다른 호칭도 있지만, 엄밀하게 구분하여 사용되는 것은 아니다.

자연사계 박물관이 개최하는 특별전의 경우, 지역의 자연을 조사하여 자료를 수집하고 그 성과를 지역주민들에게 소개하는 지역자연 기록형,[27] 박물관이 자랑하는 소장자료를 공개하는 소장품 공개형, 최신의 자연사에 관한 과학의 진보를 학예직의 연구성과와 함께 전시하는 연구 소개형 등의 유형으로 나누고 있다. 이와 같이 박물관의 자체 기획에 의한 전시는 보통 수년간의 준비를 거쳐서 개최된다. 특별전을 담당하는 학예직은 그 기간 동안, 구상·조사·자료수집·전시기획·해설서(도록) 집필·전시패널 제작·표본진열·취재대응·개최 후 관련 행사 등에 몰두하게 된다. 전시하는 자료는 박물관이 자체적으로 채집한 표본이나 박물관이 소장하고 있는 소장품이 중심이며, 다른 박물관 등에서 대여하는 것은 일부로 한정된다.

　한편, 신문사 등 미디어에 의한 순회기획을 특별전으로 개최하는 일도 있다. 해외나 국내의 타 박물관에서 대형의 또는 귀중한 전시물을 대여하는 등 단독 박물관에서는 하기 어려운 규모의 큰 전시기획을 미디어 사업부의 노하우와 자금력, 순회하는 것에 따른 채산성으로 말미암아, 평소 시민들이 관람할 기회가 없는 전시를 성사시키는 것이다. 미디어 기획일지라도, 개최하는 박물관 측에서도 그 주제에 따라 해당 분야의 학예직이 있어 대처할 필요가 있다. 일반적으로는 전시를 기획한 미디어와 수용하는 측인 박물관이 공동으로 실행위원회를 만들어 전시회를 운영한다.

---

27)　최근에는 시민 참가형 조사방법도 개발되고 있다.

6. 이공계 박물관[28]

1) 이공계 박물관의 현황

자연과학을 다루는 과학박물관을 크게 나누면, 자연사박물관·과학산업박물관·과학관·플라네타륨·대형영상관·생태원(동물원·식물원·수족관)으로 나눌 수 있다. 이 중 과학산업박물관·과학관·플라네타륨·대형영상관을 이공계 박물관으로서 이 절에서 다루고자 한다.

2008년도에 실시된 문부과학성 사회교육조사에 따르면, 일본 전국에 설치되어 있는 박물관 및 유사시설은 총 5,775관이다. 이 중 공익재단법인公益財団法人 일본박물관협회日本博物館協会의 조사에 따르면, 이공계 박물관은 177관이다. 다만, 이공계 이외의 전시도 하고 있기 때문에 종합박물관으로 분류되어있는 박물관이 있다는 점, 역사박물관이나 향토박물관에서도 지역의 산업사를 다루고 있는 가운데, 인문과학적 관점이 아니라 과학기술이나 산업기술의 관점에서 전시를 소개하고 있는 박물관이 있다는 점, 177관 중 플라네타륨·대형영상관이 모두 포함되어 있지 않다는 점, 기업박물관이 모두 포함되어 있지 않다는 점을 감안하면, 전국의 이공계 박물관 및 유사기능을 가진 박물관의 종류는 약 300관 정도로 추정된다.

이공계 박물관은 자료의 취급이나 전시의 특징으로부터 다음과 같이 크게 세 가지로 나눌 수 있다. 다만 이 분류법은 어디까지나 자료 취급이나 전시경향으로, 과학산업박물관과 과학관을 명확하게 선을 그을 수 있는 것은 아니다. 이공계 박물관의 전시구성이나 전시기법은 서로 겹쳐지고 있다는

---

28) 타시로 히데토시(田代英俊) : 국립연구개발법인 과학기술진흥기구(国立研究開発法人科学技術振興機構) 프로그램 매니저 보좌(プログラムマネージャー補佐).

점에 유의하고자 한다. 또한 플라네타륨이나 대형영상관은 과학산업박물관이나 과학관에 병설되어 있는 예가 많다.

(1) 과학산업박물관

발명·발견 등 과학기술의 성과에 관계되는 자료와 과학기술·산업기술의 성과로서의 산업제품 등의 자료를 역사·지역·기능 등의 관점에서 전시하는 박물관이다. 연구 및 기술의 진보와 사회와의 관계에 대해서, 과학기술사·산업기술사의 관점에서 전시되는 경우가 많다.

전시구성의 예로는, 자동차 개발·제품화의 역사에 따라 실물자료를 전시하는 시간축 전시, 각 지역의 풍토에 의한 건축의 차이를 파악하는 공간축 전시, 비행기를 이용분야별로 구분하는 계통분류 전시가 비교적 많이 보인다. 전시기법으로는 정지전시가 많으며, 전시의 일부에 동태전시 및 시범·실연이 채택된다(〈그림 3.19-3.20〉).

〈그림 3.19〉 독일 도이치박물관(Deutsches Museum)의 시간축 전시 자전거의 역사의 변천을 형태와 기능의 변화라는 관점에서 실물자료를 시간순으로 나란히 전시하고 있다.

〈그림 3.20〉 미국 다나DNA러닝센터의 시간축 전시 유전자 연구에서 DNA 발견의 역사에 관해서, 발견과 연관된 각종 연구자의 연구 데이터나 사진, 연구에 이용한 기자재, DNA 발견 시에 임시로 조합한 모델의 실물 등을 연구의 흐름에 맞게 전시하고 있다.

학교교육에서 이과와 연관이 깊은 것은 물론 사회·역사·지역사와도 깊은 관계를 가지고 다양한 형태로 학교교육에 활용된다. 또한 과학기술사·산업기술사를 다루는 박물관에서는 기업이 자사제품의 변천을 축으로 전시를 전개하는 기업박물관이 많이 포함되는 것도 특징의 하나이다.

(2) 과학관

〈그림 3.21〉 프랑스 발견의 전당(Palais de la découverte)의 실연쇼 큰 패러데이 케이지(Faraday cage) 안에 방문자가 들어가게 하고, 수만 볼트 전압의 전기에 감전되는지의 여부를 실험하고 있다.

과학관은 서구에서 'Science Centre'라고 불리는 유형의 박물관이다. 과학관에서는 자연계의 물리법칙이나 화학적 현상 등의 개념을 배울 수 있는 전시물을 제작하여 방문자에게 제공한다. 제작되는 전시물은 방문자가 능동적으로 직접 조작하고, 바로 오감을 사용하는 체험 속에서 자연계의 법칙, 우리 주변에 있는 물건의 구조나 기능, 거기에 사용되고 있는 자연계의 원리와 법칙을 배우게 된다. 제작되는 전시물은 어떤 과학적 원리나 현상, 법칙을 설명하기 위한 도구에 지나지 않고, 자료로서의 가치, 즉 역사적 가치나 학술적 가치를 지닌 것이 아닌 경우가 많다.

전시구성의 예로는 물리학·화학과 같은 학술이나, 전력·건축과 같은 산업의 종류에 따른 계통분류 전시, 산업제품 등의 동작원리를 배우기 위한 구조기능 전시 등이 많이 보인다. 또한 최근 들어 의료나 환경 문제와 같은 사회적 문제를 전시하는 사례도 늘어나고 있다. 전시기법으로는 핸즈온 전시가 주류를 차지한다. 또한 방문자의 경우에는 전시물을 만지는 체험만으로는 과학적 원리와 현상에 대한 이해가 어렵기 때문에, 사람의 반응에 따라 다른 실험쇼나 워크숍 등 시범·실연의 제공도 매우 많이 볼 수 있다(〈그림 3.21〉).

(3) 플라네타륨·대형영상관

플라네타륨은 태양·달·행성·항성 등 천체의 움직임을 재현하는 시스템으로, 투영기에 의한 돔 이외에, 대형스크린에 비추어 방문자가 이용하도록 제공하는 것이다. 플라네타륨은 천문현상의 이해에 매우 효과가 있다는 점에서 학습지도 요령 중에서도 적극적으로 활용하는 것이 명문화되어 있으며, 학습투영

〈그림 3.22〉 일본 과학기술관의 과학 시각화 사례
입체 풀 디지털 돔 '신라돔'에서는 이화학연구소에서 제공한 슈퍼컴퓨터 MDGRAPE-2를 이용하여, 은하 충돌 시뮬레이션을 방문자의 요청을 들으면서 상호작용(interactive)으로 시각화하고 있다.

이라는 형태로 학교수업의 커리큘럼에 편성되는 예가 많다.

플라네타륨에서 천체의 움직임의 재현에 대해서는, 기존에는 항성원판을 사용한 광학식 투영기에 의해서 행해졌지만, 최근 들어 천체의 움직임을 컴퓨터로 시뮬레이션하여 비디오 프로젝터로 출력하는 디지털 플라네타륨이라고 불리는 시스템을 활용하게 되었다. 디지털 플라네타륨을 활용하게 됨으로써, 광학식 투영기에서는 불가능했던 우주 전체를 조감한 영상표현이나, 3D에 의한 투영표현도 가능해졌다. 게다가 컴퓨터를 활용함으로써, 천체 시뮬레이션의 결과뿐만 아니라, 물리현상이나 화학현상 등 다양한 과학 시뮬레이션의 결과를 과학 시각화science visualization라고 불리는 기법으로 시

각화하여 방문자에게 제공할 수 있게 되었다(〈그림 3.22〉).

대형영상관은 자연계 등의 갖가지 사상事象을 35밀리 필름의 두배 이상 큰 필름을 사용한 고화질 영상 시스템을 활용하여 돔 등의 거대 스크린에 투영하여 방문자에게 압도적인 몰입감과 현장감을 느낄 수 있게 하는 가운데 정보나 학습을 제공한다. 다만, 최근 플라네타륨과 마찬가지로 컴퓨터의 활용이 진행되고 있으며, 컴퓨터 중에 디지털 데이터로 고해상도의 화상 정보를 가진 영상 출력을 고화질 프로젝터로 대형스크린에 투영하고 있다.

2) 이공계 박물관을 포함한 과학박물관이 수행해야 할 사회적 역할

(1) 과학기술과 사회와의 관계

과학기술의 발달은 우리의 일상생활로부터 사회시스템에 이르기까지 다양한 편익을 제공하고 있다. 한편으로 과학기술 자체가 블랙박스화하고, 사람들이 각종 산업제품이나 의료 등의 과학기술의 성과에 매일 접하고 있음에도 불구하고, 과학기술의 성과라는 인식을 얻기는 어려운 상태이다. 또 다른 한편으로 영국의 광우병 문제에 의해 촉발된 유전자 변형 식품의 문제나 환경문제 등 과학기술이 사회에 미치는 위험과 안전성의 문제가 표면화되고 과학자나 과학기술 행정에 대한 신뢰가 흔들리고 있다. 더욱이 이 같은 상황 속에서, 텔레비전이나 신문에서 화제가 되고 있듯이 어린이·학생의 이과 기피나 성인의 지식 부족이 지적되고 있다. 단적으로 말하면, 일반 대중에게 과학기술은 그 이점을 인식하기가 어렵고, 한편으로는 부진과 불안을 막연히 느끼고 있지만, 배움을 추구하는 문제를 스스로 해결하려는 움직임에는 이르지 못한 상태인 것이다.

최근 들어 이러한 상황에 대응하는 시책의 하나로서, 과학 리터러시literacy

의 육성이 강조되기 시작했다. 문부과학성 과학기술정책연구소科学技術政策研究所의 〈과학기술 이해증진과 과학 커뮤니케이션의 활성화에 대해서科学技術理解増進と科学コミュニケーションの活性化について〉에 의하면, 과학 리터러시는 "개인으로서 과학기술에 대한 적극적인 관심과 올바른 이해 및 활용법(과학 리터러시)을 몸에 익힌다"는 것이다. 좀 더 구체적으로 말하자면, 우리는 과학기술에 의존하는 사회에 살고 있으며, 그 속에서 우리는 과학기술의 성과를 널리 향유할 뿐만 아니라, 과학기술에 대한 정확한 이해와 각종 과제에 대한 합리적인 판단, 스스로 사회와의 관계 속에서 의사결정을 해 나가는 능력, 즉 과학 리터러시를 각자가 가질 필요성이 요구되고 있는 것이다. 이러한 상황 속에서 이공계 박물관을 포함한 과학박물관은 사회교육기관으로서, 사회에서 사람들의 과학 리터러시를 높이기 위한 역할을 할 것으로 기대되고 있다.

⑵ 교육활동에 있어서 과학박물관이 수행해야 할 사회적 역할
① 다양한 과학분야에서의 접근

일본의 경우 과학의 기초영역으로서 초·중등학교에서는 이과理科·산수算数를 배운다. 이를 세분화하는 형태로 고등학교에서는 물리·화학·생물·지학地学·정보·수학을 배운다. 과학이라는 분야의 기초기본으로 이러한 영역을 배우게 되는데, 과학과 사회와의 관계를 고려하는 관점에 섰을 때, 이 기초기본으로 배운 지식만으로도 필요충분하다고 하면, 이는 상당한 의문의 여지가 있다고 하지 않을 수 없다. 그보다는 초·중등교육에서 배우는 과학의 영역은 과학의 기초기본이라고 해도 사실 좁은 영역으로 인식해야 하지 않을까. 다양화되어 가는 사람들의 요구에 응답하고 사람들의 생활·경제활동·사회활동 속에서 과학이 개재하는 여러 문제에 대해 배우기 위해서는 과학영역을 폭넓게 생각할 필요가 있다. 한 가지 예를 들자면, 2005 년도의 《과학기술백서科學技術白書》에서는 과학의 범주로 톰슨 사이언티픽 Thomson Scientific에서 제공하는 과학논문 데이터베이스 〈National Science Indicator〉의 분류가 사용되고 있다. 이 톰슨 사이언티픽의 문헌분류에서는 '재료과학', '면역학', '화학', '물리학', '동·식물학', '우주과학', '공학', '농학', '지구과학', '생물학·생화학', '분자생물학·유전학', '임상의학', '수학', '약리학', '생태·환경', '신경과학', '미생물학', '계산기하학'의 18개의 분야에 걸쳐 과학영역이 구분되어 있다. 이 중에는 의학·농학·재료화학 등 과학과 사회의 관계를 생각함에 있어서, 그 기초를 익혀두면 좋을 과학의 영역이 포함되어 있음을 알 수 있을 것이다. 당연한 일이겠지만, 일선 연구자의 입장에서 보면 18개의 분야라고 해도 너무 적다는 인상일 것이다.

과학박물관은 학교교육에서는 지원할 수 없는 과학분야가 다수 있다는 사실에 눈을 돌려 박물관의 전문성을 내세우면서도, 보다 폭넓은 과학기술분야에 대한 전시·교육보급활동을 전개할 필요가 있다. 특히 사회 속에서 널리 활용되고 있는 과학기술 영역이자 학교교육에서는 전혀 건드릴 수 없는 분야, 혹은 건드리더라도 지식의 발전영역으로서 실제로는 거의 다루지 않는 과학분야에 대한 사회교육으로서 적극적으로 배움을 제공해야 한다.

② 자료나 전시물 등 학습자원의 유효한 활용

박물관 교육프로그램의 특징은 자료나 과학적 원리·원칙을 이해하게 하기 위한 전시물 등의 학습자원(정보-사람·물건·사실)을 유효하게 활용할 수 있다는 데에 있다. 보고 만지고 느끼는 실제 체험에서 생기는 감동은 과학적으로 생각하는 행위를 조성하는 동기로서 매우 효과적이다. 이는 바로 박물관이기에 가능한 박물관 특유의 학습제공이다. 이런 학습자원을 활용한 동기부여와 이에 근거한 학습제공은 책·영상 등 각종 미디어나 학교교육, 평생학습으로 전개되는 각종 강연회와 같은 강좌와는 판이할 수밖에 없다. 이는 그 계기가 된 실제체험의 영향에 의하여 큰 학습성과를 거둘 수 있기 때문이다.

③ 사람들의 라이프 사이클life cycle에 따른 교육활동 전개

박물관은 학교교육과는 달리, 어린이부터 성인, 노인에 이르기까지 다양한 연령층이 방문한다. 여기서 유의해야 할 점은, 사람의 라이프 사이클의 각 단계에 따라 자연히 과학기술에 대한 흥미와 관심·지식수준·과학적인 사고·각자가 처해있는 사회적 역할은 다르다는 사실이다. 어떤 라이프 사이클의 사람에게 무엇을 리터러시로 익히도록 할 것인가라는 관점에서, 과학기술에 관해서 박물관이 무엇을 어떻게 제공할 것인지, 무엇을 그리고 어떤 것을 배우게 할 것인지가 달라진다는 점에 유의하고자 한다.

7. 야외박물관[29]

야외박물관은 전통적인 민가·농가, 역사적 건조물이나 종교건축 등 건축적 가치가 높은 건조물을 수집(이축)하여[30] 보존·공개하는 시설이다. 야외박물관의 하나인 '건축박물관'은 건축에 관한 많은 자료를 수집대상으로 하는 박물관이다. 그 중에는 터키 이스탄불의 아야소피아박물관Ayasofya Müzesi과 같

---

29) 미즈시마 에이지(水嶋英治) : 츠쿠바대학(筑波大学) 교수.
30) 이축(移築) : 건물 따위를 옮겨 짓거나 세움. 역주

<그림 3.23> 아바시리 감옥박물관(博物館網走監獄)(아바시리시)

이 역사적 건조물 자체를 박물관 자료로 공개하고 있는 건축사 제시형 박물관도 있다.

야외박물관의 전시는 개별 건조물을 이축 전의 주변환경과 유사한 환경 속에 배치하고 환경에 적합하게 만들어 보여주는 기법이 많이 사용되고 있지만, 최근에는 개개의 건축물보다 집합체(거리나 건조물군)로[31] 보여주는 경우도 있다. 어느 경우에도, 야외박물관에서 건조물로 공개·전시하는 경우에는 건축물을 개수·개조·경신·개장改裝·대수선·개축 등의 공사를 해야 한다.[32]

최근에는 문화재 개념의 확대로, 야외박물관의 새로운 전시기법이 개발되고 있다. 예를 들어, 야외에 전시되어 있는 '근대화 유산' 또는 '산업유산'의 전시도 야외박물관의 전시의 하나로 파악할 수 있을 것이다.

---

31) 〈세계유산협약〉에 의하면, '건조물군'은 '독립된 또는 연속된 구조물들로서, 그 건축양식·균질성·경관 속의 위치로 인하여, 역사상·예술상·학술상 현저한 보편적 가치를 지닌 것'으로 정의된다.

32) 개수(improvement)는 퇴화한 건축물 등의 성능·기능을 초기 수준 유지용으로 개선한다. 이에 대하여, 개조(renovation)는 기존 건축물 등의 일부를 변경하는 것이다. 경신(renewal)은 퇴화한 부재(部材), 부품, 기계품 등을 새것으로 교환하는 것이다. 개장(refinishing)은 건축물의 외장·내장 등의 마무리 부분을 변경하는 것이다. 대수선(rearrangement, alteration, conversion)이란 용도변경이나 진부화 등 주요 구조물을 크게 변경하지 않는 범위에서, 건축물의 마감이나 칸막이벽 등을 변경하는 것이다. 개축(reconstruction)이란 건축물의 전부 또는 일부를 철거하고 개조·규모·용도를 크게 바꾸지 않는 범위에서 원래의 위치에 재건하는 것이다.

근대화 유산은 기존의 문화유산 보호제도에서는 보존 대상이 되기가 어려웠지만, 문화유산으로 평가하는 시점이 강해지면서 '근대화 유산'이라는 33 카테고리도 문화재의 범주에 들어가 보존·전시의 대상이 되었다. 근대화 유산은 막부 말기 이후 일본의 근대화를 뒷받침한 총체를 문화유산으로 파악한 개념이며, 이것들의 대부분은 '공개'한다는 관점에서, 오늘날에는 야외박물관으로서 '박물관화'하는 것도 많아지고 있다. 이처럼 문화재를 인식하는 방법도 시대와 더불어 변천하고, 문화재의 종류나 문화재에 대한 개념도 확대되고 있는 것이 현실이다.

반면, 프랑스에서는 단일 공작물工作物뿐만34 아니라 지역 전체를 보전한다는 관점에서 '에코뮤제écomusée'라는 개념이 발달했다. 사라져가는 전통적인 취락, 그 중에서도 기후 풍토에 적합한 농가 등의 민속유산의 보호, 산업유산 게다가 자연환경의 보전 등 현지에서 단일 보존대상을 여럿 묶어서 네트워크형의 보존으로 채용한 것이다. 이 개념을 확장해 보면, 토지 그 자체, 유적이 박물관이라는 발상이 된다. 이에 따라 현장박물관site museum이라는 개념도 등장했다.

---

33) '근대화 유산'이란 일본 문화청(文化庁)이 정의하고 있는 문화유산 보호제도상의 개념 중 하나이다. 시대적으로는 에도막부 말기부터 제2차 세계대전까지의 기간에 건설되고, 일본의 근대화에 기여한 산업·교통·토목과 관련된 건조물을 가리킨다.

34) 《건축대사전 제2판(建築大辞典 第2版)》(1993)에 의하면, 공작물은 "인공적으로 지상 또는 지중(地中)에 만든 물건"을 가리키며, 좁은 뜻으로는 일정 높이의 광고탑, 고가수조, 옹벽 또는 고가의 유희시설 등을 가리킨다고 정의되어 있다. 그러나 여기에서는 〈세계유산협약〉 제1조 '문화유산'의 정의 중 "기념(공작)물: 건축물, 기념적 의의를 가지고 있는 조각 및 회화, 고고학적 성격을 띠고 있는 물건 및 구조물, 금석문, 동굴주거 및 혼합유적지로, 역사상, 예술상 또는 학술상 탁월한 보편적 가치를 지닌 것"이라는 개념을 답습한다.

에코뮤제는 1960년대 후반 국제박물관협의회International Council of Museums의 초대 사무총장인 조르주 앙리 리비에르Georges Henry Rivière가 그 개념을 제창하고 보급에 진력한 것이다. 'écomusée'라는 용어 자체는 위그 드 바린Hugues de Varine에 의해 창안되어 1971년 국제박물관협의회의 제9회 그르노블 대회 석상에서 공표되었다. 그 후, 세계 각지에 소개되어 지역에 따라 전개되고 있다.

리비에르가 제창한 개념에 의하면, 지역주민들이 자신들의 지역사회를 탐구하고 미래를 창조하기 위한 '집으로서의 박물관'이며, "지역사회 주민들의 생활과 그 자연환경·사회환경의 발달과정을 역사적으로 탐구하고, 자연유산 및 문화유산을 현지에서 보존·육성·전시함으로써, 해당 지역사회의 발전에 기여하는 것을 목적으로 하는 새로운 이념을 가진 박물관이다"(탄세이연구소 1993:10).

1981년에[35] 제정된 〈에코뮤제헌장〉[36] 제1조에서는 에코뮤제를 다음과 같이 정의하고 있다. "에코뮤제는 어느 특정 지역에서 주민의 참여에 의하여 영구적인 방법으로 운영되는 문화기구이다. 연구, 보존, 전시, 거기서 계승되어 온 생활환경, 생활양식의 대표적인 문화와 자연의 조화를 도모하고 활용하는 기능을 기대한다".

알랭 쥬베르Alain Joubert는 신박물관학을 바탕으로 한 에코뮤제의 개념을

---

35) 원서에는 1980년이라고 표기되어 있으나, 1981년 3월 4일에 프랑스 문화공보부(Ministére de la Culture et de la Communication)가 〈에코박물관헌장(Charte des écomusées)〉의 제정을 공포함. 역주
36) 일본에서는 〈에코뮤제 조직원칙(エコミュゼ組織原則)〉이라고도 한다.

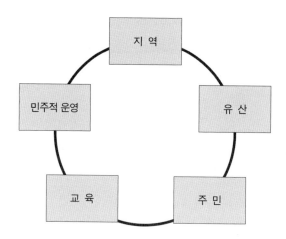

〈그림 3.24〉 에코뮤제 개념을 구성하는 기본요소

구성하는 기본요소로(〈그림 3.24〉) 다음의 다섯 가지, 즉 ① 지역, ② 유산, ③ 주민, ④ 교육, ⑤ 민주적 운영을 들고 있다(탄세이연구소 1993:20-21).

① 지역이라는 것은, 지역의 자연이나 문화환경, 대표적인 역사유산을 통해서 지역을 이해하고 발전시키는 것을 목적으로 하고 있으며, 그 수단으로서 지역의 생활환경을 탐구하기 위해 유산을 원래 있던 장소에서 보호·육성한다.

② 유산은 지역의 산업이나 전통적 건조물, 천연기념물이나 동식물, 무형유산(이야기나 전설, 습관이나 정보 등)에 이르기까지 매우 광범위한 개념으로 생각할 수 있는 것을 의미하고 있다.

③ 주민의 의미있는 활동은 단순한 문화소비자가 아니라, 기획에 참여하는 입장이 됨으로써 자신의 지역유산을 확인하고, 그것을 보호하고, 미래를 책임지고 전달하는 역할을 하고 있다.

④ 에코뮤제가 목적으로 하는 지역의 이해를 위해서는 지역을 종합적으로 파악하고, 지질학·지리학·경제학·인간과 자연생태학·생물학·고고학·농학·민족학·역사학·사회학·건축학 등 다양한 관점에서 고려된 교육이 필수적이다.

⑤ 에코뮤제는 이용자·지식인·관리자 및 각 위원회, 즉 이용자위원회·학술위원회·운영위원회로 구성된다.

문화유산의 보호대상 확대에 대응해 나갈 수 있는 에코뮤제는 공개방법의 새로운 형태의 하나이다. 또한 개별 건축유산을 네트워크화함으로써, 범위를 확대하는 것이 가능하다. 이 점이 큰 특징의 하나이며, 광역분산형의 보존·공개방법이다. 에코뮤제는 야외박물관의 전시보다도 진일보한 공개방법이라고 할 수 있다.

8. 동물원[37]

동물원에서의 전시의 특징은 말할 것도 없이 살아있는 동물을 전시하는 것이다. 이 때문에 적절한 사육관리, 사육동물의 생활의 질에 대한 고려 등 다른 박물관의 전시와는 다른 측면이 있다. 여기에서는 다양한 동물원 전시에 대해서 분류하여 소개하고자 한다.

---

37) 마키 신이치로(牧慎一郎) : 오사카시립텐노지동물원(大阪市立天王寺動物園) 원장(園長).

1) 격리방식

동물원에서는 동물의 탈출 방지나 방문자에 대한 위해危害 방지의 관점에서 동물을 관람객으로부터 적절하게 격리할 필요가 있다.

우리나 울타리는 필요공간을 적게 차지하면서, 강도가 높은 우리나 울타리를 만드는 것도 가능하다는 등의 장점이 많아 수많은 동물원 전시에 사용되고 있는 기법이다. 좀 더 가까

〈그림 3.25〉 고베시립오우지동물원(神戸市立王子動物園)의 아크릴 유리를 이용한 시베리아 호랑이 사육장

이에서 동물을 관찰할 수 있도록 하는 반면에 관람객의 접근을 제한하는 울타리 설치와 같은 사고방지책을 강구하는 것이 필요하다.

한편, 해자를 이용하여 동물과 관람객 사이를 가로막는 수법(울타리가 없는 방사 방식)도 있다. 관람객이 볼 때, 시야를 가로막는 것이 없고 보다 더 자연에 가까운 전망을 확보할 수 있는 반면, 탈출방지를 위한 격리거리를 필요로 하기 때문에 관람객으로부터 멀어지는 단점이 있다. 이 외에, 연못 가운데 위치한 섬에서의 전시나 콘크리트 피트 위에서 들여다보는 유형의 전시(예: 원숭이산) 등도 있다.

최근 들어, 강한 대형 아크릴 유리를 이용하는 기술이 발전하여, 특히 수족관에서 많이 활용되고 있는데, 동물원에서도 우리 대신 유리면으로 동물과의 사이를 가로막으면서, 동물 가까이 접근하는 전망을 제공하는 전시가 늘고 있다(〈그림 3.25〉).

2) 전시시설의 배열

동물원 내에서 전시의 배열은 계통분류적인 배열과 동물지리학적인 배열 등을 들 수 있다.

계통분류학적 배열에서는, 예를 들어 영장목이면 원원류_{原猿類}부터 진원류_{眞猿類}인 원숭이와 유인원까지 나란히 늘어놓거나, 곰이라면 자그마한 말레이 곰에서 커다란 불곰이나 북극곰까지 나란히 늘어놓은 전시이다. 이러한 전시배열은 근연종_{近緣種}을 비교관찰하고, 종의 분화를 이해하는 데 뛰어나다.

동물지리학적인 배열은 분포하는 동물지리구에 따라 배열하는 것이므로, 아프리카구나 오세아니아구 등 세계 각 지역과 그곳에 서식하는 동물에 관해서 이해하는 데 뛰어나다. 이에 따르면, 아시아코끼리와 아프리카코끼리는 다른 지역에 배열된다.

해자로 구분된 여러 전시시설을 한눈에 바라볼 수 있는 전망을 제공하는 파노라마 전시라는 기법도 있다. 이는 독일의 하겐베크동물원Tierpark Hagenbeck이 시작한 전시배열로, 실제로는 해자 등으로 분리되어 있지만 관람객에게 여러 종류의 동물이 같은 공간에 있는 듯한 전망을 주는 것이다(〈그림 3.26〉).

〈그림 3.26〉 요코하마시립가나자와동물원(横浜市立金沢動物園)의 록키 마운틴 파노라마 앞쪽에는 가지뿔영양, 우측 안쪽에는 야생염소

이 외에 행동학적 배열(예: 야행성 동물 우리), 서식지별 배열(예: 극지의 동물 우리) 등도 있다.

3) 전시개념에 따른 분류

(1) 행동전시

최근 '행동전시'로 불리는 전시개념이 화제가 되고 있다. 그 주역인 아사히카와시립아사히야마동물원旭川市立旭山動物園은 일본 내 유수의 인기 동물원이 되었다.

행동전시는 하드웨어·소프트웨어 양측면에서 동물이 가진 능력이나 행동을 이끌어내려는 연구를 강구하여, 그 행동자체를 전시하는 작업이다. 최근 동물복지의 관점에서 동물의 사육환경을 풍요롭게 하는 연구가 주목받고 있는데,[38] 행동전시는 환경 인리치먼트enrichment를 전시기법으로서 전개하는 것으로 이해할 수 있다.

〈그림 3.27〉 도쿄도립다마동물공원(東京道立多摩動物公園)의 오랑우탄 스카이워크

행동전시의 예로는 야생에서 수상생활樹上生活을 하는 영장류 전시시설에서, 타워 등 높이가 있는 구조물을 설치하여 3차원적인 행동을 이끌어내는 전시 등을 들 수 있다(〈그림 3.27〉). 이 구조물이 인공물의 양상일 경우, 전시장의 풍경은 서식환경의 자연과는 매우 다른 것이지만, 행동에 주목한다면 자연환경을 재현하는 한 형태로 볼 수도 있다. 또한 사육시설이 우리인 경우라도, 우리 안에 다양한 아이템

---

38) '환경 인리치먼트(enrichment)'라고 불림.

〈그림 3.28〉 요코하마동물원 주라시아(よこはま 動物園ズーラシア)의 로프로 둘러친 원숭이 우리

을 설치함으로써 복잡한 환경을 제공할 수도 있다(〈그림 3.28〉).

소프트적인 측면에서는, 예를 들어 굳이 먹이를 취하기 어렵게 하여 먹이를 찾아다니는 시간을 연장하고 동물이 지루해할 시간을 줄이는 등 동물의 활발한 행동을 이끌어내는 연구가 있다. 활발하게 행동하는 동물을 보임으로써, 방문자의 관심을 끄는 높은 전시효과를 기대할 수 있다.

(2) 생태적 전시와 서식환경 일체형 전시

〈그림 3.29〉 토요하시시립토요하시종합동식물공원 (豊橋市立豊橋総合動植物公園)의 아프리카원(アフ リカ園)의 생태적 전시

'생태적 전시'나 '생태전시'로 불리는 전시기법도 여러 동물원에서 실천되고 있다. 이것은 식물재배나, 경우에 따라서는 인공 바위·인공 나무 등을 이용하여 동물원 내 동물의 야생 서식지를 재현하는 것을 목표로 한 전시이다. 전시방식은 울타리 없는 방사장 양식無柵放養式을 채용하는 것이 많다(〈그림 3.29〉).

생태적 전시를 보다 더 발전시킨 것이 '서식환경 일체형 전시'이다. 전시장이나 방문자 통로를 포함한 일대에 동물의 야생 서식지에서 헤매는 듯한 풍경을 재현한 것으로, 풍경 속으로 들어간다는 의미를 지니는 '경관 몰입

landscape immersion'이라고도 불린다. 일본에 있는 서식환경 일체형 전시의 예로서 오사카시립텐노지동물원 大阪市立天王寺動物園의 '아시아 열대우림 アジアの熱帯雨林'을 들고자 한다. '아시아 열대우림'은 태국의 찬야이국립공원チャーン・ヤイ国立公園에 들어간다는 설정으로 공간이 구성되어 있다. 식재의 배치로 경관을 컨트롤하고,

〈그림 3.30〉 도시 한 가운데라고는 생각되지 않는 오사카시립텐노지동물원의 '아시아 열대우림' 트레일

도시의 한가운데에 숲을 출현시키고 있다(〈그림 3.30〉). 구불구불한 트레일을 따라가면 코끼리의 발자국 등의 흔적이 있고, 코끼리와의 만남에 대한 기대감을 갖게 한다. 그리고 최종적으로 아시아코끼리가 있는 전시시설이 나타난다.

4) 기타 전시

최근 들어 전시시설에서 다양한 시점·각도에서 동물을 볼 수 있는 전시가 증가하고 있다. 예를 들어, 우리의 아랫면에서 관찰할 수 있도록 한 시설, 한 개의 동물사動物舍를 위나 옆 등 입체적으로 여러 뷰포인트를 설치한 시설 등 시점을 바꿈으로써 다양한 동물원 체험을 제공하는 전시이다.

또한 동물원에서의 특징적인 전시형태로, 동물과의 만남이나 동물쇼를 들 수 있다. 동물과 관람객 모두의 안전과 복지를 충분히 고려하면서, 풍부한 동물원 체험을 제공하는 것이 바람직하다.

9. 수족관[39]

1) 전시의 정의

수족관은 살아 있는 수생동물을 자료로, 조사·수집·보관하고, 또한 그것들에 대한 전시나 해설 등의 활동을 통하여 수족관 이용자에게 수생환경이나 생물에 대한 정보를 발신하는 과학계 박물관의 하나이다. 일반적으로 수족관 전시라고 하면, 수조 내에서 사육하는 수생동물의 살아 있는 모습이나, 활발하게 유영하는 모습을 보여주는 것이라고 여기곤 한다. 그러나 최근의 박물관 전시의 개념은 확대되고 있어, 실물자료뿐만 아니라 영상이나 해설조작, 심지어 수중에서의 환경조작 등도 전시의 일부로서 인식되고 있다. 각각의 전시에는 수생동물의 능력이나 생태, 서식환경 등의 정보를 전달하기 위한 의도가 있으며, 그것들을 적극적이고 알기 쉽게 전달하기 위한 모형(영상자료, 표본과 박제 등 포함)이나 전시환경(수조 내 디스플레이, 관람통로 장식도 포함)도 수족관 전시라고 할 수 있다.

2) 수족관 전시의 형태분류

수족관 전시형태는 전시목적이나 정보의 전달방법에 맞춘 전시 디자인에 따라 분류할 수 있다. 또한, 살아있는 수생동물을 취급하는 박물관의 종류이기 때문에, 대부분의 경우 수조라는 사육용기가 설치되어 생명이 유지되고 있다. 이 때문에, 수생동물의 종류마다 특화된 사육방법이나 연출면을 갖춘 수조의 형태에 따라 분류되기도 한다. 전자의 정보전달은 전시가 아니

---

39) 타카다 코지(高田浩二) : 후쿠야마대학(福山大学) 해양생물과학과(海洋生物科学科) 교수.

라 해설의 수단으로 해석되기도 하지만, 영상전시·체험전시·실험해설전시·정보전시 등은 수족관에서도 많이 사용되고 있다. 또한 최근, 전시와 해설의 경계가 사라지고 있기 때문에 여기에서는 해설의 수단이나 장치도 광의의 전시로 보고자 한다.

(1) 전시 기본구상의 책정

수족관에서의 전시 기본구상의 책정은 수족관의 주제나 설립목적에 합치하는 수중생물의 종류를 선정하는 것을 시작으로, 사육개체의 종류마다 전하고자 하는 메시지를 정하고, 거기에서 수조의 구조나 규모, 전시 디자인을 이행한다. 그 과정에서 수생동물의 크기나 사육수飼育數에서 수조의 형태나 수량水量, 수심 등이 정해지고, 또 적정한 사육이나 수질관리를 위한 조건에도 전시 디자인이 좌우된다. 게다가 자연계의 서식환경을 수조 내에 재현하기 위해서 암초·산호초·모래사장·해초밭 등의 디스플레이, 조명, 조파造波 등의 연출도 추가한다. 물론 초기비용과 유지비용에서 수조구조와 전시방법도 고려해 두어야 한다.

또한 수족관이 일반 박물관과 크게 다른 것은 사육관리시설 및 수처리시설과 전시를 일체로 설계해야 한다는 점이다. 건축적으로 전시·사육·수처리의 각 시설을 기능적으로 마치려면, 수중생물의 생태나 행동, 사육기술, 수처리 등 전문적인 지식이나 경험이 요구된다. 전시(보이는 법) 중심의 설계를 우선시하게 되면 사육업무나 수질관리 등에 영향을 미치기 때문에, 전시에 필요한 부분의 나머지가 관리공간이 되지 않도록 기본구상의 시점에서 배려해야 한다.

(2) 전시의 분류

일본동물원수족관협회日本動物園水族館協会 발행의 《신사육 핸드북 수족관편 4(新飼育ハンドブック 水族館編 4)》에서는 전시를 목적별로 8개의 카테고리로 분류하고 그 개요를 다음과 같이 설명하고 있다.

① 지리학적 전시: 지리학이나 동물지리학에 근거해서 동물을 배열한다.

② 분류학적 전시: 계통 및 분류학에 근거해서 동물을 배열한다.

③ 생물학적 전시: 동물의 생활이나 동물의 서식지와의 관계를 보여준다.

④ 생태학적 전시: 서식지의 환경을 재현하고, 동종과 타종과의 관계나 생활을 보여준다.

⑤ 환경재현형 전시: 동물이 본래 서식하고 있는 환경의 재현을 목표로 한다.

⑥ 환경일체형 전시: 방문자 측에도 동물의 서식환경을 재현하여 일체감을 도출한다.

⑦ 행동학적 전시: 동물의 특징적인 행동이나 생리를 발현시킨다.

⑧ 실연實演 전시: 동물의 능력을 실험적으로 보여주거나, 쇼show로 능력을 보여준다.

또한 이 핸드북에서는 이것들과는 별도로 수조의 형태에 따른 전시의 분류도 소개하고 있는데, 대체로 다음과 같다.

① 소형 수조, ② 대형 수조, ③ 회유 수조, ④ 터널 수조, ⑤ 천장 수조, ⑥ 원주 수조, ⑦ 반수위 수조, ⑧ 터칭 수조, ⑨ 파도 수조, ⑩ 조화 수조, ⑪ 마이크로 아쿠아리움micro aquarium, ⑫ 비오톱biotope 수조, ⑬ 해양포유류·바닷새 수조

이것들은 수조형태에 따른 분류로, 수용되는 수생동물은 일정하지 않지만,

유영능력이나 체형·색채·행동·생리 등의 특징적인 부분을 끌어내어 관람객에게 알기 쉽게 전달하기 위해 이러한 수조구조를 활용하고 있다. 수족관 전시는 수조와 세트라는 점에서, 이러한 전시분류도 한 가지 방법일 것이다.

(3) 전시방법

수생동물의 전시방법은 사육관리와 전시목적의 달성이라는 두 가지 측면에서 검토되어 결정되고 있다. 우선 전자에서는 전시를 계획하고 있는 수생동물의 서식지역에서의 환경조사나 생태조사, 다른 수족관에서의 사육환경 조사 등을 실시하고, 수량·수심·수질·수온·빛 등 사육에 필요한 조건 외, 먹이나 번식 등의 조건도 미리 검토해 둘 필요가 있다. 수생동물의 적정한 사육환경의 정비와 사육기술의 터득이 없이는 전시가 성립되지 않기 때문이다. 이러한 기본정보를 바탕으로 사육과 전시에 필요한 수조의 크기와 형태가 정해지고, 그 후 보이는 방법이나 연출, 해설 등에 따라 조작이나 장치가 설계에 추가된다.

후자에서는 사육관리 측면에서 요구되는 요건을 충족시킨 뒤, 앞서 언급한 8가지로 분류된 전시목적이 달성될 수 있도록, 수족관 전체의 조닝zoning, 수조의 배열, 관람객 동선, 관람대상, 수용인원수, 전체 연출 등 여러 조건에서 전시디자인이나 수조의 구조, 수조 내 디스플레이, 해설방법 등이 결정된다.

수족관의 전시는 대부분의 경우 수조의 단면에서 투명 아크릴 수지나 유리면을 이용하여 수중을 살펴볼 수 있도록 설치되어 있다. 또한 드물게 수면 위에서도 관람할 수 있도록 되어 있지만, 상부에서는 빛의 반사나 굴절로 관찰에는 적합하지 않기 때문에, 수면 위로 점프하는 동물의 모습이나, 수면 위의 환경 디스플레이, 조파造波 등을 보일 경우에 사용된다. 최근 아크릴 수지가 대형화하는 곡면 시공도 가능하기 때문에, 이러한 기술혁신에 의해서 수생동물의 전시방법은 비약적으로 변화하고 있다. 그러나 이 전시방법들은 초기비용도 상당히 높고, 일상관리에도[40] 충분히 배려할 필요가 있다.

기존에는 해설로 여겨졌던 영상전시 · 핸즈온전시 · 실험해설전시 · 정보전시 등은 이것들에 '전시'라는 말이 붙여진 것처럼, 전시목적을 달성하기 위해서 살아 있는 수생동물의 전시와 동등한 가치와 의미를 가지는 경우가 적지 않다. 수중생물을 실시간 영상으로 잡고 방영하거나, 수생동물의 특수한 능력과 생태를 관람객이 오감으로 느끼거나, 전시에 참가하거나, 백야드 backyard 견학, 사육업무의 체험, 수생동물 만지기 등 많은 체험적인 전시도 도입되고 있다. 또한 유비쿼터스라 불리는 정보사회의 확대로, 수족관에서도 그 정보를 토대로 쌍방향 커뮤니케이션 환경이 정비되도록 하고 있다. 더 이상 수족관 전시는 수생동물의 모습을 보여주는 것만으로는 충분하지 않다는 것을, 이들 사례에서도 실감할 수 있다.

(4) 전시의 유의점과 과제

앞서 언급한 바와 같이, 수족관 전시방법의 해석은 확대되고 있지만, 기본은 그곳에 있는 수생동물들이 건강하고 안전하게 사육되어야 한다는 점이다. 이를 위하여, 수조 내의 구조뿐만 아니라, 사육설비와 수처리시설도 완비하고, 또한 사육 기술자나 학예직은 사육기술의 향상에도 노력하여, 일상적으로 적정하게 관리가 될 필요가 있다. 이러한 결과, 전시디자인과 해

---

40) 청소나 파손된 부분의 원상복구 등의 유지 보수(maintenance).

설에 대한 연구가 맞물려서, 마침내 각각의 수조에 전시목적이 달성되고, 수족관 전체의 존재의의가 여기에서 완결된다.

최근의 큰 과제로는 수생동물의 복지·애호·보호에 유의하는 것이다. 집객이나 화제제공을 위하여, 화려한 연출이나 과도한 의인화, 비과학적인 전시나 정보제공이 되지 않도록 배려할 필요가 있다. 수생동물 중에는 일본의 다양한 국내법이나 국제조약에 의해 보호받고 있는 종도 있기에, 이 종들의 적절한 관리뿐만 아니라, 관람자에게 그 종들이 희소 생물임을 적극적으로 알리는 전시를 통하여 환경교육에도 기여할 수 있을 것이다. 또한 번식기술의 향상에도 힘써서 수족관이 희귀종의 보호·번식·서식환경의 보전·야생개체의 보호 등에도 노력하고 있는 실태를 전시와 해설을 통해 국내외에 알리고자 한다.

(5) 수족관 전시의 미래

수족관 전시는 지금까지 아크릴 수지의 가공기술·수처리기술·디스플레이 기술·정보기술 등 다양한 신기술을 도입함으로써, 다른 유형의 박물관보다 혁신적인 발전을 이루었다. 이는 수족관들이 많은 방문자를 얻고 있는 것으로, 일정한 평가를 받고 있다고 할 수 있다. 또한 일부 동물원에서 '행동전시'라고 불리며 많은 방문자를 맞고 있지만, 되돌아보면 거기에는 상당수의 경우, 수족관의 수조전시가 도입되어 있다는 것을 알 수 있다. 이렇게 수족관은 항상 새로운 전시방법을 모색하고 도입해왔으며, 앞으로도 그 적극성은 변하지 않을 것이다.

한편, 현재의 전시생물의 대부분은 자연계에서의 채집에 의존하고 있다. 이것들은 수산물로 어획된 생물의 일부로 유통되는 경우도 있지만, 수족관에서 사육전시를 목적으로 포획되고 있는 생물도 많다. 한 국가에 70곳 정도의 수족관이 입지하고 있는 수족관 대국인 일본은 이러한 수족관 전시를 유지하기 위해서 많은 해양 생물을 포획할 수밖에 없다. 그런 한편으로, 어업자원의 고갈·종의 멸종·생물의 다양성·희소종의 보호 등의 관점에서 향후에는 해양생물의 포획이 어려워질 것으로 예측하지 않으면 안 될 것이다. 또한 일부 멸종위기종에 대해서는 수족관 상호의 국제적 연계에서, 적극적인 번식 계획을 세우는 것이 요구될 것이다.

해양국가인 일본에서는 이제 국민의 재산과 생명을 보호하기 위해 해양교육의 충실에 더욱 더 기대를 모으고 있다. 그러나 학교교육 속에 해양을 다루는 교과나 단원이 명확하지가 않다. 이러한 가운데, 수족관이라는 사회교육기관이 전시활동을 통하여 국민의 해양에 대한 흥미와 관심을 환기할 기회를 제공하는 것도, 앞으로 수족관의 새로운 역할로서 각광을 받을 것으로 기대된다.

10. 식물원[41]

1) 식물원 전시

식물원의 전시는 식재전시植栽展示가 주체이지만, 각 식물원에 따라서 여러 가지 성격과 형태가 있으며, 창설의 역사적 배경이나 목적 및 사명뿐만 아니라, 각 식물원의 규모, 컬렉션 등의 특성에 따라 다종다양하다. 일반대중에게 공개되고 있는 전시는 본래 식물의 자연의 모습을 즐길 수 있는 자

---

41) 코니시 타츠오(小西達夫) : 진화생물학연구소(進化生物学研究所) 주임연구관(主任研究官).

연 속에서 식물학의 흡수를 가져다준다. 게다가 적절한 라벨을 표시하고, 수준 높은 조사·연구 활동에 기초한 기록에 따른 컬렉션, 일반시민을 포함한 식물과학 연구성과의 발표, 멸종위기종이나 수집식물의 모니터링 성과 기록, 다른 식물원이나 관련 시설과의 정보교류 등에 관한 전시는 식물원의 중요한 역할이다.

또한 살아있는 식물 컬렉션 이외의 건조표본 등에 대해서는 자연사계 박물관·종합박물관 등의 식물부문과 중복되므로, 이 책의 해당 부분을 참조하기 바란다.

2) 식물원의 기능과 전시

식물원은 세상의 동서를 막론하고 그 목적과 기능이 다양하며, 역할도 다방면에 걸쳐 있다. 게다가 조사·연구에 기초하고 있는 자료는 연구결과를 보증하는 물적 증거이며, 귀중한 연구자료로 차세대 이후의 자연사 과학연구의 식물분류학 및 관련 분야(자연보호를 포함)의 연구 발전과 전시나 교육보급활동의 활용에는 불가결한 자료로 축적되어 왔다. 그러므로 식물원은 식물의 연구 및 지식의 보급을 목적으로 여러 종들의 식물을 수집하고, 지속적으로 재배 및 보전하고 전시하는 시설로서의 기능이 있다.

3) 식물원 전시와 역사적 변천[42]

현존하는 가장 오래된 식물원은 약초원으로 설립된 것으로 알려진 이탈리

---

42) 원서에 잘못 표기된 연도는 수정함. 역주

아의 파도바 식물원Orto Botanico di Padova(1545년)이라고 한다. 그 후 16-17세기에 걸쳐서는 네덜란드의 라이덴 식물원Hortus botanicus Leiden(1590년), 프랑스의 파리 식물원le Jardin des Plantes de Paris(1635년), 독일의 베를린 달렘식물원 Botanischer Garten und Botanisches Museum Berlin-Dahlem(1679년), 영국의 에딘버러 왕립식물원Royal Botanic Garden Edinburgh(1670년)과 첼시 식물원Chelsea Physic Garden(1673년) 등이 설립되었다. 이 식물원과 약초원에서는 수집한 식물을 재배하고, 현대 식물학의 기초가 되는 많은 연구가 행해졌다. 린네의 식물이명법·인위분류법의 확립(1758년)은 의사의 약초원 식물을 조사 및 정리한 성과라고 알려져 있다. 이 식물원은 근대과학의 전문분야의 발전에 기여하고, 정통과 종합식물원으로[43] 발전했다. 또한 약초원은 식물원, 약용식물의 교육용 전시를 계승하는 식물원으로 발전하고, 공개 전시하고 있다. 근대과학의 발달과 함께, 식물양육 연구시설로서 영국의 옥스퍼드대학 식물원, 덴마크의 코펜하겐대학 식물원 등 유럽 각지에 대학 부설 식물원이 설치되었다.

한편, 식물과학의 조사·연구뿐만 아니라, 식물자원 개발이나 산업진흥을 위한 탐구나 연구활동이 수없이 행해져 왔다. 대항해시대에 들어가면, 싱가포르의 싱가포르 식물원Singapore Botanic Garden(1859년), 인도의 콜카타 식물원Kolkata Botabic Garden(1787년), 스리랑카의 페라데니야 식물원Peradeniya Royal Botanical Garden(1821년), 인도네시아의 네덜란드인 거류지에 보고르 식물원 Kebun Raya Bogor(1817년) 등이 건설되었다. 이 식물원들은 자원보전이나 원예식물 등 유전자 자원의 수집에 활용되고, 열대식물학의 거점이 되어, 뛰어

---

43) 연구소형 식물원도 있다.

난 연구성과를 거두고 계승하여 공개 전시하고 있다.

영국은 큐 왕립식물원Royal Botanic Gardens, Kew을 정점으로 남아프리카의 키스텐보쉬 국립식물원Kirstenbosch National Botanical Garden(1913년)과 프리토리아 국립식물원Pretoria National Botanical Garden(1946년), 호주의 멜버른 왕립식물원 Melbourne Royal Botanic Garden과 시드니 왕립식물원Royal Botanic Garden Sydney 등을 설립하여 자원개발의 수집 및 조사·연구의 거점으로 발전해갔다. 또한 일반대중에게 공개되는 휴식의 장으로서 원예를 도입한 식물 전시방식에 관한 연구도 축적되어 갔다.

미국에 식물원이 창립된 것은 19세기 중반 이후로, 가장 오래된 식물원은 1859년에 설립된 미주리 식물원Missouri Botanic Garden이고, 그 후 하버드대학 아놀드 수목원The Arnold Arboretum of Harvard University(1872년), 뉴욕 식물원New York Botanic Garden(1891년), 캘리포니아대학 식물원The University of California Botanical Garden(1890년) 등이 설립되었으며, 유럽 식물원의 개념을 계승하고 있다.

중남미에는 1765-1820년경에 이르러 자원식물의 도입·보급을 위한 농사시험장적인 식물원이 쿠바(1818년)·도미니카(1891년) 등의 섬들에 만들어졌고, 교육적인 의미도 가미되었으며, 1920년대 이후부터는 유용식물의 도입만이 아니라 관광적인 요소가 더해지거나 전통적인 식물재배 전시를 하는 유럽식 식물원이 설립되었다.

일본의 현대식물원의 시초라고 하면, 에도 막부가 1684년에 설립한 코이시카와약초원小石川御薬園으로[44] 알려져 있다. 메이지 시대에 들어가면, 신주

---

44) 1875년 문부성 부속시설이 되었다가, 1877년 도쿄대학이 설립되자, 이 대학 부속식물원이 되면서 '동경대학대학원 이학계 연구과 부속식물원(東京大学大学院理学系研究科附属植物

쿠교엔新宿御苑(1872년), 홋카이도대학 농학부 부속식물원北海道大学農学部付属植物園(1886년), 오사카시 덴노지공원大阪市天王寺公園(1909년), 교토부립식물원京都府立植物園(1924년), 나고야시 히가시야마동식물원名古屋市東山動植物園(1937년) 등이 창설되었다. 전후가 되면, 가나가와현립 플라워센터 오후나식물원神奈川県立フラワーセンター大船植物園(1962년), 아타가와 바나나・악어원熱川バナナワニ園(1958년), 이즈샤보텐공원伊豆シャボテン公園(1959년), 가고시마 열대식물원鹿児島熱帯植物園(1971년), 히로시마시 식물공원広島市植物公園(1976년) 등 식물공원뿐만 아니라, 생태적으로 식물을 재배하는 전시를 관광이나 레크리에이션 등을 주된 목적으로 한 휴식이나 관광목적이 강한 식물원(도시공원형 식물원) 등 다종다양한 식물원이 설립되었다. 이외에도, 자연보호의 차원에서 자생지를 보호하는 식물원이나 자연관찰을 중요시하는 식물원도 설치되었다.

한편, 식물학 교육・다양성 보존・연구활동 등을 중요시하는 식물원도 창설되고 있다. 예를 들어, 국립과학박물관 부속 자연교육원国立科学博物館付属自然教育園(1949년), 도호쿠대학식물원東北大学植物園(1958년), 고치현립마키노식물원高知県立牧野植物園(1958년), 국립과학박물관 츠쿠바실험식물원国立科学博物館筑波実験植物園(1983년) 등이 있다.

4) 전시의 주제 · 형태 · 방법

앞서 언급한 것처럼, 식물원은 사람의 생활과 깊은 관계를 가지면서, 시대의 변화와 함께 변천하고, 각 식물원의 목적이나 기능 등에 따라 독자적

園)'이라는 명칭으로 불리게 됨.역주

인 전시형태나 방법이 생겨나고 있다. 그러므로 연구·교육하는 시설로서의 식물원도 있으며, 관광·레크리에이션을 위주로 하는 시설도 있다. 식물원의 식물 재배전시의 주제는 각 식물원의 성격이나 형태의 차이, 설립 취지나 목적, 사명, 역할, 기능의 차이 등 각 식물원이 수집한 컬렉션의 내용에 따라 다르다. 또한 식물원 내 멸종위기종을 포함한 살아있는 식물견본원의 지속적인 보전이나 인접하는 자생지 내 보전, 혹은 원예식물, 자원식물(농업·산업자원), 고산식물의 전시, 혹은 동물원과 병설하는 자연사적 개념을 더한 동식물원 등 식물을 재배하는 전시인지에 따라 주제나 방법도 다양하다.

(1) 식물의 계통분류 소개를 기본주제로 하는 전시

식물계통분류학의 성과에 내응한 식재로, 교육적 효과를 목적으로 계통을 대표하는 컬렉션을 전시주제로 하는 전시, 혹은 식물분류학의 성과에 근거한 식물과학연구의 증거로서의 식재전시 등 대학부속식물원이나 연구형 식물원을 대표로 하는 현대의 대부분의 식물원의 전시형태이다.

(2) 특정식물이나 그룹 컬렉션 전시

식물의 분류군, 예를 들어 난·베고니아·달리아·국화·클레마티스 등 특정식물, 또는 선인장·다육식물·식충식물·고산식물·과일나무, 그 위에 원예적으로 일년초·다년초·수목 등 특정 그룹의 컬렉션을 주체로 하는 전시로, 관광을 목적으로 한 식물원이나 농업·자원 등을 테마로 하고 있는 식물원의 전시형태이다.

(3) 생태계를 중요시하는 전시

식물학과 관련된 분야의 연구성과를 바탕으로 서식지의 기후·토양 등 환경조건을 중요시한 전시로, 바다에서 고산까지 포함한 식생이나 열대에서 한대 등 식생에 주목한 전시 등 연구형 식물원이나 생태원 등의 전시형태이다.

(4) 자연보호를 포함한 식물과학 관련 분야에 관한 전시

인간생활에 깊이 관련되어 있는 컬렉션이나 멸종위기종 등 지역식생에 대한 조사·연구성과를 기초로 한 전시로, 커뮤니티 식물원·자연사과학·민족식물학을 주체로 한 박물관 부속식물원 등의 전시형태이다.

한편 전시에는 상설전시와 기획전시가 있다. 상설전시는 식물원의 목적과 사명을 전하는 기반이며, 식물원의 얼굴이 되는 중요한 전시로, 매력요소인 사계절 내내 살아있는 컬렉션으로 방문자에게 작용한다. 이에 반하여, 기획전시 또는 특별전시는 폭넓고 다양성이 풍부하며 살아있는 표본에 대한 다방면에 걸친 최신 조사·연구 성과, 새로운 컬렉션, 개화시기에 맞춘 컬렉션 소개 등을 전시한다. 또한 식재 전시방법으로 재배지에 직접 심거나 화분(컨테이너) 등에 심을 수 있다.

(5) 야외 전시

잔디, 화단, 그 외의 식재는 휴식이나 휴양을 목적으로 한 환경식재와 앞서 언급한 (1)-(4)에 대응한 식재방법을 취하고 있다. (1)의 식물계통 분류의 소개를 기본주제로 한 식재전시 이외에, 식물분류학의 표본원 생물지리 구획을 기본으로 한 컬렉션의 식재전시 등이 있다. 혹은 (2)의 특정식물이나 그룹의 컬렉션에 대응하는 식재전시로, 장미·달리아·국화·클레마티스·진달래·만병초·제비꽃·창포 등 컬렉션의 화단식이나 자연의 모습을 중시한 견본원적인 생태식재 등이 있다. (3)의 생태계를 중요시하여 바다에서 고산, 열대에서 극한지, 수중에서 물가·습지의 식물을 식재 가능하도록 하기 위해, 공기 중의 습도와 물의 양을 자동조절하는 장치를 설비하고, 다습하거나 수생지이거나 수중 혹은 운무의 조건하에서 생육하는 식물의 조건을 갖춘다. 마찬가지로, 토양이나 지하의 온도·습도 등도 조절한다. 또는 토양구조를 자갈 등으로 개량한 암석정원rock garden 등의 전시형태가 있다. (4)의 자연보호를 포함한 식물과학 분야에 관련된 전시코너를 마련하고 집중 식재한다. 식물원 내에 자생지가 있는 경우, 지역주민 등과 연계해 멸종위기종의 보전과 보호를 소개하는 식새전시도 행해지고 있다.

(6) 실내 전시

자연조건하의 기후나 생육환경을 인공적으로 정비함으로써 식재전시를 가능하게 한 시설전시 형태이다. 기상조건이나 생육환경의 제어를 가능하게 하는 기술에 의하여 다양한 조건에 대응할 수 있도록 발전하고 있다. 또한 대형 온실이나 특수환경을 제어하는 설비를 만들어, 다양성이 풍부한 컬렉션 전시를 가능하게 하고 있다.

앞서 언급한 (1)-(4)에 대응하면서, 컬렉션의 종류나 그룹에 따라 난 온실·관엽식물 온실·사바나 온실·선인장과 다육식물 온실 등, 또는 열대식물 온실·열대강우림 온실·자원식물 온실 등이 있다. 이에 더하여, 온실 안에는 열대고지 산지림·열대저지 산지림·산지의 운무림 등으로 구획을 구분한 식재전시가 있다.

제4장 박물관 전시의 계획과 제작[45]

제1절 전시의 발상

1. 전시 주체자로서의 학예직과 시민

박물관 전시는 학예직이 종사하는 업무 중에서도 박물관의 자원과 연구성과를 사회에 환원하고 박물관의 의의와 가치를 널리 사회화하는 역할을 담당한다는 점에서 중요한 의미를 갖는다. 전시화하기 위한 노력과 과정은 박물관의 종류마다 다르지만, 예를 들어 미술관이라면, 전시의 기획·설계·설치·운영 등 전반에 걸쳐서 학예직의 리더십 아래 마무리되는 경우가 많다. 한편 다양한 전시매체를[46] 도입하고, 박물관 전시에 공간 디자인으로서의 완성도를 요구하는 경우가 많은 역사계와 자연·이공계 등의 박물관 전시의 경우, 전시업체의 기획자와 디자이너들이 프로젝트의 극히 초기 단계, 즉 공모제안서 등 기획력을 경쟁하는 단계에서 전시의 이미지와 계획수립에 적극적이고 구체적으로 참여하기 때문에, 전시는 마치 위탁업체의 작품인 것처럼 받아들여져 그 평가도 박물관이나 학예직들에게 향한다기보다는, 오히려 전시가 위촉된 업체 쪽으로 세상의 평판이 가기 쉬운 경향이 보였다.

최근에는 전시평가가 학예직의 학술적 성과로서 정당성을 가지게 되었고, 전시디자인과 기술의 영역에 관해서도 학예직이 진지하게 대처해야 할

---

45) 타카하시 노부히로(高橋信裕) : 고치미래과학관(高知みらい科学館) 관장.
46) 그래픽 패널을 비롯해 디오라마·모형·시청각 장치·첨단 IT 기술 등을 도입한 정보전달 장치 등.

필수과제의 하나가 되고 있다.

또 한편으로, 박물관에는 전시에 대한 책임소재의 모호함이 내재한다. 구체적으로는 역사관과 표현의 자유 등과 관계되지만, 대학이나 대학 상당의 연구기관이 관여하는 박물관에서는[47] 전시를 담당한 교직원이 전시정보에 대한 책임을 지는 것이 논문평가와 마찬가지로 인정되는 경향이 있다. 그러나 지자체 박물관에서는 역사적 사실과 현상을 다루는 방법이나 전시연출 방법 등을 포

〈그림 4.1〉 **박물관의 조사연구 및 전시의 주체를 지역주민에 둔 학예 활동** 시가현(滋賀県) 주민과 함께 비와호수(琵琶湖) 주변의 수변환경 카르테 조사를 실시하는 비와코박물관(琵琶湖博物館) 학예직. 돌출된 패널의 오른쪽에서 두 번째 사람은 현재 현지사(県知事, 우리나라의 도지사에 해당)인 카다 유키코(嘉田由紀子).

함하여, 박물관을 대표하는 관장, 혹은 관장의 자문기관인 협의회, 소관부처의 교육장, 설립자인 대표들이 대외적인 책임자로서 사회와 마주하게 된다. 과거에는 전시를 맡은 업체가 매스컴 등에 전시에 대하여 설명할 책임을 정면으로 맡는 입장에 선 예도 있었는데, 이를 통하여 사회에서 박물관 전시가 가지고 있는 자율성의 취약점을 엿볼 수 있다.

근래에는 학예직 등의 협력과 지원하에 시민 스스로 박물관의 기능이나 설비를 이용하여 지역과 현대의 과제에 대처하고, 그 성과를 전시나 연구회 등에서 발표 및 공개하면서, 지역의 자연환경 등에 관한 지식의 공유화를

---

47) 일본의 경우, 국립민족학박물관, 국립역사민속박물관(国立歴史民俗博物館), 각 대학박물관 등.

촉진하는 등 시민주체의 박물관 리터러시의 전개를 볼 수 있게 되었다.

2. 전시 당사자인 전문가들 간의 협력

박물관에서 전시는 자관自館의 소장자료든, 다른 박물관에서 대여한 자료든, 실물자료가 전시구성의 주요한 대상이 되기에, 전시물의 선별 및 배치에 있어서는 이러한 자료에 관한 지식과 취급에 숙련된 전문가(학예직, 연구자)가 주도적인 입장에서 관여한다. '무엇을, 어디에, 어떻게'와 같은 기본적인 과제는 학예직들에 의하여 지침이 내려지며, 그 시나리오를 바탕으로 전시의 효과면 및 기술면에서의 검토가 전시기획자와 디자이너 등 전시 직능집단의 참여에 의해서 구체적으로 진행된다.

관람객의 관심과 흥미를 끌고, 전시에 대한 이해를 재미있고 쉽게 이끄는 연출과 구성에는 논문 등에 의한 학예활동의 성과와는 다른 기술이 요구된다. 거기에는 시각·청각·촉각 등 오감을 통하여 지식과 정보를 관람객과 소통하는 기술 및 능력과 함께 정보를 공간 내에서 편집하고 조형화하는 공간디자인이라고 하는 창조적인 기술이 요구되며, 이러한 기술과 학예성과와의 긴밀한 연계가 박물관 전시를 보다 양질의 수준으로 높여 나간다.

학예직은 학예활동의 성과가 의도한 대로 전시에 환원되도록, 전시지식과 기술저 동향 등에 대한 관심을 높이고, 한편으로 전시기술자는 학예성과에 대한 학식을 깊게 해 나가는 등 전시에 관여하는 당사자들의 공동가치창출에 대한 의식 수준의 높낮이에 따라, 전시의 좋고 나쁨이 좌우된다.

3. 전시대상에 대한 과제

박물관 전시를 기획할 때 그 대상자를 설정하는 것은 매우 중요한 과제이다. 다만, 지금까지는 '어린이과학관' 등 시설 개념에서 이용대상이 밝혀져 있는 경우를 제외하고는, 목표대상target이 불특정한 것이 보통이다. 특히 박물관이 공립이면 설치조례에 '(납세자인) 시민들의 교육·학술·문화의 향상에 이바지하는 것을 목적으로 한다'와 같은 지장이 없는 표현으로 사명mission이 명문화되고 있지만, 박물관이 제공하는 이용자 서비스가 어떤 동기를 가지고 방문하는 시민들에게 어떻게 제공되고, 그 성과가 어떻게 개선책에 반영되는지 등에 대한 대처는 각 박물관의 과제로 남겨져 왔다. 요즘의 재정난 사정이 공공투자에 대한 실효성이 있는 검증을 요구하는 것도 배경에 있으며, 교육기관(시설)으로서 지역사회에서의 역할이나, 지역활성화에 공헌하여 지역부흥으로의 파급 효과 등 박물관의 일상적인 활동이 지역사회의 지지 및 지원을 얻어 그 존속을 계속해서 안정적으로 담보하기 위해서도, 이용자상을 시장세분화 기법에 기초하여 속성별로 분류·분석하고, 각각의 요구에 따라 세심히 대응해 나가고자 하는 대처방안은 향후 더욱 중요시될 것으로 보인다.

이를 위해서는 다음과 같은 쟁점에 대한 고민이 필요하다. 이용목적은 무엇인가? 관광이나 레크리에이션 차원의 이용인가? 학습이나 조사와 같이 명확한 학습목적을 가진 이용인가? 학교교육의 일환으로, 혹은 연수의 장으로서의 단체이용인가? 가족단위의 박물관 이용에 의한 가족학습family learning에는 어떤 변화가 예상되고, 어떤 박물관 체험을 프로그램에 적용해야 하는가?

〈표 4.1〉은 일본 과학관의 사례를 보여주고 있다. 이 표를 통하여, 학령기의 '학교교육'과 연동한 변화, 가족을 핵심 목표대상으로 한 박물관 이용의 치밀한 추진요인 등이 이론적으로 분석되고 구축되어, 현대사회의 요구에 보다 적합한 고도화로의 개선이 도모되고 있다는 것을 알 수 있다.

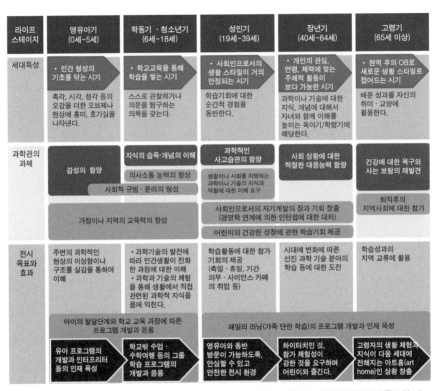

라이프 스테이지	영유아기 (0세~5세)	학동기 ·청소년기 (6세~18세)	성인기 (19세~39세)	장년기 (40세~64세)	고령기 (65세 이상)
세대특성	· 인간 형성의 기초를 닦는 시기 촉각, 시각, 청각 등의 오감을 더한 오브제나 현상에 흥미, 호기심을 나타낸다.	· 학교교육을 통해 학습을 쌓는 시기 스스로 관찰하거나 의문을 탐구하는 의욕을 갖는다.	· 사회인으로서의 생활 스타일이 거의 안정되는 시기 학습기회에 대한 순간적 경험을 동반한다.	· 개인의 관심, 연령, 체력에 맞는 주체적 활동이 보다 가능한 시기 과학이나 기술에 대한 지식, 개념에 대해서 자녀와 함께 이해를 높이는 육아기/학령기에 해당한다.	· 현역 후의 OB로 새로운 생활 스타일로 접어드는 시기 배운 성과를 자신의 취미 · 교양에 활용한다.
과학관의 과제	감성의 함양	지식의 습득·개념의 이해 의사소통 능력의 향상 사회적 규범 · 윤리의 형성	과학적인 사고습관의 함양 생활이나 사회를 지탱하는 과학이나 기술의 지식과 역할에 대한 이해 요구	사회 상황에 대한 적절한 대응능력 함양	건강에 대한 욕구와 사는 보람의 재발견 퇴직후의 지역사회에 대한 참가
	가정이나 지역의 교육력의 향상		사회인으로서의 자기계발의 장과 기회 창출 (경영학 연계에 의한 인턴쉽에 대한 대처) 어린이의 건강한 성장에 관한 학습기회 제공		
전시 목표와 효과	주변의 과학적인 현상의 이상함이나 구조를 실감을 통하여 이해	· 과학기술의 발전에 따라 인간생활이 진화한 과정에 대한 이해 · 과학과 기술의 체험을 통해 생활에서 직접 관련된 과학적 지식을 몸에 익힌다.	학습활동에 대한 참가 기회의 제공 (축일 · 휴일, 기간 의무 · 사이언스 카페의 취업 등)	시대에 변화에 따른 선진 과학 기술 분야의 학습 등에 대한 도전	학습성과의 지역 교류에 활용
	아이의 발달단계와 학교 교육 과정에 따른 프로그램 개발과 응용		패밀리 러닝(가족 단란 학습)의 프로그램 개발과 인재 육성		
	유아 프로그램의 개발과 인터프리터들의 인재 육성	학교밖 수업 · 수학여행 등의 그룹 학습 프로그램의 개발과 응용	영유아와 동반 방문이 가능하도록, 안심할 수 있고 안전한 전시 환경	하이터치된 것, 참가 체험성이 강한 것을 요구하며 어린이와 즐긴다.	고령자의 생활 체험과 지식이 다음 세대에 전해지는 아트홈(art home)인 상황 창출

〈표 4.1〉 **과학관의 목표대상 분석과 설정사례** 박물관 이용자상(像)의 검증과 대책이 박물관의 중요한 과제가 되고 있다. 출처: 〈과학 리터러시 함양에 이바지하는 과학계 박물관의 교육사업의 개발 · 체계화와 이론 구축(科学リテラシーの涵養に資する科学系博物館の教育事業の開発・体系化と理論構築)〉2007 년-2010년도 과학연구비 보조금(기반연구 A) 연구성과 보고서를 참고로 작성.

제2절 전시계획의 단계

전시계획의 단계는 다양하게 행해지고 있지만, 기본적으로는 전시자가 의도하는 콘텐츠(내용)가 서적의 목차처럼 항목화되어, 그 흐름에 따라 자료와 작품 등이 선별되어 배치되는 것으로부터 시작된다. 미술관의 경우, '회화' · '조각' · '공예' 등 장르에 기초하여 그룹으로 분류하는 것이 많지만, 거기에는 전시자의 기획의도가 연구성과와 함께 강하게 내세워지면서 전시는 독자적인 주제를 구성하게 되고, 개개의 작품과 자료는 전시자의 의도를 방증하는 하나의 요소로 위치하게 된다.

주제를 가진 전시는 관람자 동선에 거의 겹치는 스토리라인에 편입되면서, 주제는 더욱 세분화되고 나눠져 각 코너를 구성한다.

전시계획이 기본구상이나 기본계획의 단계에서는 개념적인 스토리라인과 조닝 플랜zoning plan 이외에 시각적인 이미지 표현이 가해지는 경우가 많다. 즉 유사 사례의 사진이나 일러스트, CG 영상 등에서 전시 이미지가 시각화되고, 관계자 사이에서 이미지의 공유화가 진행된다. 그런 한편으로 각 존zone마다 전시의 구성요소가 목록으로 정리된다. 어느 존의 어디에 무엇이 전시되고, 그 전시형태는 실물인지, 복제품인지, 모형인지, 디오라마인지, 시청각장치인지, 그것들이 어떻게 관련되어 상정한 대로의 효과가 나타날지 등이 검토되어 전시 이미지가 대략적이면서도 시각적 · 구조적으로 파악된다. 이 단계가 기본구상 · 기본계획에 해당한다.

구상과 계획단계의 차이는 다음 단계인 설계라는 도면작업에 착수하는데 있어서, 박물관의 설립목적과 사명, 사업영역 · 활동내용 · 운영체제 등의 시설이나 기관으로서의 기본개념의 검증과 구체화가 충분한지, 아직 검토의 여지가 있는지 등으로 구별된다. 즉 기본구상과 기본계획에서는 전시만 다루어 검토하고, 예산화하는 과정을 거의 거치지 않고, 기관으로서의 사회적 역할과 기능, 시설규모와 설비장비의 수준과 같은 사업 전체를 망라적으로 명문화하는 과제 속에 '전시'가 포함되어 있으며, 그 공정 구분도 박물관

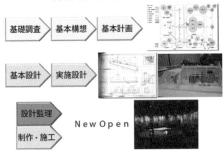

博物館の出来るまで

基礎調査 → 基本構想 → 基本計画

基本設計 → 実施設計

設計監理

制作・施工   NewOpen

〈그림 4.2〉 전시계획과 공정 조사에서 구상·계획, 설계, 공사, 오픈(open)까지

설립자 측의 예산편성이나 정비 일정에 따라 '구상'과 '계획'의 두 가지로 구분되거나, 하나로 합쳐지기도 한다.

전시설계단계에서는 기본설계와 시설설계로 구분되어 프로젝트가 추진된다. 이 단계에서 전시는 건축 측과 업무범위에서 분리되는 경우가 많다. 전시와 건축,

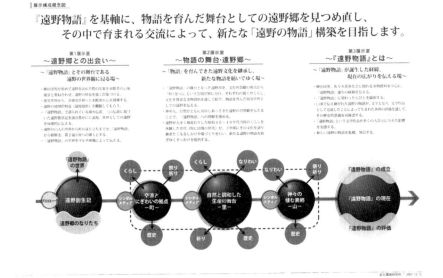

〈그림 4.3〉 전시계획의 초기단계(기본구상·기본계획)에서의 콘셉트와 개념도 예시 기본적인 테마와 스토리, 조닝이 동선에 따라 형태로 표현되었다. 출처: 〈토오노시립박물관 리뉴얼 계획(遠野市立博物館リニューアル計画)〉

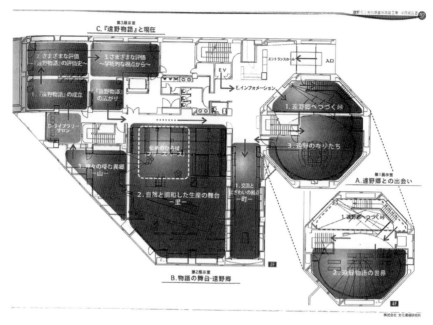

〈그림 4.4〉 전시평면도 설계단계에 들어가면 개념적인 조닝 플랜이 건축의 평면도에 반영된다. 출처: 〈토오노시립박물관 리뉴얼 계획(遠野市立博物館リニューアル計劃)〉

각각의 설계업무는 설계공모·제안·입찰 등의 전형과정을 거쳐 위탁업체가 결정된다. 설계 청부자는 공사단계에서는 설계감리(제작·시공도면·품질·공정·예산감리 등)의 업무에 관계하고, 공사 청부자는 별도로 입찰 등으로 선정하는 것이 통례이지만, 전시의 경우는 전문성·특수한 기술·권리 등의 관계로 인하여, 설계 청부자가 전시공사에 참가하는 예가 많이 보인다. 이 경우 설계 감리자는 제3의 조직이나 단체 혹은 자치단체의 건축·영선 등의 부서가 관여하게 된다.

　기본설계에서는 설계안(테마, 스토리)에 포함된 전시내용이 기계 조작물이나 도구, 조형물, 시청각 장치류의 작업 항목별로 디자인화를 꾀하고, 그 방

	코너사인	그래픽	'교류와 번성의 기억' 코너사인 + 개요해설	1점	B 1 3 GP 01
	나이토 상점	그래픽	'나이토 상점'해설	1점	B 1 3 GP 02
		그래픽	상품가격표 해설	30점	B 1 3 GP 03
		실물자료		1식	B 1 3 MA 01
		유영(遺影)	나이토 상점 상품	1식	B 1 3 MO 01
3. 교류와 번성의 기억	산요 상점	그래픽	'산요 상점' 해설	1점	B 1 3 GP 04
		그래픽	상품가격표 해설	30점	B 1 3 GP 05
		실물자료		1식	B 1 3 MA 02
		유영(遺影)	산요 상점상품	1식	B 1 3 MO 02
	물건의 유통	조작	주사위 놀이 스테이지	1식	
	주사위 놀이	유작(遺作)	긴의자	2대	
		그래픽	'물건의 유통 주사위 놀이' 벽면	1식	B 1 3 GP 06
		그래픽	주사위 놀이 조각	1식	B 1 3 GP 07
		유영(遺影)	주사위	1식	B 1 3 MO 03
4. 마을에서의 축제		그래픽	'마을에서의 축제' 코너사인 + 개요해설 (축제사진 포함)	1점	B 1 4 GP 01

〈표 4.2〉 **전시구성 리스트** 전시내용의 목록화는 계획의 진척마다 정밀하게 이루어진다. 전체구성, 각각의 전시기법 등 전시계획을 관리하는 데 있어 중요한 위치를 차지한다. 출처:〈토오노시립박물관 리뉴얼 계획(遠野市立博物館リニューアル計画)〉

법과 인원수에 기초하여 소프트 콘텐츠를 포함한 견적에 들어간다. 이때 전시디자인의 전체개요가 도면을 근거로 한 예산과 함께 드러난다. 이 단계가 기본설계이다.

　시설 설계에서는 디자인 측면 및 소프트 콘텐츠 측면과 더불어 더욱 상세한 마무리가 실행된다. 스케일을 높인 상세도면을 제작하고, 색채와 소재 등을 결정하면서, 공간의 전시효과를 상정하는 이용자의 협력 하에 실물모형

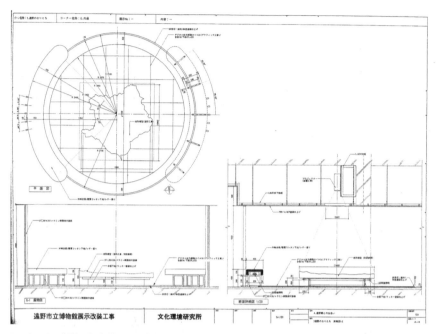

遠野市立博物館展示改装工事　　文化環境研究所

〈그림 4.5〉 전시코너 평면도·입면도 1층 '토오노(遠野) 창세기', '토오노 마을 형성내력'의 설계도 기본설계에서 시설설계까지 상세하게 이동한다. 출처: 〈토오노시립박물관 리뉴얼 계획(遠野市立博物館リニューアル計画)〉

등으로 검증하거나, 학제적인 조사가 필요한 복원모형이나 디오라마 등의 고증작업에는 담당 학예직을 중심으로 전시플래너·디자이너·엔지니어뿐만 아니라, 외부전문가·시민 자원봉사자들의 참가 및 협력을 요청한다. 전시설계를 위탁받은 전문스태프의 업무영역은 학예직의 연구영역은 물론, 지역 커뮤니티의 역사와 문화를 배경으로 조성되어 온 지역력地域力과의 협업에 관여하게 된다. 근래에는 설계단계에서부터 박물관의 사회적 의의·역할·기능 등을 지역주민·NPO·상점가·현지기업 등과 공유하고, 지역의 번영을 높이고 발전시켜 나가려는 기운조성의 노력이 이루어지고 있다.

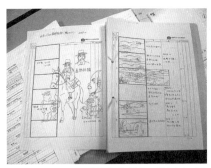

〈그림 4.6〉 '토오노 설화의 세계'의 그림 콘티 영상 소프트 제작에서는 장면·음악·음성 등 그림 콘티에 의해 구체화되어 간다. 출처:〈토오노시립박물관 리뉴얼 계획(遠野市立博物館リニューアル計画)〉

〈그림 4.7〉 전시코너 이미지 스케치 전시설계의 시각화는 도면적 뒷받침이 없는 단계부터 이미지 안으로 제안될 수도 있지만, 평면도·입면도 등의 책정 이후는 시주(施主)와 관계자 간의 상호이해와 검증을 위해 작성된다. 도면 표현에서는 전해지지 않는 미묘한 이미지가 검토의 도마 위에 오른다. 출처:〈토오노시립박물관 리뉴얼 계획(遠野市立博物館リニューアル計画)〉

〈그림 4.8〉 전시코너 모형 전시를 3차원의 입체공간으로서 디자인 효과의 검증을 실시하는데, 모형은 유효성을 발휘한다. 이를 통해 도면·스케치에서는 간과하기 쉬운 사각지대를 깨닫게 되는 경우도 많다. 출처:〈토오노시립박물관 리뉴얼 계획(遠野市立博物館リニューアル計画)〉

설계는 공종별로 예를 들면, ① 조작, ② 전시도구(케이스·스테이지 등), ③ 그래픽, ④ 입체조형(복제품·모형·디오라마·파노라마 등), ⑤ 영상·음향(소프트 및 장치), ⑥ 컴퓨터 시스템, ⑦ 조명 등으로 세분화되며, 각각 세부설계

〈그림 4.9〉 전시공사현장 출처:〈토오노시립박물관 리뉴얼 계획(遠野市立博物館リニューアル計画)〉

〈그림 4.10〉 전시준공 사진 출처:〈토오노시립박물관 리뉴얼 계획(遠野市立博物館リニューアル計画)〉

가 진행되어 공사용 입찰도면과 함께 설계견적서, 공정표 등이 결정된다.

제3절 전시의 실제

전시공사 및 제작단계에 들어가면, 소위 1차 자료로 일컬어지는 실물자료에[48] 대한 접근법과 2차 자료인 패널·모형·디오라마·시청각장치 등 제작물에 대한 접근법으로 각각 전문적이고 독자적인 코디네이터 능력이 요구된다. 1차 자료와 관련해서는 보존·감상성鑑賞性·작업 효율성 등의 관점에서 학예직이 주도적인 입장에서 구분하는 역할을 맡는다. 특히 외부기관이나 개인 등으로부터 대여하는 경우, 서류적 및 형식적인 절차가 추가되어, 대여한 박물관이나 소장자들과의 섭외에 세심한 배려가 요구된다. 자료

---

48) 복제품을 포함하는 경우도 있다.

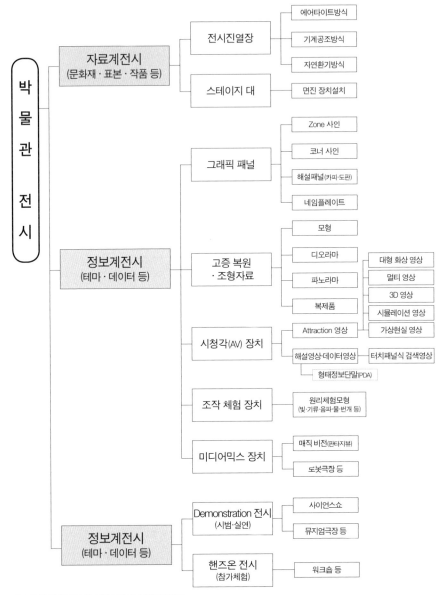

<표 4.3> 박물관 전시의 기법과 기술일람표

의 하자를 상호간에 확인, 대여 전·대여 시·반납 시 입회, 이동 시에는 미술 포장 및 전용 운반차량 수배 및 사용, 훈증이 필요한 경우 사용액제 등의 확인 및 입회, 보험회사와의 계약협상 등 담당 학예직 인력이 최대한으로 요구된다. 일본의 경우, 국보나 국가지정 중요문화재 등의 전시가 상정되는 경우에는 온습도 등의 안정적 관리를 위하여 전시실·진열장 등에 특별 사양의 설비가 요구되기 때문에, 관계부처인 문화청文化庁, 도쿄국립문화재연구소東京国立文化財研究所 등과의 면밀한 조정과 협의가 설계단계·제작공사단계의 각 단계에서 요구된다. 따라서 개관 후 문화청장관에 의한 '문화재 공개시설'로 인정받는 것은, 그 후 절차의 간편함을 고려할 경우 유익한 것으로 판단된다.

전시제작물과 관련해서는 설정된 제작·시공 계약기간(1-2년)의 상정범위를 예외적으로 초과하는 제작물도 있어, 미리 부분적으로 선행 발주하여 빠른 단계에서부터 제작에 착수하는 경우가 있다. 예를 들면 실제 크기의 조몬시대 취락을 재현한 디오라마 등은 모델이 되는 유적의 환경조사와 이전할 초목의 식별, 게다가 유구遺構 등의 보존조치, 복제품 제작 등에 수년의 기간을 필요로 하는 경우도 드물지 않다. 또한 대형 수목 등의 운반과 반입에는 전시공사가 착수되기 전인 건축공사 과정에서 대형창의 개구부開口部로 반입하는 등 계획전체를 파악하는 거시적인 공정관리의 관점이 전시관계자에게 요구된다.

한편 전시물과 관련해서는 그 자료 특유의 취급에 대한 전통적인 관례가

〈그림 4.11〉 도검의 전시사례 같은 도검이라도 전시방법이 다르다. 출처: 도쿄국립박물관(東京国立博物館)

있기에, 그러한 유직고실有職故実에[49] 숙달된 자료 취급 기술이 담당 학예직에게 요구된다. 도검의 전시에서 태도太刀와 도打刀의 경우처럼, 전시방식이 위아래가 반대로 되는 일 등은 잘 알려진 사례이다(〈그림 4.11〉).

박물관 전시는 공간이라고 하는 3차원의 현실적인 장소에서 '보다', '듣다', '냄새 맡다', '만지다', '말하다' 등 그 장소에 참석한 사람들이 각각의 오감을 통해서 지식과 정보를 교환하고 재창조하는 것을 특색으로 해왔다. 말하자면, '여기만, 지금만, 당신만'이 박물관체험의 묘미이기도 했다. 하지만 근래에는 인터넷 사회를 반영한 '어디든지, 언제든지, 누구든지'의 정보환경이 갖추어지고 있어, 장소라는 울타리를 넘어 원격교류 및 정보단말장치(휴대전화 등)를 이용한 정보기능의 확장, 도입 등 박물관 전시에 새로운 조류가 밀려오고 있다.

제4절 전시평가와 개선

현대의 박물관 전시는 '전하다'와 같은 일방적으로 철저히 가르친다는 사

---

49) 조정이나 공가의 예식·관직·법령·행사 등에 관한 것. ^{역주}

고방식에서 '전해지다'와 같은 학습성과의 습득 정도와 이해의 심도를 의식한 관계로 변하고 있다. 그 배경에는 다방향 커뮤니케이션의 가능성을 넓히고 있는 디지털 기술의 진전과, 다양한 이용자의 요구에 부응할 수 있게 된 고도 정보화된 사회가 있으며, 그러한 사회의 정보환경의 정세에 응하여, 사회교육의 핵심 기능을 담당하는 박물관이 제공하는 체험의 실효성과 방문자의 만족도를 과학적으로 실증하고, 그것을 전시현장에 반영하려는 노력이 한층 더 현실성을 띠고 있다.

구체적으로는 박물관 전시를 구성하는 디자인이나 연출 등의 효과측정에 마케팅 기법을 받아들여, 대상으로 하는 전시의 평가와 이에 기반을 둔 전시개선 시스템의 구축이다.

전시평가는 기획설계단계에서도 이루어진다. 예를 들어 도쿄의 일본과학미래관日本科学未来館에서는 실물크기의 모형을 전시장에 만들어 놓고, 가설단계에서 방문자의 감상·의견을 듣고, 그 후 그 의견을 상설전시에 반영해 나가는 시도가 행해지고 있다.

또한 도쿄의 국립과학박물관国立科学博物館에서는 각 전시장에 '키오스크kiosk'라는 터치패널 방식의 정보단말장치가 배치되어 있다. 이 장치는 랜LAN 시스템에 의해서 온라인에 연결되어 있고, 각 단말기의 이용 빈도가 중앙통제실에 집계되어 전시개선의 분석에 활용되는 구조를 취하고 있다.

또한 평가 및 개선에 사용되고 있는 방법으로는 방문자(피험자)의 관람행동을 추적조사하고, 전시물 등에 할애하는 체류시간 등을 기록하여, 방문자의 주시하는 정도와 관심도를 분석하는 '관찰법'과 직접 전시물을 관람한 방문자(피험자)로부터 감상이나 의견을 듣는 '면접법'이 채택되고 있다. '관찰법'에서는 대상으로 하는 전시물이 관람자의 관심을 끄는 힘과 체험활동 등으로 향하게 하는 시간과 빈도 등을 측정할 수 있지만, 그 행동이 목표한 대로 전시물이 의도하는 지식과 정보의 습득에 적합한가 하면, 반드시 그런 정합관계를 가져오지는 않을 뿐만 아니라, '뭔가 재미있을 것 같아 참가해서 시간을 보내 봤지만, 그에 비해 재미없었다'는 평가 등도 있기에, 실제로는 '관찰법'과 '면접법'을 조합하는 기법이 평가를 보다 정밀하고 적정하게 한다고 알려져 있다.

제5장 박물관 전시의 평가[50]

    평가란 어떤 사실과 현상을 측정하고, 좋고 나쁨에 대해 해석 및 판단하는 가치를 정하면서, 현재보다 높은 목표에 도달하도록 시도하는 것이다. 박물관의 평가에는 4가지 기능(수집 · 보존, 조사 · 연구, 전시, 교육 보급) 및 관람객 통계, 관람객의 특성 조사, 관람객 개발을 위한 마케팅 조사, 관람객 안내 및 서비스 평가, 전시계획 및 개선을 위한 평가 등이 있다. 전시평가는 전시가 메시지를 정확하게 전달하고 있는지를 측정하는 수단으로, 전시방안을 재고해야 할지를 정할 때 판단을 내릴 근거를 준다. 현대사회 속에서 박물관은 이용자와의 커뮤니케이션의 성립이 중요한 관점이 되어왔다. 전시에서도 이용자의 의견이나 희망사항을 듣고, 박물관으로부터의 메시지가 전달되고 있는지를 확인하고, 무엇을 변경하면 전시가 좋아질지 그 해결책을 찾는 것이다. '박물관은 즐거운 곳이다. 사람은 즐거움 속에서밖에 배우지 않는다'는 시사적인 표현이 있다(포크 · 디어킹 1996). 지금까지의 전시가 박물관 측의 심사숙고만으로 만들어지는 경향이 있었다면, 이제는 방문자의 목소리를 충분히 듣는 평가를 받고, 그 평가를 반영시켜 보다 즐겁게 배울 수 있는 전시가 요구되고 있다.

---

50) 사토미 치카유키(里見親幸) : 뮤지오그라피연구소(ミューゼオグラフイー研究所) 소장.

제1절 박물관 평가의 현황

일본의 박물관 평가기준은 충분히 확립되어 있다고는 말할 수 없다. 현재 실시되고 있는 방법은 행정적으로 시행하고 있는 사회조사 방법에 의한 평가, 박물관의 기준을 정해서 성취도를 측정하는 평가, 방문자의 의견을 바탕으로 평가하는 방법 등 다양한 연구가 이루어지고 있지만, 박물관의 평가는 무엇을 기준으로 할지를 놓고 아직 공적으로 인정된 방법으로 통일하는 기준이 불명확하다. 일본에서의 박물관 평가가 뒤쳐진 점에 대해서 대학평가와 비교하면, 박물관을 사회적으로 혹은 행정적으로 평가하는 사례는 매우 적다. 대학 등과 달리, 박물관이 무엇을 하고 있는 곳인지, 혹은 사회적으로 어떤 활동이 기대되고 있는지에 대해서 합의가 이루어지지 않았기 때문이라는 지적도 있다(누노타니 2004:14-15). 따라서 박물관이 자체평가를 실시하고, 그 자체평가의 결과로부터 요구되는 사회성이나 활동에 대한 기대를 찾아내는 것이 필요하다. 평가에 따라 평판이 높은 박물관은 잠재적인 박물관 이용자를 박물관으로 찾아오게 하는 동기 부여도 될 것이다. 이에 박물관 스스로 과학적으로 분석한 박물관 평가를 엄정하게 실시하여 자체 점검하는 것이 필요불가결하다.

1. 박물관 방문자 알기

미국에서는 박물관에 공적자금을 제공하면, 이에 대한 설명을 할 책임으로서 평가가 발전해 온 배경이 있고, 교육적인 유효성에 대한 관심과 교육적 사명을 완수하려는 경향이 강하다. 서구 박물관의 설립방법은 설립하는 측이 커다란 사명mission을 가지고 있으며, '이 박물관은 이러한 것을 실현한다'는 생각에 기초하여 전시가 만들어지는 박물관이 많다. 따라서 전시는 명확한 메시지를 가지고 만들어졌으며, 메시지가 전달되었는지의 여부와 사명이 실현되었는지를 확인하기 위하여 평가가 중시된다. 일본에서도 박물관의 사명에 관한 장기적인 계획과 구체적인 목표에 대한 이미지를 가지는 것이 필요하다. 그러기 위해서는 다음에 가리키는 두 가지 문제가 제기되어야 한다.

① 우리 박물관에 관해서 일반인들은 어떻게 평가하고 있는가?
② 우리 박물관을 일반인에게 어떻게 평가받고 싶다고 생각하나?

위의 두 가지 문제에 대해서 조사하고, 구체적인 목표를 명확하게 하는 것이 중요하다(마일스 1986; 루미스 1987).

〈점검사항〉
① 일반시민의 박물관에 대한 이미지에 대해서
② 이용자는 박물관에 대해서 어떤 기대를 하고 있는지에 대해서
③ 이용자의 전시에 대한 흥미와 지식에 대해서
④ 오리엔테이션(유도 및 지도)의 필요성과 문제에 대해서
⑤ 박물관의 각 시설(뮤지엄샵·레스토랑 서비스·주차장·개관시간 등)의 기능에 대한 이용자의 만족도에 대해서
⑥ 관람자의 박물관 내에서의 경험에 대해서(박물관을 방문한 관람자는 무엇을 얻었는가?)
⑦ 박물관과 다른 문화시설을 일반인들은 어떻게 비교하고 있는지에 대해서

⑧ 방문자는 어떤 사람들인지에 대해서

⑨ (박물관을 방문하지 않는 지역주민들 중, 잠재적 방문자에 대한) 지역
　마케팅 조사

⑩ 전시의 평가에 대해서

⑪ 교육프로그램의 평가에 대해서

⑫ 박물관 회원제도에 대해서

　상기와 같은 점검사항을 박물관 내에서 검토하고, 직원들의 문제의식을
재확인하는 것은 여러 의미에서 박물관 운영을 검토하는데 유익하다.

2. 박물관 현황 파악하기

　박물관의 고객만족도를 측정하고 높이는 방법으로 마케팅 조사를 실행하
는 것이 중요하다. 현재의 상황을 파악하기 위한 점검사항은 다음과 같다.

① 전시개선과 교육프로그램의 개발을 위한 요구 파악

② 시대에 맞는 박물관이 되기 위해 일반시민이 요구하는 정보 얻기

③ 박물관 방문에 장애가 되는 것이 있는지, 또는 그 이유 확인

④ 지역의 문화적 이벤트나 시설의 안내에 박물관이 포함되어 있는가?

⑤ 어떻게 서비스를 향상시킬 것인가?

⑥ 어떻게 새로운 관람객을 개척할 것인가? 이를 위해서는 어떤 그룹에
　초점을 맞춰야 하는가?

제2절 전시의 평가방법

전시평가는 (1) 기획단계 평가front-end evaluation, (2) 형성적 평가formative evaluation,[51] (3) 총괄적 평가summative evaluation,[52] 이렇게 크게 세 가지로 구분한다(스크레번 1976:271-290).

1. 기획단계 평가

메시지의 전달 유무를 검증하기보다는, 박물관 전시에 사람들이 무엇을 요구하고 있는지를 조사하고, 전시내용에 관한 기대와 반응을 전시 속에서 어떻게 실현해 나갈 지를 모색하는 평가이다. 구체적으로는 전시에서 다루는 주제에 관한 이용자의 흥미와 지식, 경험과 생각을 조사해, 기획의 방향성을 조정하는 것으로, 전시프로젝트를 시작할 때 실시하는 평가이다.

2. 형성적 평가

전시의 계획 및 제작 시점, 혹은 전시개선의 각 단계에서 이용하며, 그 평가결과는 관람자의 학습성과가 의도된 목표까지 도달할 수 있도록 전시를 개선하기 위해서 사용된다. 학예직과 전시디자이너만으로 진행되는 전시개발 과정에 이용자의 의견을 넣는 것은 완성도 높은 결과가 나올 가능성이 높다. 일반적으로 전시평가라고 하면 완성 후의 전시를 대상으로 '총괄적 평가'를 실시한다는 생각이 연상되었지만, 미국에서는 전시제작 도중의 평가

---

51) 제작 각 단계에서 평가하면서 전시제작.
52) 현재 전시되어 있는 것을 평가.

가 매우 중시되고 있다. 제작단계에서 무엇을 목적으로 평가할지에 대해서는 다음의 다섯 가지 요점을 들 수 있다.

1) 끌어당기는 힘

전시가 성공하려면, 우선 관람자에게 보고 싶다는 의욕을 북돋우고 주의를 환기시켜서, 중심이 되는 것에 관람자를 어떻게 끌어들일 지와 같은 전시에 대한 연구가 이루어지고 있는지가 포인트이다.

2) 유지시키는 힘

흥미를 가지고 끌어당겨진(방문한) 관람자가 전시내용을 이해하는 시간, 멈추어 서서 어느 정도의 시간을 할애하며 전시를 이용했는지를 측정한다.

3) 순서의 힘

전시에서 조작을 수반한 행동을 관람자에게 시키는 경우에, 그 관람자는 조작방법을 이해하고 있는지, 전시가 의도한 체험을 순조롭게 하고 있는지를 측정한다. 상호작용interactive 전시의 경우에 빼놓을 수 없는 평가이다.

4) 커뮤니케이션의 힘

관람자에게 전시로부터 무엇을 배우고 얻었는지, 메시지는 전해졌는가 하는 전달하는 힘, 즉 교육적 힘을 측정한다.

5) 감정적인 힘

어떻게 느끼는지에 대한 평가로, 사람들이 그 전시를 좋아하거나 마음에 들어 하는 지의 관점에서 '기쁨의 힘'이라고도 부른다. 전시의 예술성도 이 요소 중 하나로 중요한 평가이다.

이상의 다섯 가지 요점 중 1) 끌어당기는 힘, 2) 유지하는 힘, 3) 순서의 힘은 수량적인 측정이 행해지며, 4) 커뮤니케이션의 힘, 5) 감정적인 힘은 질적인 측정방법으로, 이용자를 관찰하고 인터뷰를 실시하고, 이를 통하여 전시를 이해하고 있는지의 여부를 판정하는 것이다.

형성적 평가의 단계는 다음과 같은 방식으로 진행된다.
① 목표대상이 되는 이용자를 정하고, 전시에서 무엇을 전하고 싶은가 하는 '목적'을 정하고, 전달하기를 원하는 '목표'를 결정한다. '목표'를 설정하는데 있어서는, 예를 들면 '전시의 주제는 어필하는 힘이 있는가?', '사람들이 박물관에 오고 싶다고 생각하는가?', '사람들이 만족할 것인가?', '전시내용의 이해는 순조롭게 이루어지는가?' 등의 관점이 필요하다.
② 전시하는 것의 모크업mock-up(모형)을 준비한다. 여기에서는 저렴한 종이·판지·발포보드·베니야판 등을 이용하여 새로운 해설 라벨 포맷과 배치가 관람자를 사로잡고 쉽게 이해되는지, 새로운 전시장치가 관람자에게 전시개념을 잘 전달할 수 있는지 등을 구체적으로 확인할 수 있는 시제품을 제작한다.
③ 모크업이나 시제품을 이용자에게 보이고, 목표 달성도를 확인한다.
④ 결과를 생각한 예측과의 괴리를 확인하고 재평가를 검토한다.
⑤ 모크업 검토 결과를 바탕으로 구체적으로 모크업이나 시제품을 수정하여 제작한다.

⑥ 많은 이용자 데이터로 다시 테스트한다.

⑦ 변경사항을 최종적으로 전시 속에 추가한다.

이상의 진행방식에서 주의점은 피험자 자신이 테스트되고 있다는 기분이 들지 않도록 해야 한다. 어디까지나 전시에서 전달하고자 하는 것이 전해지고 있는지, 전시 그 자체를 테스트하고 있다는 점을 강조하지 않으면 안 된다(니시노 2000:143-144).

3. 총괄적 평가

전시의 총괄적 평가는 전시가 완성된 시점에서 적용하고, 그 결과는 당초 목표에 관한 효과를 확인하기 위해서 전시가 개막된 이후에 실시하는 것으로, 완성된 전시 전체가 가져올 효과를 측정한다. 총괄적 평가는 관람자가 전시시설에서 어떤 행동을 취하는지, 즉 그냥 지나치는지, 멈추어 서는지, 시간을 두고 보거나 읽거나, 참가하거나 조작을 하는 지 등을 확인하고, 결과적으로 전하고자 하는 메시지를 받아들였는지에 이르는 전시 전체를 평가하는 방법이다. 즉 관람자가 실제로 전시를 관람하고 자신이 기대한 것을 얻고 있는지 또는 얻을 수 있다고 생각하는지를 문제 삼는 것이다. 총괄적 평가에서는 ① 현재의 전시 관람자가 어떤 사람인지, ② 전시를 관람하고, 관람자는 무엇을 학습하고 있는지, ③ 관람자가 전시를 관람하는 순서와 흐름을 확인하는 것에서부터 시작한다.

미국의 챈들러 스크레번Chandler G. Screven 박사는 "의도한 목표goal라는 관점에서 전시를 평가하는 방법이다"라고 서술하고 있다. 그리고 평가는 교육목표educational goal에 관해서 이대로 계승할 것인지 개선해야 하는지, 혹은 중지할 것인지와 같은 의지 결정을 내리기 위하여, 전시(전시물·전시방법·전시실·영상·팸플릿 등 소책자·안내 등)의 가치를 계통적으로 측정하는 것이라고 서술하고 있다(일본과학기술진흥재단 외 1987). 전시의 교육적인 영향(효과)을 평가할 때 고려해야 할 중요한 요건에는 다음의 세 가지가 있다.

① '어떤 영향(효과)을 요구하고 있는가?': 관람자의 전시에 대한 반응에서 '이해'가 실제로 달성되었는지를 판정할 수 있도록 목표를 측정 가능한 형태로 해야 한다. 그리고 목표와 관람자의 반응이 잘 조화되고 있는지에 대해서 명확하게 판단을 내린 후에, 목표를 달성하기 위해서 전시를 조정하고 개선하기 위하여 정보와 평가를 피드백해야 한다.

② '전시를 통해서 어떻게 세부 목표를 달성하고자 하는가?': 세부 목표를 달성하려면 무엇이(실물·도표·사진·영상) 필요한가? 그것들의 관계나 순서는 어떻게 설정해야 하나? 주의를 돌리게 하기 위해서 어떻게 하면 좋은가? 메시지를 전달하기 위하여 필요 충분한 시간 동안 관람자의 주의를 유지하려면 어떻게 해야 하는가? 관람자와 전시의 상호작용이나 참가성은 필요한가? 그것을 어떻게 제공할지에 대해 검토해야 한다. 그리고 결과가 측정 가능하도록 수량화될 수 있도록 결정해 두지 않으면 안 된다.

③ '목표로 하는 관람자에 미치는 영향(효과)은 어떻게 하면 알 수 있는가?': 전시를 본 후 관람자가 할 수 있는 것은 무엇인지를(설명·정의·비교·의견 등) 확인한다. 그렇기 때문에 미리 관람자의 이해수준을 확정해 두고, 관람 전후 관람자의 반응의 차이는 무엇인지 그 변화를 관찰하고 판단하는 것이다. 이를 위하여 관람자의 '행동'을 관찰하고, 객관적인 테스트를 실시한다.

전시평가의 구체적인 조사방법은 다음의 네 가지 흐름에 따라 진행한다.

1) 관찰조사 (정점관찰 · 행동관찰)

관람자는 입구에서 출구까지 어떤 동선을 따라가며 어디에서 멈춰 섰는지, 멈춰선 시간은 어느 정도인지, 어디를 보지 않았는지, 어떤 코스를 밟으며 출구까지 도달했는지, 관람에 소요된 시간은 몇 분이었는지에 이르는 관람자의 행동에 대한 추적관찰이다.

서구의 박물관에서는 주요 관찰방법으로 다음과 같은 사항에 주목하고 있다. 전시장치 앞에 멈춰선 관람자수의 비율 지수를 'attractive power' 또는 'attraction power'[53]라고 부르고 있다. 또한 멈춰선 관람자가 소비한 시간을 그 전시를 관람하는데 필요한 시간에 대한 비율 지수로 'holding power' 또는 'holding time'이라고 부르며 중요시하고 있다.

또 다른 관찰방법에는 전시실에 들어섰을 때 관람자가 처음으로 향하는 방향과 전시를 관람하는 순서나 흐름을 확인하는 것도 전시 개편시 참고할 수 있는 중요한 관찰 포인트이다. 관찰의 샘플링 방법은 치우침이 없는 표본 추출법으로, 예를 들면 입구에서 방문자를 순서대로 세어서 일정한 간격의 순서에 해당하는 방문자를 표본으로 하는 방법이 있다. 표본의 수는 조사 종류에 따라 다르지만, 최소 100명, 될 수 있으면 200명 내지 300명의 표본을 원하는 것이 일반적이다.

---

53) 국내 학계에서는 '끌어당기는 힘', '사람을 끄는 힘' 등으로 번역되고 있다. 역주

2) 면접조사 · 설문조사

전시 목적을 달성하기 위해서 충족되어야 할 조건 등을 사전에 분석하고 필요한 데이터 등을 명확히 하고, 자유롭게 기입할지 아니면 면접 설문조사를 할지에 따라, 그것에 맞는 조사표가 만들어져야 한다. 훈련된 전문 조사자가 방문자의 행동관찰과 병행하여 실시하는 면접 설문조사 방식을 채택하는 것이 적합하다. 그때에는 다음과 같은 사항에 주의가 필요하다.

관람자는 대체로 호의적으로 반응하는 경향이 있거나, 과대평가 혹은 과소평가하는 경향이 있다는 점을 고려해야 한다. 면접조사에 협력을 의뢰할 때는 방문자가 자신이 시험받고 있다는 느낌이 들지 않도록, 조사가 무엇을 목적으로 하고 있는지, 즉 전시의 전달능력을 평가하고 있다는 점을 잘 전해서, 결과가 어떻게 도움이 되는지를 정확하고 명확하게 설명해야 한다.

또한 질문 대상자에 대한 선입견(편향 · 왜곡)이 조사하는 사람의 조사방식에서 생기는 경우도 있다. 조사자는 쾌활하고 명랑하고 성의가 담긴 접근에 유의하는 것이 중요하다. 게다가 방문자의 몸짓 언어body language나 얼굴 표정, 그 외 말로 표현되지 않는 메시지는 방문자를 이해하기 위한 중요한 단서가 되므로 가능한 한 기록해야 한다.

3) 객관적 테스트

전시정보가 어느 정도 관람자에게 전달되었는지를 측정하는 방법 중 하나이다. 설문방법은 공란을 둔 불완전한 문장으로 구성된 설문방법과 재인식을 측정하기 위하여 만들어진 질문에서 선택을 유도하는 여러 항목 중 한 개의 정답을 선택하게 하는 설문방법 등이 있다. 또한 객관적 테스트를 구성할 때에는 쉬운 질문을 첫 부분에 몇 개 넣거나, 쉬운 질문과 어려운 질문의 균형을 고려하여 구성하는 등 답변하기 쉽도록 하는 배려가 필요하다.

4) 데이터 집계의 주의점

조사결과를 집계할 때에는 데이터의 코드화와 같은 일종의 기호화가 필요하게 된다. 어떤 코드 체계로 데이터를 정리할지는 평가에 착수하는 첫 단계에서 생각해 두지 않으면 안 된다. 또한 분실한 정보를 어떻게 다룰지 등도 사전에 정해 두고, 적용 외 코드를 기록할 수 있도록 해 둔다.

조사 결과를 정리할 때는 조사의 목적, 데이터 수집방법, 수집한 데이터의 종류, 데이터 분석의 네 가지 요인이 서로 관련되어 있다는 점을 항상 염두에 두는 것이 중요하다. 평가에 의해 해결하고자 하는 문제가 왜 발생했는지, 평가가 다른 업무와 어떤 관련이 있는지 등 조사의 목표를 명확하게 하여 데이터 배후에 숨어있는 사실을 탐색하고, 상정한 조사항목과 대조하면서 그 의미를 파악하여 논리적인 결론을 도출할 수 있도록 검토를 진행해야 한다.

전시평가의 전체상으로서 기획단계・제작단계・총괄적 단계의 세 단계는 상호보완적이며, 시계열時系列로 검증을 실시함으로써 관람자와의 커뮤니케이션의 효율성이 높아진다고 생각한다. 이 일련의 평가활동의 흐름을 가능한 한 반복하고 개선하는 것이 바람직한 전시활동이라고 할 수 있을 것이다.

4. 전시평가의 과제

현재 전세계 박물관에서는 다양한 형태에서의 평가가 시도되고 있다. 그리고 박물관에서의 학습을 어떻게 파악할지 등 평가에 내재하는 문제점이나 평가방법에 대한 여러 의견이 있다. 다양한 방문자는 자신의 지식이나 경험에 비추어 다양한 가치관이나 관점에서 전시를 보고 있으며, 실물과 전시에서 정신적 감동이나 영감을 얻는 경우도 많다. 효율적인 교육효과를 추구한 나머지, 각 박물관의 개성적인 독창성과 창조성, 게다가 예술성도 떨어질 가능성이 생겨 모든 박물관 전시가 비슷한 것이 아니냐는 지적도 있다. 전시평가는 박물관 전시를 보다 좋은 것으로 하기 위한 노력의 하나이지 전시개발의 만병통치약이 아니며, 이것으로 이용자의 학습을 전부 측정하겠다는 것이 아니다. 전시에서 무엇이 학습되는지를 조사할 때 고려해야 할 점은, 그 가능성의 목록을 만드는 것이 중요하다. 교육목표의 가능성을 넓게 잡아 명확하게 하는 것이 가장 중요할 것이다.

전시평가가 진행되고 있는 미국에서는 박물관 내에 다양한 전문가가 존재한다는 점도 일본과는 다른 점이다. 평가에 대해서는 평가자evaluator가 박물관과 관람자를 중재하고, 전시제작자와 관람자의 커뮤니케이션을 맡고 있다. 'evaluator'라는 평가전문가가 성장하고 있으며, 깨어있는 냉정한 눈으로 과학적·분석적인 평가가 행해지고 있다.

일본에서 전시 담당자는 자신의 기획이나 설계가 부인되면, 지금까지 축적한 경험이나 능력까지 문제가 된다고 생각하기 십상이다. 앞으로 평가시스템이 확립되고, 비난이 아닌 냉정한 문제점의 규명이라는 자세가 주지되어 다음으로 향하는 과제의 정리와 학습으로 받아들이는 토양이 육성될 필요가 있다(쿠라타 외 1993:271-290).

일본에서는 전시평가가 아직 충분히 정착되지 않았지만, 전하고자 하는 메시지를 명확히 하고 이용자의 의견을 듣는 의의는 중요하며, 이것이 전시 개선에 큰 힘을 발휘하는 것은 틀림없다. 또한 일반인의 측면에서는 전시가 알기 어렵거나 재미없거나 한 경우, 전시제작에 문제가 있다고는 생각하지 않고, 자신의 능력이 부족하다든지 지식이 부족하니까 이해하지 못하는 것이라고 생각해서 박물관을 경원하는 일이 생긴다면 이는 서로에게 불행한 일이다. 사회의 요구를 정확하게 파악하면서도 영합하지 않고, 사회교육기관으로서 신념을 가지고 행동해야 할 박물관은 스스로 웅거하여 선 기반과 그 활동에 대해서 항상 엄격하게 자체점검을 하지 않으면 안 된다. 그렇지 않으면 소수의 사람들만의 독선이 되어 버릴 수도 있다.

제3절 전시개편과 효과적인 운영

이 절에서는 근래의 전시개편 사례로부터 사회적 요청에 따른 새로운 경향과 효과적인 운영에 관한 소프트웨어 측면과 하드웨어 측면에서 주목해야 할 방향성을 서술하고자 한다.

1. 정보통신기술(ICT)을 활용한 전시해설

국립과학박물관國立科學博物館은 2004년 11월 2일에는 신관 '지구관'을, 2007년 4월에는 '일본관'을 개편하여 개관했다. 전시개편의 특색은 실물표본을 고집하여 실물이 가진 박력이나 아름다움을 느끼게 하는 것을 목적으로 하면서, 해설 패널을 최대한 줄이고 있는 점이다. 또한 전시가 인상에 남도록 공간에 대하여 연구하고, 조명연출에도 신경을 쓰면서, 관람자가 집에 돌아가서도 조사해 보고 싶은 행위를 보장하도록 하는 의도로 만들어졌다. 해설패널이 적은 대신에, 이에 대한 보완책으로 웹사이트와 연결하여 집에서 전시정보를 학습정보로 얻을 수 있으며, 귀가 후에도 IC카드를 사용하여 방문한 박물관에 접속할 수 있어 복습이 가능하다.

2. 특색을 전면에, 그리고 전시실에서 마을로

최근 일본의 박물관 분야에서 전시개편을 할 때 주목하는 것은 박물관의 특색을 간결하게 표현하여 전면에 내세우고, 일반인에게 무엇이 전시되어 있는 박물관인지 바로 알 수 있도록 나타내고 있는 점과 관광입국을 추진해 나가는 가운데 전시실에서 '마을 걷기'로의 행동을 촉구하는 소프트웨어 구성을 도모하는 경향이 강해지고 있다는 점이다.

센다이시박물관仙台市博物館에서는 2003년 센다이 성터가 국가지정사적이 됨에 따라, 센다이성仙台城 산노마루三の丸 유적터에 위치하는 센다이시박물관이 완수해야 하는 가이드 기능을 중시하여, 센다이성과 센다이 성시城市를 크게 다루는 '성'과 '마을'로 존zone을 설정하는 것과 동시에, 전시실 중앙에 '센다이성·마을 정보광장'을 설치하고 다양한 정보를 얻을 수 있도록 정비하였다. 또한 시내 8곳의 역사·문화시설과 연계하여, 각 시설이 제공하는 통일된 규격의 설명지를 모아서 센다이의 역사를 통람할 수 있는 센다이역사 뮤지엄네트워크 사업이 추진되고 있으며, 관람자를 전시실에서 밖(마을)으로 유도하는 장치가 만들어지고 있다.

3. 전시개편을 위한 워크숍

카시하라시곤충관橿原市昆虫館은 중요한 전시개편을 위해서 많은 의견을 구하는 '전시개편에 관한 워크숍'을 NPO 서일본 자연사계 박물관 네트워크 NPO西日本自然史系博物館ネットワーク와 카시하라시곤충관 공동 주최로, 전시제작

회사의 협력 하에 개최했고, 전국에서 많은 참가자가 모였다. 전시개편은 각 박물관이 안고 있는 절실한 과제이면서, 그 동안 이와 같은 의견교환의 장이 없었던 것도 참가자가 많았던 이유 중의 하나라고 생각된다. 전시개편 경험자를 포함하여 많은 이들의 귀중한 현장 경험과 지혜가 개장改裝에 많은 참고가 된 것으로 보인다. 또한 워크숍을 계기로 '직원이 고칠 수 있는 전시물은 자체적으로 개선하고, 설문조사 등에 민감하게 반응하여 연구하는 등, 이를 실천할 수 있게 된 것은 워크숍의 성과라고 생각한다'고 보고된 바 있다. 이러한 시도는 '제작 전의 평가'라고 말할 수 있는 것으로, 일본 전국에서도 드문 사례이며, 앞으로 일본 각지에서 실시하는 전시개편 사업의 참고가 되는 시도이기도 하다. 또한 전시개막은 2010년 5월 1일에는 본관 부분의 프리 오픈만, 한달 후인 6월 1일에는 신관도 포함한 그랜드 오픈으로 나누고 있다. 프리 오픈 기간인 한달 동안은 시험적 개관으로 삼고, 그 사이에 방문자 설문조사를 실시하여 전시의 세부조정, 패널의 정정이나 전시물의 오류를 고치는 등 그랜드 오픈을 목표로 수정을 거듭한 전시평가가 실시되었다(히비 2010:5-7).

4. 수차례로 분할한 전시개편 후 개관

단계적 갱신을 실시하여, 매년 새롭게 개관하는 듯한 인상을 주는 박물관의 사례가 증가하고 있다. 이는 자금면이나 재방문자의 확보 등에 있어, 효과적인 경영의 하나라고 말할 수 있다. 후추시향토숲박물관府中市郷土の森博物館에서는 개관 20주년을 계기로 상설전시실의 개편이 추진되어 2008년 4월에는 '쿠라야미 축제'코너를(〈그림 5.1〉), 2009년에는 '어린이 역사거리こども歴史街道', '체험 스테이션'을 오픈했다. 후추시향토숲박물관은 앞으로도 단계적

으로 각 코너를 갱신할 예정이다. 이
러한 대처는 어려운 재정상황인 것
도 요인의 하나로 생각할 수 있지만,
이렇듯 몇 차례에 나눠서 갱신함으
로써, 뉴스에 거론되는 기회가 늘어
사람들의 관심을 끌고, 화제성이 지
속되어 고객유치를 촉진하는 효과
가 생기는 이점이 있다.

〈그림 5.1〉 쿠라야미 축제(후추시향토숲박물관)

이 밖에, 근래 실시된 전시개편 사례로 도요하시자연사박물관豊橋市自然史博
物館, 구라시키시립자연사박물관倉敷市立自然史博物館, 아오모리현립향토관青森県
立郷土館, 국립민족학박물관国立民族学博物館, 국립역사민속박물관国立歴史民俗博物館
등이 있으며, 이 박물관들도 수차례에 걸쳐 새로운 전시를 정비하고 있다.

5. 좋은 것을 더 잘 보이게

소장하고 있는 귀중한 전시물(자산)을 더 잘 보여주는 자산경영asset
management의 관점에서 전시개편을 실시하는 미술관·박물관이 증가하고
있다.

신新 '야마타네미술관山種美術館'은 2009년 10월 이상적인 휴식공간을 목표
로 전시개편을 실시하고, 특히 소장한 일본화에 대한 광원에는 상당한 배려
를 하여 작품을 부드럽게 감싸는 듯한 조명환경을 실현하고 있다. 또한 같
은 해 같은 달에는 신 네즈미술관根津美術館도 개관했다. 여기에서도 견이나
일본 종이, 옻과 같은 민감한 소재로 된 미술작품을 보호하고, 최적의 조명
조건에서 보여주는 LED기술을 구사한 전시가 실시되고 있다.

야마토문화관大和文華館은 국보 4건, 중요문화재 31건을 비롯해, 약 2,000건의 미술공예품을 소장한 미술관이지만, 킨테츠近鉄 창업 100주년 기념사업의 일환으로 2010년 11월에 전시개편 후 재개관하였다. 야마토문화관에서도 귀중한 자료의 감상환경을 향상시키기 위한 최신의 LED조명, 고투과성 유리 등을 도입한 개장改裝이 이루어졌다.

6. 에너지절약에 의한 비용 절감

박물관은 이전부터 광열수비光熱水費의[54] 연간 지출이 매우 큰 시설이라고 알려져 왔다. 세계적인 에너지 절약화의 흐름 속에서, 에스코 사업ESCO, Energy Service Company을 채택하는 박물관도 나타나고 있다.

2008년 9월 후쿠오카시福岡市에서는 자산을 효율적으로 관리 및 운영하기 위하여, '후쿠오카시 자산경영 기본방침'을 책정하고, 시의 시설 보수관리 비용과 광열수비의 비용절감을 다루게 되었다. 그 일환으로 1988년에 준공한 박물관에 대해서 민간의 기술력·자금·경영능력을 활용할 수 있는 '에스코 사업'을 도입하였다. 이를 위하여, 준공 후 23년이 경과한 낡은 설비 기기의 갱신으로 광열수비의 절감 및 환경 부하의 저감을 도

〈그림 5.2〉 센다이시박물관의 진열장 조명용 LED 기기

---

54) 전기비·가스비·수도비 등의 총칭. 역주

모할 목적에서 참가업체의 제안을 모집하고, 최우수 제안자와 정식으로 계약을 체결했으며, 이를 통해 효율적인 박물관 경영에 착수하고 있다.

센다이시박물관仙台市博物館에서는 환경성環境省 주최의 '헤이세이 21년도 에너지절약 조명디자인 모델 사업'이 채택되었다. 센다이시박물관의 전시개장에 있어서, 전시진열장 조명용 LED 기구의 개발을 하는 소비전력·CO_2 배출량을 종래의 방법에 비하여 44% 절감하는 등 연간 운용비용에서 54%의 절감이 가능하다고 한다(〈그림 5.2〉).

7. 보편적 디자인universal design에 대한 배려

국립과학박물관의 신관 '지구관'에서는 '여유 있는 관람공간의 확보'를 위하여, 통로 폭에 관한 가이드라인을 설정하였고, 이를 바탕으로 설계가 진행되었다. 예를 들자면, 양쪽에 전시가 있을 경우에는 2,400mm 이상, 한쪽에 전시가 있을 경우에는 1,800mm 이상의 통로 폭을 확보하여, 장애인이나 단체 관람객에도 대응할 수 있는 여유 있는 관람환경을 실현하고 있다.

또한 '정보의 무장벽화barrier free'를 목표로, 여러 가지 새로운 시도를 전개하고 있다. 정보 단말기·PDA 장치에 의한 일본어·영어·중국어·한국어 4개 국어 해설과 어린이용 해설로 올빼미 새끼를 의미하는 영어 단어 'owlet'에서 이름을 따와 붙인 캐릭터 '아울럿 패널'이 지구관 전시실 곳곳에 준비되어 있으며, 전시의 볼거리가 쉽게 적혀있어 어린이뿐만 아니라 성인에게도 견학의 힌트가 되고 있다. 이는 메시지를 잘 전달하기 위한 고안이며, 전시평가 상에서도 효과적인 방법이라 할 수 있다. 그리고 IC 카드의 병용으로 관람 이력이 남아, 귀가 후에도 국립과학박물관의 홈페이지에 접속하여 복습할 수 있도록 되어 있다. 정보의 무장벽화에 있어서 약시자를 배려한 그래픽 디자인도 하고 있으며, 전시패널의 일부에는 터치 픽토그램 touch pictogram을 병설하거나 콘트라스트를 강조한 디자인으로 하고 있다.

큐슈국립박물관九州国立博物館은 '골전도骨傳導 시스템'을 채택한 영상전시를 하고 있다. 청각장애인에 대한 배려로 화면에 텔롭telop[55]을 사용하는 외에, 이용 희망자에게는 골전도 이어폰을 대여하고 있다.

도요하시시자연사박물관豊橋市自然史博物館의 고생대古生代 전시실은 '2단 전시'라고 부르는데, 전시구성을 성인용과 어린이용으로 구분하고 있다. 어린이용은 600mm의 스테이지stage와 시선 높이를 850mm로 설정하고, 성인용은 시선 높이를 1500mm로 하는 동시에, 해설도 성인용과 어린이용 두 가지로 구성되어 있다. 어린이용은 네 컷 만화풍으로 문자를 읽지 못하는 유아라도 전달하는 내용을 느낄 수 있는 표현을 사용하고 있으며, 이와 병행하여 벽면의 패널은 일러스트를 많이 사용하여 메시지나 정보가 즐겁고 알기 쉽게 전해지는 기법을 취하고 있다.

8. 안전설계 및 친환경 건축자재에 대한 배려

국립과학박물관의 신관인 '지구관'은 관람자의 '안전을 배려한 집기 디자인'을 실시하고 있다. 방문자의 대부분이 어린이기 때문에, 집기에 둥그스름한 모양을 가진 디자인을 도입하여 안전측면에 주의를 기울이고 있다.

큐슈국립박물관은 대형 석조물 전시에 즈음하여 안전성 확보를 위한 건축면진 시설을 갖춘 건물이지만, 만일의 경우에 대비하여 전시실 내의 설치

---

55) TV방송에 사용되고 있는 자막 카드의 투사용 장치. 역주

장소에 다시 바닥면진 구조와 보조도구를 설치하는 '면진 시스템'을 채택하여, 자료의 보존과 방문자의 안전을 확보하고 있다. 마찬가지로 큐슈국립박물관에서는 안전성·보전성이 높은 재료를 채택하여, 만일의 파손시 방문자의 안전확보와 자료에 대한 보전을 고려하고 있다. 전시진열장의 유리는 강화유리를 사용하고, 또한 관람자가 만지기 쉬운 칸막이 부분에는 유리가 아닌 강도가 뛰어난 폴리카보네이트polycarbonate를 사용하는 등 안정성을 배려하고 있다. 또한 '친환경 건축자재의 채택'을 위하여, 각 재료는 소재로 높은 평가를 받는 포스타의[56] 것을 사용하고 있으며, 특히 크로스cross 배접지에 대해서는 유기산이 배출되지 않는 박물관용 100% 셀룰로오스cellulose재를 사용하여, 환경뿐만 아니라 박물관 과학의 관점에서도 배려하고 있다.

전시개편은 사회적인 요청과 개관하고부터 오랜 기간 동안 전시활동을 이어온 결과로부터 도출된 소프트웨어 및 하드웨어 측면에서의 다양한 반성의 축적에 따른 새로운 결정에 의한 것이다. 즉, 그 자체가 어떤 의미에서는 전시평가의 결과로 파악할 수 있는 것이다.

박물관이 사회 속에서 확고한 지위를 차지하고, 없어서는 안 되는 평생학습의 거점으로 기능하기 위해서는, 얼마나 많은 시민이 일상적으로 참가하는 프로그램을 박물관이 제공할 수 있는지, 혹은 현재 살아 있는 사람들에게 어떻게 도움이 되는 지와 같은 동시대성을 의식하는 활동이 중요할 것이다. 전시개편을 기회로 이러한 활동을 펼치고 있는 박물관이 점점 증가하고 있다.

---

56) F☆☆☆☆-포름알데히드(formaldehyde) 방출량의 최상위 규격을 나타내는 표시.

제6장 박물관의 전시해설 활동[57]

전시는 박물관을 가장 잘 특징짓는 것이다. 따라서 전시가 박물관의 평가로 곧바로 이어지는 일이 상당수 있다. 그만큼 박물관에서의 전시는 단순한 '물건'의 진열이어서는 안 되며, 명확한 메시지를 가진 의도적인 '배열'에 유의할 필요가 있다. 동시에 전시 자체가 아무리 뛰어나도, 그것만으로 전시가 효과가 있는 것은 아니다. 전시가 효과를 발휘하려면, 어떤 배려가 필요한지를 검토해야 한다. 그 중요한 하나가 전시해설이며, 전시해설의 내용·방법 등에 대한 연구가 필요하다.

전시의 이해를 돕기 위해서는 어떤 해설을 생각하고, 그것을 근거로 해서 어떻게 운영할지, '전시'·'해설'·'운영'의 삼위일체의 관계가 중요하다. 그것이 제대로 구축되었을 때, 전시는 최대의 효과를 발휘한다. 이 때문에 전시구성에 있어서는 원리원칙의 중시·우선보다도, 해설이나 운영계획을 충분히 검토할 필요가 있다.

이 장에서는 박물관 전시에 대한 이해를 돕기 위한 해설활동에 관해서 그 종류와 방법·해설문·해설 캡션 작성·해설서(전시가이드)·도록·워크시트 등 전시해설 작성과 관련된 유의점에 대해서 서술하고 있다.

---

57) 오호리 사토시(大堀哲) : 나가사키역사문화박물관(長崎歷史文化博物館) 관장.

제1절 전시해설의 종류와 방법

박물관 방문자는 유아부터 고령자에 이르기까지 그 폭이 넓고, 방문목적도 다양하다. 이 때문에 박물관이 전달하고자 하는 정보나 메시지를 전시자료와 해설만으로 그러한 폭넓고 다양한 방문자에게 효과적으로 전하기는 쉽지 않다. 그래서 많은 박물관에서는 '사람'에 의한 구두해설·실연實演·갤러리 토크, '기기'나 '영상'에 의한 설명, 태블릿 방식과 데이터베이스 방식으로 볼 수 있는 '정보기기' 이용에 의한 해설, '문자'에 의한 설명 등과 함께 다양한 방문자의 요구에 맞는 정보를 제공하려고 노력하고 있다. 최근 들어, 관람자가 전시를 보고 자발적으로 흥미와 관심을 가지고 전시물의 본질이나 미美, 배경에 있는 정보 등에 대한 이해가 깊어지도록 하는 해설 활동의 중요성을 인식하고, 이를 실천하는 박물관이 늘고 있다. 여기서는 이러한 해설 방법 중에서 몇 가지 종류와 그 방법에 대하여 설명하고자 한다

1. '사람'에 의한 구두해설

사람에 의한 전시해설은 전시물에 대한 소개를 중심으로 가장 일찍부터 이루어졌고, 가장 일반적인 방법이다. 자료의 전문직원인 학예직이 해설에 임하는 것은 바람직하지만, 반드시 학예직에 구애될 필요는 없다. 서구에서는 전시해설사를 별도로 배치하거나 자원봉사자가 전시해설을 담당하는 박물관이 늘고 있다. 강사docent · 안내자instructor · 해설사interpreter 등의 명칭으로 불리는 전시해설사와 교육담당자educator가 육성되어 관람자에게 직접 구두해설을 하고 있는 것이다.

구두해설을 실시하기 위해서는 전시에 대한 학술적인 지식이 필요하기

때문에 재교육이 요구된다. 미국의 예이지만, 일찍이 뉴욕에 있는 미국자연사박물관American Museum of Natural History을 방문했을 때, 고령의 여성 자원봉사자의 구두해설을 들을 기회가 있었다. 그 지식의 폭과 깊이, 해설의 기술, 관람자에 대한 작용, 질문 유도 등은 참으로 적절했다. 무엇보다도 관람자의 이해를 심화하려는 강한 열의가 전해져 오는 것이었다. 해설에 대한 자세·지식·해설기술 등 전시를 다양하게 보여줬던 일례이다.

　일본에서도 근래에 자료의 전문가는 아니지만, 가이드·컴패니언コンパニオン, companion·해설원解説員·안내원案内員·자원봉사자 등에 의한 해설활동이 활발해지고 있다. 전시에 대한 지식, 커뮤니케이션 기술 등 일정의 연수를 받음으로써, 이 해설사들은 충분히 관람자에게 만족감을 줄 수 있다. 학예직에 따라서는 전시자료에 관한 전문적 지식이 뛰어나도, 정보제시·전달하는 기술·표현력이 자칫 부족하다는 문제가 있다. 이러한 때, 자원봉사자나 해설사 등이 학예직을 커버하는 역할을 담당하는 일도 있다.

　박물관에서 사람에 의한 구두해설은 다양한 관람자와 전시물을 연결해주고, 관람효과를 높이는 데 매우 중요한 역할을 하는 것은 두말할 필요가 없다. 무엇보다도 인간적인 접촉 및 교류의 기회가 된다. 상호적인interactive 커뮤니케이션이 가능하다는 점에서, 구두해설은 매력적인 방법이며, 특징이기도 하다. 이때에 생성된 따뜻한 인간적인 관계가 관람자의 재방문으로 이어진다. 박물관 측으로서는, 관람자가 무엇에 흥미와 관심을 가지고 무엇을 기대하고 있는지, 해설을 잘 이해할 수 있었는지, 전시의 무엇이 재미있었는지, 어떻게 하면 더 좋은 전시가 될 것인지, 관람자의 의견이나 아이디어 등을 직접 알 수 있는 기회가 된다는 장점이 있다. 학예직에게는 해설의 내용·방법·표현기술 등의 과제를 인식하는 귀중한 기회가 된다.

구두해설 활동은 이상에서 서술한 바와 같이 교육효과가 있는 반면, 문제가 없는 것은 아니다. 그것은 학예직이든, 자원봉사자든, 컴패니언이든 누가 해설을 하든지 간에, 해설내용이 고정되어 버릴 경우 관람자의 흥미와 관심을 없앨 수 있다는 점이다. 또한 학예직이나 자원봉사자 등 전시해설을 위한 '사람'을 항상 전시실에 배치할 수 있는지 없는지와 같은 어려운 문제가 있다. 따라서 박물관에 따라 배치할 수 있는 요일이나 날짜에 대한 검토가 필요하게 된다. 효과적인 구두해설을 위해서는, 해설을 맡은 학예직 등이 관람자의 요구·의문 등을 신속하게 알아차리고, 그들의 만족에 부응할 수 있도록 끊임없이 노력하는 것이 요구된다.

2. 갤러리 토크gallery talk

이 해설방법은 특정 소장품이나, 대부분은 특별기획전의 경우에 특정 주제에 맞춰 학예직이 중점적으로 실시하는 것이다. 이 방법의 경우, 소수를 대상으로 그 자료의 구체적·전문적인 내용 등에 대해서 해설하는 것이 일반적이며, 학예직의 소연구 발표적인 성격을 띠게 된다. 이것은 강의실이나 강당 등에서의 강의·강연 등과는 달리, 전시실 한편에 간이의자를 준비하고, 정위치에 전시된 자료 또는 작품을 앞에 두고, 그 자료나 작가에 대해서 학예직이 연구한 것을 상세하게 해설 또는 발표하고, 그것에 관해서 참가자와 질의응답이나 토론을 활발하게 하는 것이다. 그 자리에서 직접 학예직의 얼굴을 보면서 내용을 듣고 답을 확인할 수 있다는 점에서 참가자에게는 매력적인 방법이라 할 수 있다. 서구의 박물관에서는 갤러리 토크는 개최빈도가 높은 프로그램의 하나로, 학예직의 열의가 참가자를 끌어당기고 있다.

일반적으로 갤러리 토크는 참가자가 만족할 수 있도록 설명내용이 충실하고 효율적이며, 효과적인 말투와 화술이 필요하다. 그 때문에 학예직은 사전에 많은 발표경험이 요구되거나, 혹은 해설 내용의 연구, 자료수집 등의 준비에 쫓기게 된다. 갤러리 토크 시간은 45분-1시간 정도의 발표 또는 해설 후, 15-30분 정도의 질의응답 및 토론의 시간을 할당하는 경우가 많다. 게다가 대부분은 원칙적으로 1회에 완결하는 옴니버스 형식으로 실시된다.

이 방법은 참가자의 지적인 탐구를 유도할 수도 있기 때문에, 피상적인 단순한 역사적 사실이나 자료소개 등으로 넘길 수 있을 정도로 안이한 것은 아니다. 학예직에게는 힘든 시간이 될 가능성도 있지만, 그것은 더없이 소중한 배움의 기회가 된다는 자각이 학예직에게 필요하다.

이 갤러리 토크가 박물관의 매력을 증대시키는 큰 효과가 있음을 주시하고, 일본의 박물관에서도 더한층 이 방법에 대한 연구와 진화를 도모할 필요가 있다.

3. 오디오 가이드에 의한 해설

'사람'에 의한 구두해설의 방법은 학예직이나 자원봉사자 등 해설을 담당하는 사람과 관람자 사이에 따뜻한 인간적인 관계를 맺을 수 있는 장점이 있다. 그러나 앞에서 기술한 바와 같이, 정기적으로 인력을 배치할 수 없는 점을 보완하기 위해서는 인적 혹은 물리적으로 어려운 문제에 직면하는 경우가 적지 않다. 이러한 문제를 해소하거나 시각장애인 등을 배려하기 위하여, 기기에 의한 해설 이른바 오디오 가이드audio guide를 활용하는 박물관이 늘고 있다. 오디오 가이드 방식에는 리스닝 포스트식 · 수신기식 · 휴대용식 · CD식 등이 있다.

오디오 가이드 방식은 채택 사례가 적지 않고, 음성 듣기 방식으로, 언제든지 자신의 사정에 맞게 자유롭게 많은 관람자가 해설을 들을 수 있는 방법이다. 해설을 위한 인력을 배치할 여유가 없는 박물관이 많은 현 상황에서 이 방법은 효과적이다. 이렇게 이용자의 페이스pace로 자유롭게 전시를 보거나, 그림을 감상할 수 있어서, 개인적으로 서비스를 받을 수 있는 휴대용 방식을 채택하고 있는 박물관이 적지 않다. 유사한 기능을 가진 오디오 가이드 방식으로 CD방식의 활용도 진행되고 있다. CD방식은 녹음된 CD 플레이어를 이용자가 기다리면서 자신의 흥미와 관심이 있는 전시해설 위치로 이동하거나 랜덤 액세스random access 기능을 통하여 전시번호를 CD 버튼으로 입력하면 전시해설을 들을 수 있는 방법이다.

그렇지만 해설시간이 짧은 CD방식을 포함하여, 오디오 가이드도 해설방법은 일방적으로 듣기만 할 뿐 상호작용을 하지 않기 때문에, 이용자가 이해하기 어려운 것이나 궁금한 것 등을 직접 학예직 등에게 질문하여 대답을 들을 수 없다는 단점이 있다. 이 때문에 이용자의 심리적 소극성을 초래할 수 있다는 지적도 있다.

4. 영상기기 이용에 따른 해설

슬라이드나 VTR 등 영상을 이용한 해설방법은 박물관에서 널리 채택되고 있으며, 이제 영상을 제외한 전시효과는 말할 수 없다고 할 수 있다. 영상기기 이용이 박물관의 교육활동에서 빼놓을 수 없을 만큼, 이제는 중요한 위치를 차지하게 된 것이다.

영상해설의 한 방법으로 슬라이드나 VTR 등을 이용하여, 이용자 오리엔테이션이 실시되는 경우가 있다. 박물관을 방문한 단체에게 박물관의 개요를 VTR을 통해서 안내하거나, 또는 이용상의 동기부여를 도모하기 위하여 영상기기를 이용한 해설이 자주 보인다. 이것은 특히 인원이 많은 단체의 경우, 시간을 유효하게 활용할 수 있게 한다.

영상기기 이용에 의한 해설은 상설전의 경우뿐만 아니라, 특별기획전에서도 주제별로 관련된 VTR 등을 통하여 이용자의 이해를 증진시킨다는 점에서 큰 역할을 하고 있다. 다만 전시실 내에 작은 공간을 마련해 기획전 관련 VTR 해설을 하는 경우, 다른 전시 관람자에게 지장을 주지 않도록, 또한 전시 일부에 영상이 포함되는 경우에는 전시자체를 방해하지 않도록 음성 처리나 정적인 자료와의 균형을 고려할 필요가 있다.

이에 대응하는 방법으로서 국립민족학박물관国立民族学博物館의 비디오 락 video lock(자동선택식 영상음향 자동송출장치)이 있다. 이것은 영상전시 기법의 하나이며, 전시해설 방법으로 흔히 알려져 있다. 이것은 청각·시각 양면에서 동시에 정보를 얻을 수 있는 효과적인 방법이다. 즉, 세계 민족의 다양한 풍습이나 생활모습 등을 비디오 라이브러리에 분류·보관하여 두고, 관람자가 보고·듣고 싶을 때에 비디오를 스위치로 조작하여 선택하면, 로봇 머신이 보관 선반에서 비디오카세트를 꺼내어 비어있는 재생기에 설치하는 것이다. 이 방법은 다수의 정보원으로부터 이용자가 자신이 좋아하는 것을 자유롭게 선택해서 시청할 수 있는 장점이 있다. 한편, 이용자는 수동적이 될 수밖에 없기에, 이를 보완하기 위해서는 각종 레퍼토리를 미리 만들어 둘 필요가 있다.

5. 정보기기 이용에 의한 해설

박물관 전시실에는 정보기기가 도입되어 해설의 역할을 하고 있는 것을 볼 수 있다. 전시실 각 곳에 문자·음성·영상을 동시에 다루는 멀티미디어 정보 단말기를 설치하고,[58] 관람자가 알고 싶은 정보를 자유롭게 선택하면 전시해설을 하는 것이다. 학예직과 자원봉사자 등의 해설에 의하지 않더라도, 조작방법이 간소화되어 영상지시에 따라서 이용할 수 있게 되어 있다. 이를 통해, 관람자의 기기 조작에 대한 거부반응도 해소되고 있다. 물론, 박물관은 항상 새로운 정보와 내용의 충실을 도모해야 한다.

예를 들어, 나가사키역사문화박물관長崎歷史文化博物館에서는 상설전시실 '대항해 시대'의 〈남만인 내조 그림南蠻人來朝之圖〉[59] 병풍(국가지정 중요미술품, 17세기) 전시 앞에 독립형 장치를 두 곳에 설치하고, 이 남만 병풍에 그려진 내용을 관람자가 자유롭게 조작하여 해설을 들을 수 있게 하고 있다.

또한 상설전시실 입구에 멀티미디어 정보단말기 5대를 설치하고, '나가사키 역사·문화 데이터베이스'를 사용하여 원시·고대부터 현대까지의 나가사키현의 역사에 대해서 지역별로 인물·사건·사적 등 원하는 정보를 검색할 수 있게 하고 있다. 이 밖에 컴퓨터 단말기나 기기장치를 준비하여, Q&A 설문형식 등으로 전시주제나 자료에 대한 이해를 심화할 수 있는 해설방법도 있다. 퀴즈형식 등으로 정보기기를 이용하는 해설방법은 어린이들에게는 친숙하게 받아들여지고 있다.

---

58) LAN을 이용한 것과 독립형 장치(stand alone) 병용.
59) 일본인들은 16세기 이후 일본에 온 유럽인 중 포르투갈이나 스페인 등 가톨릭 국가 사람들을 남만인이라고 부름. 이 병풍은 포르투갈 상인과 화물선을 그린 풍속화로, 일본 나가사키 항에 도착한 포르투갈인의 복장·머리스타일·습성 등 풍모와 풍속을 묘사하고 있음. 역주

6. 문자해설

박물관의 각 전시는 대체로 문자에 의한 해설문이 붙여져 있다. 그러나 해설을 읽을 의욕이 생기지 않는다는 의견이 있기도 하며, 실제로 차분히 읽는 사람이 적다는 것은 부정할 수 없다. 그 이유로 전문용어를 이해할 수 없거나 문자수가 많다거나 글자크기가 작은 데다 어두워서 읽기 어렵다거나 등 여러 문제점이 지적되고 있다. 따라서 전시의도나 배경 등의 이해를 도모하기 위한 문자해설의 방식에 대해서 충분히 연구할 필요가 있다. 이 문제는 다음 절에서도 다루도록 하겠다.

제2절 전시 해설패널의 작성

1. 해설패널의 정의

박물관 전시에 붙어 있는 해설과 해설판은 형태·내용·크기 등 박물관에 따라 다르고, 각기 다양한 배려가 마련되어 있다. 각 전시에는 명칭·해설문이 기재되고, 그림·사진 등이 삽입된다. 미술관이라면 작품명·작가명·제작연대·재질 등이 플라스틱 등으로 만든 사각의 판에 기록되어 있는 것이 일반적이다. 이를 캡션caption이라고 부르는 경우가 많지만, 전시해설문이나 시대배경 등을 기록한 패널을 포함하여 캡션이라고 부르고 있는 학예직 또는 박물관도 있다. 이를 영어권 미술관에서는 라벨label이라고 부르기도 한다.

확실히 일본의 박물관에서도 전시물에 붙여져 있는 해설판 등을 단순히 패널, 라벨 또는 캡션이라고 부르고도 있고, 사람마다 박물관에 따라 그 범

위가 제각각이고 해석도 다르다. 여기에서는 이것들을 종합하여 '해설패널'
이라고 부르기로 한다. 즉, 해설패널은 '전시제목·부제·캡션(해설문장을 포
함)이라는 구조로 구성되어, 관람자와 전시물 사이를 중개할 목적으로 제작
되는 것'이다.

2. 해설패널의 작성

해설패널을 제작할 때, 어떤 점에 주의나 배려가 필요한지, 제목·부제·
해설문장·캡션에 대해서 설명하고자 한다.

1) 제목

상설전이든 기획전이든, 박물관에서는 당연히 어떻게 하면 전시에 관람
자의 눈길을 끌 수 있을지를 생각한다. 그 중요한 하나가 제목title이고, 제목
명을 다는 방법 및 제작여부가 큰 의미를 갖는다. 뭐라고 해도 전시실에 들
어서는 관람자의 눈에 우선적으로 들어오는 정보는 제목이다. 제목의 네이
밍을 비롯해서, 전체 전시공간 속에서 제목패널의 크기, 제목 글자크기나
글꼴, 색, 그림이나 사진 등을 어떻게 할지 검토해야 한다. 제목과 부제의
구별이 모호하거나, 제목패널 그 자체에 아무런 연구의 흔적이 보이지 않
고, 단순히 글자를 표기만 하여 무미건조하게 되어있는 것도 있다. 제목의
글자를 크게, 그것도 간결하게(적은 문자수) 인상을 강하게 하는 연구와 배려
가 요구된다.

2) 부제

부제subtitle는 제목을 보다 구체화·명확화하는 캐치프레이즈로, 신문에서

말하면 '출현하는'에 해당하는 것과 같은 기능을 가지고 있다. 각 전시의 주요한 주제나 메시지의 포인트를 관람자에게 명확하게 전달할 수 있는 표현이 요구된다. 그러므로 부제도 간결한 것이 바람직하다. 문자는 제목보다 포인트를 약간 떨어뜨린 크기로, 그 글자수는 약 10자 정도, 많아도 20자 정도에서 마친다. 제목과 부제를 보는 것만으로, 관람자가 전시의 주제나 스토리를 그릴 수 있는 정도의 구성으로 연구하면, 부제패널로는 성공일 것이다.

3) 캡션[60]

캡션caption은 일반적으로 전시자료의 명칭·소재·분류·시대(역사, 제작 등), 발굴 및 채집시기·용도 등 자료에 관한 기본적인 정보를 관람자에게 나타냄과 동시에, 그 자료의 내용을 간결하게 해설하는 글을 적은 네모난 판이다. 제목을 적은 것으로, 서구에서는 라벨이라고 부르는 경우가 많다. 관람자와 전시자료를 직접 연결하는 문자정보이기 때문에, 그 박물관의 자료관리, 조사연구의 성과, 교육보급활동의 개념, 방침 등이 단적으로 반영된다.

캡션은 전시된 '물건'을 잘 보도록 하기 위해 관람자를 어떻게 이끌 것인가를 고려하여 다루는 것이 중요하다. 그러므로 관람자에게 읽기 쉽고, 보기 쉬운 문자 및 문장이어야 한다. 카와시마 베르트랑 아츠코川嶋ベルトラン敦子는 박물관에서의 문자정보의 제시방법에 대한 연구를 실시하며, "문자인식을 고려하는 데는 보기 쉬움legibility과 읽기 쉬움readability의 두 가지 측면에서

---

60) 해설문 포함.

파악할 수 있다"고 하고 있다.

어쨌든, 이 캡션이 박물관 및 박물관 전시에 대한 평가를 나타내는 가장 기본적인 수단이 된다고 할 수 있다. 그런 만큼 그 위치는 중요시해야 한다. 여기에서는 캡션이 차지하는 해설문의 역할의 크기에 주목하고, 몇 가지 포인트에 대해서 말하고자 한다.

전시 해설문은 그 '박물관의 언어'라고 해도 과언이 아니다. 그만큼 관람자에게 미치는 영향은 크다. 글을 쓴 학예직과 관람자간의 상호전달성이 생겨나고, 직접 대면하지 않아도 친근한 커뮤니케이션의 관계가 만들어질 가능성이 있다. 말을 거는 해설문장이 친밀한 '목소리'를 내기 위해서는, 숙련된 기술·아이디어·노력이 필요하다. 관람자에게 저항 없이 받아들여질 해설문을 어떻게 작성할지는 학예직의 역량에 달려있다.

(1) 보기 쉬운 해설문

앞서 언급한 카와시마川嶋는 해설문의 보기 쉬움에 대해서 "보기 쉬움은 문자·문장 등의 형태적 측면을 다룬 것으로, 레터링이나 레이아웃 등 인쇄적 배려의 문제에 관련되어 있다"고 지적하고 있다. 활자의 종류나 크기·문자 간격·행간·한 행의 길이·여백의 양·가로쓰기와 세로쓰기, 가타카나와 한자·알파벳의 경우 대문자와 소문자 등은 보기 쉬움과 관계가 있다. 또한 카와시마는 글자크기는 관람자와 캡션의 거리에 의해서만 결정하는 것은 아니라고 말했다. 즉, 전시실 내의 밝기에 대한 검토가 필요하다는 것, 캡션의 위치(높이), 글자의 색과 지면의 색의 조합방식, 글자수, 캡션과 전시자료 사이의 거리 등을 보기 쉽게 하기 위한 검토 과제로 꼽고 있다. 특히 학예직에게는 크게 참고해야 할 지적이다.

(2) 읽기 쉬운 해설문

관람자가 읽기 쉽고, 알기 쉬운 해설문을 어떻게 작성하는지에 관한 기술은 이전에는 그다지 중시되지 않았던 것으로 여겨진다. 전문적인 지식을 가진 관람자를 의식한 문장은 학예직의 자기만족은 되어도, 전문가가 아닌 대부분의 관람자를 무시해 버리는 것이다. 폭넓은 연령층의 관람자가 전시를 마주보며 대화하고 즐길 수 있도록 하려면 어떻게 하면 좋을지, 그 이해를 돕는 것이 해설문이다. 그것을 생각하면, 어떤 문장이면 좋은지 답이 저절로 떠오를 것이다. 전문가가 아닌 관람자에 초점을 두고, 간결하고 평이하며 알기 쉬운 해설문 작성이 배려되어야 할 것은 분명하다. 관람자의 관람시간은 보통 충분히 확보되는 것이 아니라는 점도 고려해야 한다.

'읽기 쉬움'은 쓰여진 문장의 내용이 이해하기 쉬운지의 문제이다. 관람자가 읽기 쉬운 문장이 되려면, 어휘의 종류와 양, 위치관계, 문장과 문장의 관계 등이 중요하게 된다. 예를 들어, 글자수는 개인차도 있고, 그 사람이 가능한 관람시간, 전시실 내의 혼잡 상황 등 여러 변수가 있기 때문에 일괄적으로는 말할 수 없다. 그러나 선 채로, 게다가 대부분의 전시를 보는 것을 고려하면, 기껏해야 150-200자 정도일 것이라고 할 수 있다. 글자의 크기, 문장의 길이, 평이한 문장, 어린이도 읽을 수 있는 어휘 사용, 제목은 굵은 글씨로, 그리고 문자와 지면의 배색은 '흰 바탕에 검은색'으로 하기 등, 읽기 쉬움에 대한 충분한 배려와 연구가 필요하다.

4) 워크시트

워크시트는 박물관 관람자가 전시실에서 전시주제와 전시물 등에 흥미와 관심을 가지고 새로운 발견이나 감동을 얻거나, 전시를 보고 더 깊이 이해하는 계기가 되는 것을 목적으로 문항이나 유희적 요소 등을 도입하여 작성한 인쇄물이다.

일본의 박물관에서 워크시트가 본격적으로 제작된 것은 국립과학박물관 国立科学博物館이 참가체험형 전시 '탐험관たんけん館'을 오픈한 1985년 5월 이후일 것이다. 어린이들이 전시를 견학할 때, 그 이해를 돕기 위하여 견학의 힌트나 전시물에 관한 간단한 질문을 기재하고, 여기에 사진이나 일러스트 등도 담아서, 즐기면서 보고 느낀 것, 알게 된 것 등을 기입할 '탐험노트'를 개발한 것이다. 이 워크시트는 분량과 크기를 배려하고, 손에 들고서 견학할 수 있도록 되어 있다.

(1) 작성의 목적

앞서 서술한 것처럼, 워크시트 제작의 목적은 관람자의 전시이해를 위한 힌트나 전시에 대한 간단한 설문을 기재하여 즐기면서 관람함으로써 새로운 발견이나 학습으로 이어지도록 하는 데 있다. 워크시트에는 알게 된 것이나 느낀 점을 기입할 수 있도록 배려하는 것이 바람직하다. 이것을 통해서 관람자의 관람의 기본적인 자세나 박물관 이용방법 등을 자연스럽게 몸에 익히게 하는 것도 작성의 목적이라고 할 수 있다.

따라서 워크시트에 기입되는 질문은 결코 난해한 것이 아니라, 어디까지나 즐겁게 답변할 수 있는 내용으로 한다. 부담없이 임할 수 있도록 문장이나 용어는 가능한 한 부드럽게, 적게, 그림이나 일러스트를 그리거나 자유롭게 표현할 수 있는 연구가 필요하다. 워크시트는 어린이용뿐만 아니라, 연령별로 초급·중급·상급 수준별 등 다양한 종류의 워크시트를 만드는 것이 바람직할 것이다.

⑵ 워크시트의 특징

워크시트에는 지금까지 기술한 바와 같은 목적이 있는데, 이것을 특징으로 다음과 같이 정리해 보자.

① 개인 대응

일반적으로 워크시트는 개인 대응으로 만들어진다. 실제로 전시를 관람하는 단계에서, 개개인의 흥미와 관심에 따라 각자의 페이스대로 이용되는 경우가 많다. 그러므로 학예직이 설명하거나, 관람자와 토의하기 등 다른 관람자에게 영향을 미칠 수 있는 갤러리 토크나 가이드 투어와는 다르다.

② 학습의욕의 향상

워크시트에는 관람자의 학습 의욕이나 지적 욕구를 높이고, 의문을 환기하는 데 주안점이 있다. 그만큼 관람자에게 '본다'는 것에 대한 폭이나 깊이를 가져올 가능성이 있다.

③ 학습이해의 힌트

전시를 보면서 부담 없이 손에 들고 이용하는 것이 워크시트이며, 전시를 보는 데 힌트가 되는 핵심이 응축되도록 편집하는 것이 일반적이다. 친근하고 재미있는 인상을 주는 워크시트라면 좋다.

④ 다양한 종류

워크시트는 주제나 이용대상의 수준·연령·요구 등에 따라 여러 종류를 제작하는 박물관이 있다. 그것은 관람자에게 편리하며, 박물관의 교육보급

활동의 다양화에도 이어지는 장점이 있다.

(3) 워크시트 도입상의 유의점

박물관에서 워크시트를 제작하고, 그 실행에 있어서 어떤 점에 유의하면 좋을지, 앞서 언급한 '(1) 제작의 목적', '(2) 워크시트의 특징'과 내용이 겹치지만, 다시 기술하고자 한다.

① 흥미와 관심 환기의 계기 만들기

워크시트는 전시물을 완전히 이해하고, 지식을 늘리는 것을 주목적으로 작성되는 것은 아니다. 또한 반드시 박물관을 좋아해서 방문하는 사람뿐만이 아니라는 점을 감안하고, 그러한 사람들을 위해서도 워크시트를 이용하여 박물관에 친근감을 갖게 하고, 전시에 흥미와 관심을 갖는 계기를 만드는 기회를 제공할 수 있게 하려는 것이다.

② 제작목적의 명확화

박물관은 설립목적·이념, 미션을 분명히 해야 한다. 그것이 불명확하면, 관람자에게 박물관이 무엇을 알리고 싶은지, 제대로 된 메시지를 전달할 수 없다. 워크시트를 제작하려고 해도, 왜 그것이 필요한가를 제시할 수 없는 것이다. 이 때문에 박물관의 목적·이념을 근거로 하여, 도대체 워크시트에서 무엇을 방문자에게 기대할 것인지 명확한 방침을 가지고 있어야 한다. 적어도 학예직은 그것을 제대로 논의하여 합의형성을 도모하는 것이 중요하다.

③ 형태와 대상의 명확화

워크시트는 시트형 또는 책자 형태로 할 것인지, 일정 기간을 두고 시리즈물로 할 것인지의 여부를 결정해 둘 필요가 있다. 또한 연령이나 학년 등의 대상을 설정할 지의 여부, 개인 대상인지 단체대상인지, 아니면 둘 다 제작할 건지도 분명히 해 둘 필요가 있다. 서구에서는 각 연령층을 대상으로 한 여러 종류의 워크시트를 작성하는 박물관이 많다. 연령 등에 따라 이해도·흥미와 관심이 다르기 때문에 이 방법은 효과적이라고 생각된다.

④ 관람자의 작업내용의 명확화

관람자가 질문에 답하는 경우, 전시를 보고 알게 된 답변이나 감상, 스케치 등을 써넣게 할 것인지, 아니면 워크시트는 그냥 읽게만 하는 것이 좋을지, 질문에 대한 답을 생각하거나 상상하는 데만 그칠 것인지, 기입하는 작업은 필요가 없는지, 학예직은 잘 검토하여 공통 이해를 도모해 두어야 한다.

⑤ 박물관 소장품이 기본

박물관의 소장품은 학예직이 평소 연구하고 있는 것으로 잘 알고 있는 것이다. 이 때문에 관람자에게 그 자료의 무엇을 전하고 싶은 건지, 혹은 어떻게 이해해 주기를 바라는지 잘 알 것이다. 적어도 학예직의 가까운 곳에 있는 자료이기 때문에, 워크시트 제작방침이나 기재하는 내용구성 등에 대해서 학예직은 충분히 검토할 수 있는 입장에 있다. 그러므로 워크시트의 도입에는 박물관의 소장품을 기본 베이스로 생각하는 것이 좋다고 여겨진다.

이상과 같은 것이 워크시트의 도입에 있어서의 주된 유의점이다. 이 외에도 워크시트를 유료로 할 것인지 무료로 할 것인지, 아니면 모든 관람자가 이용할 수 있게 할 것인지의 여부 등도 검토해 두어야 할 유의사항이다.

제3절 전시해설서의 작성

최근 들어 일본의 박물관에서도 언어 형태로 된 출판물의 간행이 상당히 활발해지고 있으며, 다양한 종류가 보인다. 도록·전시해설서·전시가이드를 비롯해, 자료목록·요람·연보 등은 많은 박물관에서 제작하고 있다. 그 밖에 연구개요·연구보고서·조사보고서 등을 간행하고 있는 박물관도 적지 않다.

이들 출판물은 크게 두 가지로 구분할 수 있다. 그 하나는 박물관의 시설 내용·규모·조직·전시·교육보급 활동·이벤트 활동 등의 계획·보고 등을 나타내는 요람이나 연보, 자료목록 등이다. 다른 하나는 연구개요·전시해설서·해설시트·팸플릿·리플릿 등이다. 여기에서는 주로 후자에 대해 서술하고자 한다.

전시해설서 또는 전시가이드에는 크고 작은 다양한 것을 볼 수 있다. 사진이 들어가고, 그것도 컬러로 인쇄하고 모든 전시물의 해설은 아니더라도, 성인을 위한·어린이를 위한 전시안내가 만들어지고 있는 박물관도 있다. 이러한 전시해설서는 관람의욕을 환기하는 역할을 하고 있다. 조사·연구의 성과를 모든 패널만으로는 충분히 반영할 수 없다. 이 때문에, 전시해설서가 패널해설을 보완하는 수단으로 효과가 있다. 학교교육의 일환으로 박물관을 이용하는 교사 중에는 사전에 해설서나 팸플릿 등을 연구하여 어린이들에게 알기 쉬운 안내서를 작성하고, 사전에 학습지도를 실시하고 있는 예도 있다. 서구의 박물관에서는 이전부터 전시해설서의 작성에 열심이고, 그 내용도 충실하다.

어쨌든 박물관에 의해서, 해설서는 상세한 내용을 담은 두꺼운 것, 간편하고 휴대하기에 알맞은 것, 또한 어린이용·성인용·외국인용 등이 있고, 이용자에 대한 세심한 서비스 정신이 엿보인다.

또한 도록 제작도 해마다 많아지고 있고, 게다가 의욕적으로 임하는 박물관이 늘고 있다. 도록은 한마디로 말하면 박물관 소장품 도록·상설전시 도록·특별전 도록으로 구분되어진다. 일반적으로 도록이라고 하면 특별전 도록으로 받아들여지는 경우가 많다. 도록과 함께, 연구개요·연구보고서 등은 모든 박물관이 작성할 상황은 되지 않지만, 학예직은 평소의 조사·연구 성과를 전시와는 다른, 언어(문자) 형태로 보다 확실하게 박물관에 남기고 가는 것은 물론이거니와 또 학회 등에 기여한다는 목적도 있다. 최근의 도록을 보면, 학예직의 연구논문이 비중을 차지하는 것도 있다.

최근에는 반드시 전문가가 아닌 일반인도 이해할 수 있도록 하는 배려를 볼 수 있으며, 실제 전시자료의 해설 또는 그것에 관한 해설, 전시물 관련 모든 사진과 해설을 더해 조금이라도 친밀감을 가지고 읽을 수 있도록 한 작성의도가 엿보인다. 대형판형·도판·세부사진·엑스선 사진 등 특수한 자료를 게재하는 것도 드물지 않게 되었다. 또한 도록 속에는 읽을거리의 하나로 작성한 것으로 생각되는 글도 볼 수 있게 되었다.

박물관의 소장품 등의 정보를 인터넷상의 홈페이지에서 공개하고 있는 박물관도 늘어나고 있다. 전시물 정보를 DVD로 시판하고 있는 박물관의 경우를 합해서, 이것들은 인쇄물 형태에서 벗어난 도록이라고 할 수 있다.

특별전 도록은 특별전의 주제를 대략적으로 설명하거나 전시물의 해설·

도판이 기본이다. 특별전은 통상 1-2개월 정도의 한정된 기간에 개최되므로, 종료하면 철거되는 경우가 많다. 그 때문에, 도록은 중요한 기록으로서의 역할을 맡고 있다. 앞서 기술한 바와 같이, 특별전 도록은 학예직의 연구성과를 발표하는 기회이기도 하므로, 소논문을 게재하는 경우가 많다. 또한일반인이 이해하고 친밀감을 가지고 읽을 수 있도록, 연표・지도・사진・용어해설 등을 첨부할 수 있고, 출품목록이나 영문리스트, 참고문헌 등도 게재된다.

나가사키역사문화박물관에서는 2010년에 방영된 NHK 대하드라마 〈료마전〉과 관련해서, 거의 실물자료인 〈실록・사카모토 료마전〉을 33일 동안개최했다. 보통의 특별전과 비교하면, 단기간이었지만 사카모토 료마坂本龍馬가 나가사키長崎에 체류 중 나가사키 출신의 일본 최초의 프로 사진작가라고 불리는 우에노 히코마上野彦馬의 스튜디오에서 촬영한 콜로디온collodion 습판방식 원판사진 등을 공개하기도 했으며, 이 전시는 관람자가 연일 장사진을 이루었다. 그때 도록의 구성은 '주최자의 인사말'에 이어서, '사진에 남겨진 료마의 모습', '제1장 도사土佐에서 태어나서'부터 '제4장 꿈은 세계로'까지가 료마의 활약에 관한 해설을, 료마와 관계된 사진과 편지 등의 실물자료로 소개하고, 이와사키 야타로岩崎弥太郎와[61] 관련된 자료 등도 같이 소개하고있다. 또한 '료마의 연고지'인 고치高知・나가사키・도쿄・교토・시모노세키를 사진과 지도 등으로 친밀감이 느껴지게 하고 있다. 게다가 〈료마와 도사

---

61) 이와사키 야타로(岩崎弥太郎, 1834-1885) : 시코쿠(四國) 도사번(土佐藩)의 가난한 하급무사 출신으로, 미츠비시의 창업자. 역주

번土佐藩〉, 〈료마와 가쓰 가이슈勝海舟[62]〉, 〈가이엔타이海援隊와 리쿠엔타이陸援隊〉, 〈료마 암살〉 등 학예직의 소논문 4편을 게재하고 있다. 이밖에 사카모토坂本 가문 · 사이타니야才谷屋 계보, 이와사키岩崎 가문의 계보, 료마와 막부 말기 유신維新 흐름도flow chart, 인물관계 도표, 사카모토 료마 · 이와사키 야타로의 간략한 연표, 출품목록을 게재하고 있다. 이 도록은 읽기 쉬운 평이한 내용으로 되어 있어, 뮤지엄샵에서의 매출이 좋았고, 박물관 경영상에도 종래의 기획전을 상회하는 효과가 있었다.

---

62) 가쓰 가이슈(勝海舟, 1823-1899) : 에도 시대 말기의 하급 무사 출신으로, 메이지정부의 고위 관료. 해안 방어 체제의 발전에 공헌한 일본 근대 해군의 창시자. 역주

제7장 박물관 건축의 역사와 전시[63]

박물관의 역사는 건축의 역사라고도 할 수 있다. 그러나 명건축이라고 알려진 건물이 전시 등 여러 기능면에서 반드시 뛰어나다고는 할 수 없다. 건축으로서의 표현과 뛰어난 전시기능 및 그 밖의 여러 기능을 어떻게 양립시킬지는 박물관에 있어서 영원한 과제이다. 이 장에서는 제2차 세계대전 전후 일본의 박물관 건축의 역사에 대해서 그리고 건축과 전시의 관계에 대해서 서술하고자 한다.

제1절 제2차 세계대전 이전의 박물관 건축

일본 박물관의 역사를 생각할 때, 그 효시로 알려진 1872년 유시마성당 대성전湯島聖堂大聖殿에서 열린 박람회 전시를 생각하지 않을 수 없다. 그러나 그것은 기존의 건물을 이용한 전시 공간이었기에, 본격적인 박물관 건축의 탄생은 조금 더 이후의 우에노박물관上野博物館에서[64] 찾을 필요가 있을 것이다. 이 절에서는 우에노박물관에서 시작하여 메이지明治・다이쇼大正・쇼와昭和 초기에 지어진 벽돌 구조・철근콘크리트 구조의 대표적인 박물관 건축을 소개한다.

---

63) 사카이 카즈미츠(酒井一光) : 오사카역사박물관(大阪歴史博物館) 학예원(学芸員).
64) 현재 도쿄국립박물관(東京国立博物館).

1. 메이지·다이쇼 전반의 박물관 건축

<그림 7.1> **우에노박물관** 건축물 현존하지 않음.
출처: 건축학회 1936

1881년 제2회 내국권업박람회内国勧業博覧会 개최에 맞추어 준공한 미술관이(<그림 7.1>), 현재의 도쿄국립박물관의 전신이 된 건물이다.[65] 설계자인 영국인 조시아 콘더Josiah Conder(1852-1920)는 코우부대학교工部大学校 건축학과造家学科에서[66] 건축학을 가르친 일본 건축계의 은인이다. 준공 당시, 우에노박물관이라고[67] 불린 이 건물은 벽돌 구조의 2층에 급경사 지붕과 정면 입구 양쪽에 한 쌍의 돔지붕이 있는 탑을 가진 건물로, 당시 일본인에게는 최첨단의 서양 건축으로 비쳐졌을 것이다. 그 2년 후에 콘더는 메이지 정부의 서구화 정책의 중심적 존재였던 로쿠메이칸鹿鳴館을[68] 완성시켰다. 이 두 건축물은 메이지 정부의 근대화·서구식화를 상징하는 존재가 되었다. 하지만 언뜻 보기에 완전한 서양 건축으로 보이는 이 건축물들은 실제로는 이슬람 건축 등의 세부요소를 채택한 것이었다. 건축사가 후지모리 테루노부藤森照信는 우에노박물관에

---

65) 이 논문은 전체적으로 시이나 노리타카(椎名仙卓)의 《도해박물관사(図解博物館史)》(1993)와 도쿄국립박물관의 《도쿄국립박물관백년사(東京国立博物館百年史)》(1973)에서 상당 부분을 따랐다.

66) 현 도쿄대학(東京大学) 공학부(工学部) 건축학과(建築学科)

67) 1889년 제국박물관(帝国博物館)으로 개칭.

68) 일본 관료들이 외교관 및 여타 외국인 거류민들과 만날 수 있는 사교의 장소를 제공하기 위하여, 1883년 도쿄 히비야(日比谷)에 세워진 벽돌 2층 건물. 역주

대해서 붉은 벽돌을 사용한 영국 빅토리아·고딕을 기조로 하면서 "인도의 이슬람 양식을 취하고, 예를 들어 아치형의 적백색의 일룩무늬를 반복한 것도, 독특한 커브curve도 이슬람 기원이며, (중략) 정면 좌우에 매달린 모자 모양의 지붕 달린 탑은 인도 이슬람 양식을 상징한다"고 지적했다(후지모리 1993). 콘더는 일본의 상징이 될 이 건축에 일본다움을 찾아서 넣고자 하였다. 그 결과 서양과 일본의 중간에 있는 인도의 이슬람 건축에서 디자인의 원천을 구했다고 한다. 일본의 박물관 건축의 출발점을 우에노박물관에서 찾는다고 하면, 그 성립의 시초에 뜻밖에도 '일본다운 표현'을 탐구하고 있었다고 할 수 있다.

하지만 이에 이어지는 일본의 박물관들이 '일본다운 표현'을 지향했는가 하면, 그렇게 보기는 어렵다. 적어도 메이지 시대의 박물관의 대부분은 일차적으로 서양 건축을 모방하고 있었다.

1882년 도쿄 야스쿠니 신사 경내에 유슈칸遊就館이 개관했다(〈그림 7.2〉). 이탈리아인 카페레티Giovanni Vincenzo Cappelletti의 설계로 지어진 이 건물은 서양의 고성풍의 건물이며, 당시 서구화 정책에 어울리는 건축이었다. 신사 경내에 있으면서 완전히 서양풍의 건축으로 지어진 점이 이 시대의 정신을 상징하고 있다.

〈그림 7.2〉 유슈칸(遊就館) 건축물 현존하지 않음.
출처: 그림엽서

1895년에는 제국나라박물관帝国奈良博物館이[69] 1897년에는 제국교토박물관帝国京都博物館이[70] 개관했다. 두 박물관의 설계는 모두 카타야마 토우쿠마片山東能가 맡았다. 1891년 노비濃尾 지진이 일어났기 때문에, 두 박물관 건물 모두 벽돌 구조이지만 내진성에 주의를 기울여 설계되었다. 1900년 이 두 박물관은 각각 나라제실박물관奈良帝室博物館과 교토제실박물관京都帝室博物館으로 개칭한다.

카타야마片山는 코우부대학교工部大学校 건축학과造家学科 제1회 졸업생 4명 중 한 사람으로, 궁내성宮內省에서 활약하고, 후에 동궁어소東宮御所를 설계했다. 당시 일본에서 궁정 관계의 건축은 프랑스의 본을 따르는 것이 관례였다. 프랑스의 궁정 건축가 루이 르 보Louis Le Vau에 심취된 그는 나라와 교토에서도 뛰어난 기량을 발휘하고, 위풍당당한 서양식 건축을 설계했다. 다만

〈그림 7.3〉 도쿄제실박물관(東京帝室博物館) 효케이칸(表慶館) 현재 도쿄국립박물관(東京国立博物館).

제국나라박물관은 코후쿠지興福寺・토다이지東大寺・카스가타이샤春日大社 등 오래된 사찰과 신사에 둘러싸여 있기 때문에, 경관을 배려해서 일본식 건축으로 했어야 하지 않았느냐는 세론世論도 있었다.

1900년 제국박물관帝国博物館은 도쿄제실박물관東京帝室博物館으로 개칭

69) 현재 나라국립박물관(奈良国立博物館).
70) 현재 교토국립박물관(京都国立博物館).

하였다. 이 해에 황태자의[71] 성혼을 기념하는 봉헌미술관奉献美術館에 대한 구상이 떠올라, 1908년 카타야마 토우쿠마의 설계로 중앙에 돔을 얹은 네오 바로크양식의 효케이칸表慶館을 완공했다(《그림 7.3》). 돔 바로 아래는 탁 트여 있고, 1층 바닥면은 대리석 모자이크로 장식된 것 외에 건축장식 면에서 주목할 점이 많다. 당시 많은 박물관 건축이 미술품과 같은 정취를 가지고 있었다는 것을 엿볼 수 있는 좋은 예일 것이다.

2. 철근콘크리트 구조 시대의 박물관 건축

메이지 시대의 주요 건축은 벽돌 구조가 중심이었지만, 다이쇼 시대 이후에는 내화성·내진성에 우수한 철근콘크리트 구조가 점차 증가하였고, 1923년에 발생한 관동대지진으로 그 흐름은 확고하게 되었다.

도쿄제실박물관은 관동대지진으로 효케이칸을 제외하고 막대한 피해를 입게 되어, 콘더가 설계한 1호관(구칭 우에노박물관)을 포함하여 부득이 개축할 수밖에 없게 되었다. 1924년부터 복구된 본관이 개관하기까지 약 15년간은 효케이칸에서만 전시가 열렸다(도쿄국립근대미술관 2001). 본관의 복구는 1930년 설계공모를 실시하여 설계안을 결정했다. 응모 요강에는 양식·의장에 대해서 "건축양식은 내용과 조화를 유지할 필요가 있기 때문에 일본 취향을 기조로 하는 동양식으로 할 것"과 구조에 대해서는 "철골 철근 콘크리트 구조로 내진耐震·내화耐火적인 것", 아울러 "재료는 부득이한 경우를 제외하고 국산품을 사용할 것" 등이 정해졌다(교토국립박물관 1997). 관동대지

---

71) 훗날 다이쇼 천황(大正天皇).

진의 교훈을 살린 구조로 '일본 취향을 기조로 하는 동양식', 국산품을 우선으로 한다는 기본방침 아래, 1931년 응모안 중에서 와타나베 진渡辺仁이 선정되고, 1937년 준공에 이르렀다. 이로써, '일본다운 표현'을 본격적으로 추구하는 시대가 된 것이다.

〈그림 7.4〉 도쿄제실박물관(현 도쿄국립박물관) 본관

또한 도쿄제실박물관의 복구된 본관은(〈그림 7.4〉) 철골 철근콘크리트 구조의 벽에 일본풍(동양풍)의 기와지붕을 얹은 것으로, 이러한 스타일의 건축은 '제관양식帝冠樣式'으로 불린다. 도쿄제실박물관과 같이 관동대지진으로 피해를 입은 유슈칸은 이토 추타伊東忠太의 설계로 1931년에 신축되었다. 철근콘크리트 구조로 이번에는 신사神社의 경관과 조화가 되는 '제관양식'이 채택되었다.

3. 각지의 다양한 박물관

지금까지는 국립박물관을 중심으로 살펴보았는데, 일본 각지에서도 박물관 설립의 활발한 전개가 있었다. 다이쇼大正에서 쇼와昭和 초기에 걸쳐, 개인 수집품을 공개할 목적으로 다수의 박물관이 설립되어, 오늘날로 이어지는 독특한 사례가 탄생하였다. 또한 박물관 건립에 있어서 어떤 형태로든 기부가 있었던 사례가 많은 점이 주목된다.

〈그림 7.5〉 도쿄부미술관(東京府美術館) 건축은
현존하지 않음. 출처: 그림엽서

〈그림 7.6〉 오하라미술관(大原美術館本館) 본관

　1926년 우에노공원에 개관한 도쿄부미술관東京府美術館(〈그림 7.5〉)은[72] 석탄
으로 재산을 이룬 실업가 사토 케이타로우佐藤慶太郎의 기부금 100만 엔을 바
탕으로, 오카다 신이치로岡田信一郎의 설계로 세워졌다(도쿄도미술관 2007). 정
면의 현관을 중심으로 좌우대칭의 외관이시만, 모든 벽면에는 창문이 거의
없고 장대한 벽이 이어지고 있다. 중앙에는 조소실과 중정이 있었다. 조소실
은 큰 천창天窓에서 외부의 빛을 받아들여 밝은 내부 공간을 실현했다.

　1930년 쿠라시키방적倉敷紡績 등에서 활약한 실업가 오하라 마고사부로大原
孫三郎의 서양미술 수집품을 전시 및 공개하기 위하여, 그리스 신전풍의 외관
을 가진 오하라미술관大原美術館이 쿠라시키倉敷에 개관했다(〈그림 7.6〉). 이 수
집품은 오하라가 친하게 지내던 화가 코지마 토라지로児島虎次郎에게 서양으
로 가는 기회를 3회 제공하고 수집한 것이었다. 오하라는 단순히 실업가에
머물지 않고, 농업연구소·사회문제연구소 등을 창립하고 다양한 사회공헌
을 하였는데 오하라미술관도 그 일환이었다. 설계는 오하라 가문과 관계있

---

72)　현 도쿄도미술관(東京都美術館).

는 건물을 다수 작업했던 야쿠시지 카즈에薬師寺主計가 맡았다. 게다가 전후에는 우라베 시즈타로浦辺鎮太郎에 의하여 분관 등이 설계되었다. 일본은 메이지 이후 서구의 건축물을 열심히 배웠지만, 더브리티시박물관(대영박물관)과 같은 고전주의 건축으로 세워진 박물관이 적은데, 오하라미술관 본관은 그런 의미에서 귀중한 존재라 할 수 있다.

오사카시립전기과학관大阪市立電気科学館은[73] 오사카시 전기국電気局의 전등 시영電灯市営 10주년을 기념한 것으로 오사카시 영선과営繕課의 설계로 1937

〈그림 7.7〉 오사카시립전기과학관(大阪市立電気科学館)
건축은 현존하지 않음.
출처: 그림엽서

년에 세워졌다(〈그림 7.7〉). 기공起工은 1934년이지만, 중간에 플라네타륨을 만들기 위해서 설계 변경된 철골 철근 콘크리트 구조의 지하 1층 지상 8층 옥탑 7층(옥탑을 포함한 15층)의 파격적인 규모가 되었다(오사카시립전기과학관 1987). 이렇게 동양 최초의 플라네타륨을 가진 과학관이 완성되었다. 더구나 옥탑은 당초 방공탑이었다. 당시, 서양풍 건축이나 '일본 취향을 기조로 한 동양식'이 많았던 박물관 건축 가운데, 새로운 시대를 지향한 모더니즘이라고 불리는 기능주의로 기하학적 디자인이 화제를 불러일으켰다.

---

73) 현 오사카시립과학관(大阪市立科学館).

4. 역사적 건조물과 향토·민예에 대한 주목

역사적 건조물을 전용한 박물관이 많이 보이지만, 이러한 흐름은 전쟁 전부터 이미 존재하였다.

부국강병과 식산흥업殖産興業에 매진한 사츠마薩摩 번주藩主 시마즈 나리아키라島津斉彬는 가고시마鹿児島 연안에 공장단지와 집성관을 건설했지만, 나리아키라 사후 사츠에이薩英 전쟁[74]에서 잿더미로 변했다. 1865년 다음 번주인 타다요시忠義에 의해 재건된 시설 중에서 기계공장은 그 역할을 다하고 개수공사를 거쳐 1923년에 박물관 '쇼코슈세이칸尙古集成館'으로 새로 태어났다. 이는 일본에서 역사적 건조물을 박물관으로 전용轉用한 초기의 예로 주목된다(쿠보타 1998).

관동대지진 이후, 도쿄와 요코하마에서는 지진재해 복구로 도시 정비가 활발해지고, 지진의 영향이 없었던 나고야·교토·오사카·고베 등 대도시에서도 도시 발전의 시기를 맞이하고 있었다. 이러한 도시 개발이 격렬함을 더하는 가운데, 사라져가는 도시 풍경이나 지역사에 대한 관심도 싹텄다. '향토'나 '민예' 등의 단어가 주목 받고, 역사계 박물관의 새로운 스타일이 탄생했다.

1931년 오랫동안 텐슈天守가 없었던 오사카성에 텐슈카쿠天守閣(천수각)가 복구되었다. 오사카성에는 본래 히데요시 시기와 도쿠가와 시기의 텐슈가 있었지만, 전자는 '오사카 여름의 전투'[75]에서, 후자는 낙뢰로 소실되었고,

---

74) 1863년 8월 사츠마번과 영국 함대 간에 벌어진 전투. 역주
75) 1615년 도쿠가와 가문의 에도 막부가 도요토미 가문을 쓰러뜨리기 위해 벌인 전쟁. 이 전쟁에서 히데요시의 오사카성은 텐슈카쿠와 함께 불타버림. 역주

〈그림 7.8〉 오사카성 텐슈가쿠

각 텐슈카쿠의 수명은 31년, 40년에 불과했다. 반면, 쇼와 시대 오사카성의 텐슈카쿠(〈그림 7.8〉)는 전액 시민의 기부금으로 철골 철근 콘크리트 구조의 '영구 건축'으로 재건되었고, 외관은 당시의 학문 수준으로 가능한 한 도요토미 때의 텐슈의 모습으로 복원되었고, 내부는 역사계 박물관과 전망대의 기능을 갖추었다(오사카성 텐슈카쿠 2011). 이 건물은 전후 일본 각지에서 전쟁이나 재난 등으로 소실된 텐슈를 복구할 때, 철근 콘크리트 구조로 내부를 박물관으로 하는 스타일의 모델이 되었다.

1936년 야나기 무네요시柳宗悅가 주창한 '민예民藝'라는 새로운 미美의 개념과 '미의 생활화'를 지향하는 민예운동의 거점으로 도쿄 코마바駒場에 야나기 무네요시의 설계로 일본민예관日本民藝館이 개관했다. 여기에도 오하라 마고사부로大原孫三郎의 자금 지원이 있었다(카나야마 2001). 동시대에 주류였던 철근 콘크리트 구조 건축에 반해, 일본민예관은 일본 각지의 민예를 소개하기에 어울리는 목조건축으로 건립되었다. 이것은 전쟁 전의 일본 박물관 건축의 다양화 및 질의 향상을 보여주는 건물이라고 말할 수 있다.

제2절 제2차 세계대전 이후의 박물관 건축

1938년경부터 건축자재의 통제가 엄격해지면서, 일본에서는 본격적으로 건물을 짓는 것이 힘들어졌다. 기존의 박물관에서는 전쟁에 관한 전시가 늘었고, 백화점에서는 방공전防空展 등이 개최되었다. 또한 전쟁 전은 일본군, 전쟁 후에는 진주군에 의해 접수된 박물관과 전쟁으로 재해를 입은 박물관도 많아 복구에 어려움을 겪었다. 그러한 가운데, 새로운 시대의 상징으로 평화박물관이 각지에 세워졌다. 또한 기존의 국립박물관에서는 신관을 건설하고, 전국 각지에서는 공립박물관·사립박물관·전문박물관이 속속 세워졌다. 오늘날에는 박물관 건축은 각지의 랜드마크로도 빼놓을 수 없는 존재가 되고 있다.

1. 평화박물관의 탄생

평화박물관의 대표적인 사례는 히로시마평화기념자료관広島平和記念資料館이다(〈그림 7.9〉). 1945년 8월 6일, 세계에서 최초로 원자폭탄이 투하되어 다수의 고귀한 인명을 앗아간 히로시마의 원자폭탄이 터진 곳으로부터 가까운 평화기념공원에

〈그림 7.9〉 히로시마평화기념자료관 본관

자료관(1955년)이 세워졌다. 하지만 건설하기까지에는 우여곡절이 있었다.

1949년 〈히로시마 평화기념도시건설법広島平和記念都市建設法〉[76]이 시행되자, 두 개의 강, 즉 모토야스가와本安川와 혼가와本川로 둘러싸인 삼각지대에 평

---

76) 쇼와 24년 8월 6일 법률 제219호(昭和二十四年八月六日法律第二百十九号). 역주

화기념공원을 설립하게 되면서 설계 경기가 실시되었다. 자료관만의 설계 경기가 아닌, 각종 국제회의가 가능한 집회실·원자폭탄재해 자료의 진열실(자료관)·평화의 종을 거는 탑·집회장·소회의실·사무실·도서관·대식당 등으로 구성된 시설군이었다(탄게·후지모리 2002).

당선된 탄게 켄조丹下健三는 자료관[77]과 원폭 돔을 연결하는 도시적인 축선軸線을 설치하고, 그 중간에 응모조건에는 없었던 위령비를 세우는 안을 제출했다. 자료관은 1층을 필로티[78]로 하여, 원폭 돔으로 이어지는 축선을 의식하게 하는 데 성공했다. 전쟁 이후 처음으로 국제적인 주목을 받았던 설계 경기, 도시 축을 시야에 넣은 대담한 구상으로 자료관을 포함한 평화공원이 완성되었다. 이로 인하여, 피폭 이후 한동안 되돌아볼 일이 적었던 원폭 돔이 상징으로서의 의의가 강해졌다. 또한 이 건축물은 평화박물관이 위령이라는 의미를 가지고 있다는 것을 말해주고 있다.

그 후 일본 각지에 세워진 평화박물관도 대부분의 경우, 전쟁재해에 대한 자료수집·전시와 함께 인근에서 숨진 사람들의 위령을 겸하고 있다. 이는 평화박물관이나 지진재해기념관의 특수한 성격이라고 할 수 있다.

2. 국립박물관의 정비
1947년 5월 3일 〈일본국헌법日本国憲法〉이 시행된 날, 도쿄제실박물관은

---

77) 현 히로시마평화기념자료관 본관.
78) 필로티(pilotis) : 르 코르뷔지에(Le Corbusier)가 제창한 근대 건축 방법의 하나. 건축물의 1층은 기둥만 서는 공간으로 하고, 2층 이상에 방을 짓는 방식. 본디는 건축의 기초를 받치는 말뚝이라는 뜻. 역주

국립박물관으로 재출발하고 1952년에 도쿄국립박물관으로 개칭하였다. 또한 국립서양미술관国立西洋美術館, 도쿄국립근대미술관東京国立近代美術館 등이 차례로 개관을 맞이했다.

〈그림 7.10〉 국립서양미술관

국립서양미술관은 가와사키조선소小川崎造船所 사장이었던 마츠카타 고지로松方幸次郎가 수집한 미술품(마츠가타 컬렉션)을 전시하는 미술관으로 우에노공원에 탄생했다(〈그림 7.10〉). 이 컬렉션은 전쟁 후, 연합국의 관리하에 있는 일본국민의 재산으로 프랑스 소유가 되었지만, 도쿄에 프랑스미술관을 만드는 것을 조건으로 반환되었다. 1959년 근대건축의 거장 르 코르뷔지에Le Corbusier의 설계에, 일본 측에서는 르 코르뷔지에의 제자인 사카쿠라 준조坂倉準三, 마에카와 쿠니오前川國男, 요시자카 타카마사吉阪隆正가 설계에 참가하여 완성했다. 삼각형의 톱 라이트top light가 있는 19세기 홀이 중심을 차지하고, 그것을 둘러싼 경사면에서 전시실로 올라가는 나선형의 동선을 따라 관람할 수 있도록 만들어져 있다. 일찍이 관장을 지냈던 타카시나 슈지高階秀爾는 이 박물관에 대하여 "그 자체로 완벽한데다 훌륭한 건축을 사용하는 것은 쉬운 일이 아니다. 하지만 그런 만큼, 때로는 르 코르뷔지에에게 저항하면서, 그 공간을 어떻게 살릴 지가 미술관의 솜씨를 보여주는 자리일 것이다"라고 말했다(국립서양미술관 2009).

1952년 도쿄 쿄바시京橋의 닛카츠日活 본사건물을 수리하여 개관한 국립근대미술관(현 도쿄국립근대미술관)은 이시바시 쇼지로石橋正二郎의 미술관 건립에 대한 기부 신청을 받아들여, 1969년 현 위치인 도쿄 다케바시竹橋에 타니

구치 요시로谷口吉郎의 설계로 미술관을 오픈하였다. 이시바시石橋는 베니스 비엔날레 일본관 건축을 기부한 것 외에, 도쿄 쿄바시에 브리지스톤미술관 ブリヂストン美術館을 창립하고, 고향 쿠루메久留米에 이시바시미술관石橋美術館을 세운 것으로도 알려져 있다. 국립근대미술관이 다케바시竹橋에 건설된 것은 황궁에서 가까운 장소에 세우고자 하는 이시바시石橋의 강한 희망이 있었기 때문이라고 한다(기노시타 2007). 또한 국립근대미술관은 1977년 근접지의 구 근위사단사령부近衛師団司令部庁舎 청사를 보존·활용하여 공예관工芸館을 개관했다.

　1970년 오사카부大阪府 스이타시吹田市에서 개최된 일본 만국박람회 이후 1977년에 국립민족학박물관(민박)이 개관하였다. 민박은 대상으로 하는 자료를 종래의 국립박물관보다도 일상적인 것으로 넓히고, 또한 연구기관이자 대학공동이용기관으로서의 입지를 세웠다. 그것을 받아들여, 쿠로가와 키쇼黒川紀章에 의해 향후 증축을 내다보고 설계된 현관홀entrance hall이 있는 큰 블록의 주변에 파티오patio(중정)를 둘러싸고 여러 개의 전시실을 나열하는 형태가 되었다(국립민족학박물관 1984). 지상 4층의 건물로, 2층은 주로 전시실로, 1층은 수장고로, 3층과 4층은 도서실과 연구실 등으로 구성하고 있다. 쿠로가와黒川는 증축 가능한 건축과 도시의 시스템을 제창한 건축운동 메타볼리즘metabolism의 핵심 인물 중 한 명으로 민박은 그 대표작이다. 메타볼리즘 건축은 이념을 우선으로 하면서, 실제는 증축이 되지 않는 경우가 많은데, 민박은 개관 이래 전시동·강당·특별전시관 등 순차적으로 증축하면서 당초 계획이 이행되고 있다.

　1983년에 개관한 치바현千葉県 사쿠라시佐倉市의 국립역사민속박물관国立歴史民俗博物館은 이미 도쿄·나라·교토의 국립박물관이 주요 실물자료를 수집

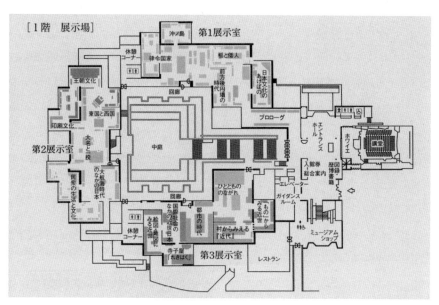

〈그림 7.11〉 국립역사민속박물관 1층 평면도(국립역사민속박물관 2011)

해 온 가운데, 통사적으로 다루는 전시에 필요한 모형과 복원품을 전시 속에 다수 도입한 것으로도 주목을 받았다. 아시하라 요시노부芦原義信가 설계한 건물은 언뜻 보기에 뛰어나지는 않지만, 중정을 둘러싼 일필휘지의 동선을 의식한 관람동선 등 고심한 흔적이 보인다(〈그림 7.11〉). 상설전시는 시대별로 제1전시실-제6전시실까지 있으며, 각 전시실은 다시 소주제의 방으로 나누어져 있다. 또한 연구성과를 반영한 전시 개편이나 신설이 이루어지고 있다. 같은 시기에 각지에 세워진 지역박물관의 집대성이라고도 할 수 있는 구조이다.

3. 공립박물관의 전개

카나가와현립근대미술관神奈川県立近代美術館은 일본 최초의 공립근대미술관으로, 1951년에 개관하여 화제를 모았다. 설계경기가 행해져, 마에카와 쿠니오前川國男, 요시무라 준조吉村順三, 야마시타 도시로山下寿郎 등 쟁쟁한 건축가가 참가한 설계경기에서 사카쿠라 준조坂倉準三가 일등을 했다. 부지는 가마쿠라鎌倉의 명승인 츠루가오카하치만궁鶴岡八幡宮의 경내의 한쪽에 있으며, 연못 쪽으로 돌출한 건축은 전쟁 후 부흥을 상징하는 듯한 신선미 넘치는 것이 되었다.

1970-80년대는 일본 각지의 자치체自治体에서 향토박물관郷土博物館이나 미술관의 개관 러시rush로 들끓었다.

〈그림 7.12〉 세타가야미술관

1986년 개관한 세타가야미술관世田谷美術館은 우치이 쇼조内井昭蔵의 설계로, 도심 속에서 녹음이 울창한 키누타공원砧公園과 조화하는 건축이 화제를 불렀다(〈그림 7.12〉). 설계자 우치이가 사숙한 미국의 거장 건축가 프랭크 로이드 라이트Frank Lloyd Wright를 상기시키는 풍부한 건축공간, 레스토랑이나 강당 등의 관련시설의 충실과 더불어, 지역박물관의 이상적인 모습의 하나로 불린다. 또한 가장 가까운 도쿄의 급행전철인 도큐덴엔토시선東急田園都市線의 전철역 요가역用賀駅으로부터는 거리가 있지만, 역에서 이어지는 요가 프롬나드用賀 promenade '이라카미찌いらかみち'가 정비되었다. 대부분이 보행자와 차량이 공존하는 길이면서, 문자 그대로 기와가 가득 메운

길은 보행자에게도 기분이 좋고, 자연과 미술관으로 유혹한다.

일본 역사계 박물관에서 신기원이 된 것의 하나는 에도도쿄박물관江戸東京博物館일 것이다. 1992년에 준공, 이듬해에 개관한 에도도쿄박물관은 키쿠타케 키요노리菊竹清訓의 설계로 세워졌다. 4개의 거대한 기둥으로 받쳐진 4-7층에 주요 시설이 들어서 있다. 7층에는 도서실과 영상라이브러리가, 5-6층에는 상설전시실이, 4층에는 수장고라고 하는 특이한 설계계획으로, 바로 거대한 고상창고高床倉庫같은[79] 형태이다. 또한 기획전시실이 1층에 있는 등 동선이 복잡한 설계계획으로 되어있다. 기존의 박물관 건축에서는 저층형 박물관으로 1층의 바닥면적이 넓을수록 사용하기 쉬운 것으로 여겨왔지만, 에도도쿄박물관은 그러한 이미지를 뒤집는 조형이라 할 수 있다.

4. 개성을 겨루는 전문박물관

국・공립박물관은 크게는 역사계・미술계・과학계 등으로 나누어져 있어도, 종합적인 요소를 가지고 있기 때문에, 건축도 그 기능・요소를 두루 살피게 되는 경향이 있다. 한편, 어느 미술가의 작품을 다룬 미술관이나, 특정 산업이나 제품을 다룬 기업박물관에서는 처음부터 주어진 조건이 좁혀져 있기 때문에, 개성적인 박물관 건축이 탄생하기 쉽다.

1958년 나가노현長野県 아즈미노시安曇野市에 개관한 로쿠잔미술관碌山美術館

---

79) 습기나 짐승 등의 습격을 피해 평지보다 높도록, 지면에 세운 기둥 위에 마루를 깔고 지은 창고. 일본에서는 야요이시대의 쌀 창고, 고분시대의 호족 저택, 이즈모타이샤(出雲大社)의 본전 등에서 볼 수 있으며, 동남아시아의 주거(住居)에서도 많이 볼 수 있음.역주

〈그림 7.13〉 로쿠잔미술관 로쿠잔관

은 그 고장 출신의 조각가 오기와라 모리에荻
原守衛의[80] 작품을 전시 공개하기 위한 박물관
이다. 현재는 여러 전시동으로 이루어진 로쿠
잔미술관에서, 개관 때에 준공한 로쿠잔관은
이마이 켄지今井兼次의 설계로 세워졌다(〈그림
7.13〉). 이마이는 철근콘크리트 구조의 건물
표면을 고르지 않은 벽돌로 화장쌓기하여 마
무리하는 방법을 취했다. 건설공사에는 그 고
장의 학생도 참가하여, 소박하면서 독특한 맛
을 가진 건축을 완성시켰다. 이마이는 그 외에
도, 나가사키의 일본26성인기념관日本二十六聖人記念館, 사가시오쿠마기념관佐賀
市大隈記念館, 사이타마의 토야마기념관 미술관遠山記念館美術館 등 독특한 미를
갖춘 건축을 설계한 것으로 알려져 있다.

전문박물관에는 담배·소금·가구·신발·커피·인스턴트 라면·목공
도구·기와·벽돌·타일·인형·저금통·조개·진주 등 일상의 자질구레
한 것부터 전문적인 것까지 폭넓은 장르가 있다. 전문박물관은 처음부터 용
도·목적·수집방침이 정해져 있기 때문에, 설계 또한 추진하기 쉽고, 개성
도 내기 쉽기 때문에, 뛰어난 실제 사례가 다수 있다.

오미하치만시립카와라뮤지엄近江八幡市立かわらミュージアム은 1995년 오미하
치만시의 오래된 거리가 남아있는 구시가지의[81] 하치만보리에 면해 있고,

---

80) 로쿠잔(碌山)은 아호. 역주
81) 중요전통적건조물군보존지구(重要伝統的建造物群保存地区)로 지정됨.

이즈에 칸出江寬의 설계로 지어졌다 (〈그림 7.14〉). 그 이름 그대로, 오미 하치만시의 전통산업인 기와를 주 제로 한 박물관으로, 전시실을 중심 으로 10여 동의 크고 작은 건물로 구 성되어 있다. 지붕이나 외벽 모두에 기와가 많이 사용되고, 야외 바닥면 의 포장까지 기와가 사용되었다. 건

〈그림 7.14〉 오미하치만시립카와라뮤지엄

물 자체가 바로 기와 박물관으로서 기능하고 있다.

또한 전문박물관의 특수한 유형으로 민가박물관民家博物館이 있다. 1965년 아이치현愛知県 이누야마시犬山市에 문을 연 박물관 메이지부라明治村는 개발 중에 사라져 가는 메이지시대의 건축물을 모은 야외박물관이다. 마찬가지 로, 고도경제 성장기에 전국에서 사라져 가는 민가를 모아 놓은 오사카부 도요나카시의 일본민가취락박물관日本民家集落博物館이나 가와사키시립일본민 가원川崎市立日本民家園을 시작으로, 홋카이도개척촌北海道開拓の村, 미치노쿠민속 촌みちのく民俗村, 히다민속촌飛騨民俗村, 시코쿠무라四国村 등 각지에 야외민가박 물관野外民家博物館이 있다. 이들은 박물관 건축 자체는 아니지만, 건축을 모은 박물관으로 한 분야를 구축하고 있다.

5. 최근의 박물관 건축

박물관은 시간을 초월한 보편적 존재라고 생각되지만, 실제로는 시대와 함께 박물관에 요구되는 내용이 변한다. 여기에서는 주로 21세기 이후에 준 공한 박물관 건축을 개관하고자 한다.

도쿄국립박물관東京国立博物館에서는 세기의 전환을 예측한 것처럼 1999년 호류지보물관法隆寺宝物館을 재건축하고, 그 위에 황태자 성혼 기념으로서 헤이세이관平成館을 완성시켰다. 호류지보물관의 설계자 타니구치 요시오谷口吉生는 동양관東洋館을 설계한 타니구치 요시로谷口吉郎의 아들이다. 타니구치 요시오는 도쿄도카사이임해수족원東京都葛西臨海水族園, 마루가메시이노쿠마켄이치로현대미술관丸亀市猪熊弦一郎現代美術館, 도요타시미술관豊田市美術館, 뉴욕근대미술관ニューヨーク近代美術館 신관 등을 설계하면서, 부자가 함께 박물관 건축에서는 정평이 있다. 헤이세이관은 야스이건축설계사무소安井建築設計事務所에 의한 것으로, 특별전시실 등이 신설되었다. 이 덕분에 일본을 대표하는 박물관으로서의 골격이 한층 강화되었다.

〈그림 7.15〉 가나자와21세기미술관

각지의 박물관에서는 고치현高知県의 마키노도미타로기념관牧野富太郎記念館이나 가나자와21세기미술관金沢21世紀美術館(〈그림 7.15〉), 세토나이카이瀬戸内海에 위치하는 나오시마直島나 테시마豊島에 만들어진 지추미술관地中美術館이나 테시마미술관豊島美術館 등 환경을 중시한 박물관 건축이 화제를 모으고 있다. 앞으로 보다 개별성이 높고, 지역에 뿌리를 내린 건축이 늘어날 것으로 기대된다. 또한 동일본대지진의 교훈 등으로부터 사람의 안전성은, 물론 문화재의 보존에 대해서도 보다 높은 수준이 요구될 것이다.

제3절 박물관 건축의 여러 기능과 전시

박물관 건축은 그 디자인에 따라 주목받을 기회가 많지만, 동시에 박물관 활동의 여러 조건을 충족시키는 것이 중요하다. 또한 박물관 이용자의 만족도와 더불어, 전시를 하는데 백야드backyard도 중요하다. 이 절에서는 박물관 건축에 요구되는 여러 기능과 전시의 관계에 대해서 서술하고자 한다.

1. 박물관 건축의 여러 기능

박물관의 종류와 규모는 실제로 각양각색이다. 이 절에서는 일본에서 전국적으로 수가 많은 역사계 공립박물관에 대해서 ① 방문자 동선, ② 직원을 중심으로 한 동선, ③ 자료를 중심으로 한 동선으로 나누어, 필요한 여러 공간으로부터 박물관의 기능을 고려해보고자 한다. 더욱이, 각 박물관의 규모·내용·입지에 따라 주어진 조건은 다르기 때문에, 여기에서는 어디까지나 표준적인 여러 공간들을 소개하고자 한다. 또한 방문자 동선·자료 동선과도, 사람과 자료에 친화적인 관점에서 바닥에는 높낮이가 없는 설계계획이 요구된다.

1) 방문자 동선

먼저, 방문자 동선에 따라 박물관의 여러 공간들과 여러 기능들을 살펴보자. 이용자의 눈에 가장 먼저 들어오는 로비는 박물관의 얼굴이다. 여기에서는 콘서트, 워크숍 외에 특별전의 개막식, 기념식전 등이 실시되는 경우가 있다. 로비에는 종합안내, 티켓 카운터, 사물함 등이 알기 쉬운 위치에 설치되어, 박물관 안내지도, 상설전·특별전, 이벤트 안내, 요금 등의 정보를 정리해 제공할 필요가 있다. 해외로부터 온 이용자의 증가에 따라 외국어 표기의 수요도 증가하고, 깔끔하고 알기 쉬운 정보제시가 요구되는 공간이라고 말할 수 있다.

전시실은 보통 상설전시실과 특별전시실로 구성된다. 전시동선이 긴 경우, 전시실 사이에 휴게실 등이 있는 것이 바람직하다.

전시를 본 후에 관심을 가진 내용을 보다 깊게 자율적으로 학습할 수 있도록, 도서실이나 학습실을 준비하는 경우가 많다. 영상부스나 검색단말기 등을 준비하고, 학예직이나 연구원이 학습·연구의 상담에 응하는 곳도 있다. 게다가 체험학습이나 실연實演, 워크숍을 실시하는 공간을 준비하는 박물관도 있다. 그곳에서는 물 등의 사용도 상정되는 경우가 있는데, 특히 인문계 박물관에서는 자료보호를 위해 불이나 물의 사용을 계획할 때는 충분한 검토가 필요하고, 그것들을 사용할 때는 신중해야 한다.

강당이나 강의실은 전시와 관련된 강좌·강연·심포지엄 등에 이용되거나 대관해주는 경우도 있다. 콘서트·영화·만담공연·전통예능공연 등 이용방법의 다양화에 대응하는 것이 바람직하다.

일정규모 이상의 시설이라면, 레스토랑이나 카페를 갖춘 곳이 많다. 학교 단체견학의 수용을 상정하는 박물관에서는 우천시에 점심을 먹을 수 있는 공간을 마련하는 것이 바람직하다. 전시실에서는 음식을 엄금해야 하기 때문에, 다른 구역과 명확하게 분리할 필요가 있다.

뮤지엄샵은 이용자수에 따라 규모가 정해지겠지만, 그 크기·다양한 상품·영업시간에 대한 수요는 최근 높아지고 있다

그 외에 베리어 프리 시설은 물론, 방문자의 편의를 위하여 임시 보육시설 등의 설비를 갖춘 곳도 증가하고 있다.

2) 직원을 중심으로 한 동선

박물관의 동선에는 방문자 외에 직원의 동선, 자료를 중심으로 한 동선을 상정할 필요가 있다. 여기에서는 직원을 중심으로 한 동선을 소개하고자 한다.

(1) 직원 출입구

방범 및 방재에 대한 요구가 해마다 높아짐에 따라, 경비원실이나 방재센터 등을 가까이에 설치하여 박물관 출입을 점검하고 있는 곳이 많다.

(2) 사무실이나 학예실

박물관 기능의 중심이 되는 학예직의 업무공간이기에, 로비·전시실·수장고등 모든 장소에 접근하기 쉬운 곳에 위치하는 것이 바람직하다.

(3) 관장실·귀빈실·응접실

특별전이나 순회전 등에 즈음하여 국내외 귀빈의 방문, 강연회 때의 강사 대기실, 일상적인 방문객에 대한 응대 등, 다양한 용도가 상정되는 중요한 공간으로 사무실이나 학예실의 근처에 둔다.

(4) 회의실

학예·사무·홍보 등 박물관에서 열리는 회의 외에, 박물관과 지역 또는 학교와의 연계나 박물관간의 연계에도 사용된다. 방문자 동선상의 강당·강의실과는 별도로, 직원의 동선 안에 있는 것이 바람직하다.

(5) 작업실

전시패널이나 제전題箋 작성, 전단지나 리플릿의 인쇄, 발송작업 등을 행하는 공간으로, 박물관의 중요한 작업공간이다. 또한 서버의 위치나 디지털 관련 업무를 처리하는 정보자료실은 디지털 정보의 공개가 활발해짐에 따라 그 역할이 증가하고 있지만, 디지털기기의 갱신 기한이 짧아, 유연한 운영이 필요하다.

(6) 물품창고

일반비품·소모품의 보관에 더해, 포스터·전단지·도록·연보 등 매년 방대한 간행물이 있기 때문에, 일시적 또는 중장기적 보관을 상정해 둘 필요가 있다.

(7) 기타

자원봉사자와 직원의 활동실·대기실, 안내직원의 대기실 등 박물관의 규모나 체제에 따라 여러 공간이 필요하다.

3) 자료를 중심으로 한 동선

박물관의 백야드에서는 직원의 동선 외에, 자료의 이동에 따른 동선을 상정할 필요가 있다. 여기에서는 자료반입에서 훈증, 수장고에 보관, 전시에 이르는 동선에 대해서 생각해보고자 한다. 더구나 자료는 보통 운반기구에 실어서 이동하기 때문에, 동선상 바닥의 높낮이 차를 없애는 것이 중요하다.

(1) 자료 반입에서 수장고 보관까지

자료는 미술품 전용차량 등으로 반입·반출되는 경우가 많기 때문에, 화물차량 진출입 및 주정차 공간이 필요하다. 여러 대의 화물차량이 주차할 수 있는 넓이와 높이를 갖추고 있는 것이 바람직하다(특별전 자료의 반입이나 자료대여 등의 일정이 겹치는 경우가 있다). 또한 미술품 전용차량과 그 외의 물품을 운반하는 차량은 구획을 구분하는 것이 바람직하다. 반입된 자료의 하역 등을 할 적재 및 하역장은 화물차량 진출입 및 주정차 공간에 인접하게 마련된다. 또 근처에 포장 및 해포 작업실, 운반기구 수납공간, 새로운 수장자료 등을 세척하는 장소가 있는 것이 바람직하다.

새로운 수장자료 등은 임시 보관고(미훈증 자료보관고)에 넣은 후, 자료를 곰팡이·벌레·번데기·해충알로부터 지키기 위해 훈증처리하는 것이 필요하다. 수장고 내에서 훈증처리를 하는 박물관도 있지만, 전용 훈증실이 있으면, 수장고에 넣기 전에 훈증실을 거친다.

다음으로, 자료는 수장고로 운반되지만, 수장고를 바깥 공기에 직접 접촉되지 않도록 하기 위한 완충공간으로 수장고 전실을 설치한다. 보통은 수장고 전실의 바로 앞에서 신발을 벗는다. 수장고는 자료의 보존환경을 유지하기 위해 24시간 온습도 관리를 실시한다. 수장고에 보관하는 자료는 원칙적으로 훈증이 끝난 것으로 한다. 문서나 금공품 등 자료에 따라 온습도 관리가 다를 경우, 여러 수장고가 필요하게 된다. 또한 지정품이나 일시적인 대여품을 넣을 수장고가 있는 것이 바람직하다. 수장고의 크기가 각 박물관의 수집활동을 규정해 버리기 때문에, 충분한 여유공간이 필요하다.

수장고와 전시실이 다른 층에 있는 경우, 자료 운반용 대형 엘리베이터를 설치한다. 엘리베이터의 넓이·높이는 전시가 상정되는 자료의 크기에 따라 다르다. 일반 엘리베이터에 비해, 진동이 적은 것이 바람직하다.

(2) 자료의 전시와 조사 · 연구의 백야드

전시를 하기 위해서는 자료의 수장고 뿐만 아니라, 전시진열장 · 전시대 · 각종 시연도구 등을 보관하는 전시준비실 · 보관고가 필요하다. 이것들은 전시실에서 가까운 것이 바람직하다. 개관 후 전시관련 비품이 증가하기 때문에, 여유있는 공간이 필요하다.

자료전시실에 앞서, 자료를 펼쳐서 조사하는 자료조사실이나 연구실이 필요하다. 일본의 경우, 병풍 · 족자 등 일본미술을 조사할 때를 위하여 다다미 방을 마련하는 경우가 있다. 또한 조사 · 연구, 도록이나 포스터에 게재하기 위한 자료사진을 촬영할 사진촬영실이 필요하다. 지도 · 그림 등은 펼치면 한 변이 수 미터에 이르는 자료도 있어, 충분한 넓이 · 높이의 확보가 필요하다.

도록이나 문화재 조사보고서 등은 매년 방대하게 간행되기 때문에, 학습실 · 도서실에 비치할 수 없는 도서를 수장하는 폐가서고, 또는 박물관 소장자료 이외의 사진(필름 · 인화), 음향 및 영상자료 등 각종 자료를 보관하기 위한 2차 자료보관실이 있는 것이 바람직하다. 박물관에서는 1차 자료 이외에도, 디지털화되기 이전의 매체에서 기록이 모이는 경우가 많다.

그 밖에, 조사 · 연구나 자료보존을 중시한 박물관에서는 자료의 보존처리나 일상적인 소장품 관리를 하는 공간, 자료분석실 등이 필요하게 된다.

2. 박물관 건축과 전시계획

박물관 건축은 그 규모에 비해 기능이 복잡하다. 박물관이 안고 있는 문제는 다방면에 걸쳐있어, 여유를 가지고 건축계획을 했어도 결국 미비한 점이 생기는 것은 시간문제라고 말할 수 있다. 그렇지만 보다 나은 박물관 건축을 만들어 가기 위해서는 어떻게 하면 좋은가?

여기에서는 일례로서, 박물관 건축과 전시의 관계를 살펴보고자 한다. 전시는 박물관 개관 때 없어서는 안 되는 것이므로, 개관을 위한 준비를 염두에 두고 상설전시와 특별전시로 나누어 소개하고자 한다.

1) 상설전시

미술계 · 역사계 · 과학계의 박물관에서는 각각의 전시에서 실물자료와 복원 · 재현자료의 비율이 다르다. 일반적으로 미술계에서는 실물자료 중심이고, 역사계에서는 실물자료와 복원 · 재현자료가 동등한 비율로 사용되며, 과학계에서는 재현 · 체험전시가 주류를 차지하는 경우가 많다. 또한 실물자료 전시에서도 진열장 전시와 유리진열장이 없는 노출전시가 있다. 여기에서는 역사계 박물관을 예로, 건축과 전시의 관계에 대하여 언급하고자 한다.

역사자료는 빈번한 전시교환을 필요로 하는 고문서나 미술품이 많고, 역사상 중요사항을 나타내고 실물을 보완하는 동시에 역사적 배경을 나타내기 위하여 복원모형이나 복제품이 만들어진다. 박물관 건축설계 및 공사와 병행하여 진행하는 전시설계에서 복원모형의 주제 · 스케일 · 사이즈 등이 결정될 필요가 있다. 복원모형은 이동식의 간단한 것에서부터 고정식에 가까운 것까지 있지만, 현실적으로는 설치 후 적어도 10-20년은 바꿀 수 없다고 생각하는 것이 좋다. 또한 전시진열장, 전시대, 스포트라이트, 전시정보시스템 등도 전시설계 단계에서 계획된다. 전시진열장의 이동의 용이성, 전시진열장과 비품 수납고와의 위치관계, 수장고에서 전시장 및 전시진열장까지의 동선 등 개관 후 후회하지 않도록 충분히 계획을 세울 필요가 있다. 이를 위해서는 건축 · 전시설계자와 전시를 담당하는 학예직과의 정보공유 및 의사소통이 중요하다.

또한 전시장내에서는 영상을 사용하는 일도 많다. 영상기기는 진보의 속도가 빨라서, 전시와 결합하면 추후변경이 어려운 경우가 있다. 또한 전시장 내에서는 영상을 사용하지 않고, 별도로 영상을 열람하는 장소를 마련하고 있는 박물관도 있다.

2) 특별전시

특별전시는 주제에 따라 분야나 담당 학예직이 정해지기 때문에 일률적인 조건을 상정하는 것은 어렵지만, 요구수준을 어느 정도 확대하여 전시실이나 진열장의 위치 · 크기 · 정밀도 등을 결정할 필요가 있다. 특별전은 대여품이 많고, 대여 대상기관의 조건으로 온습도의 관리나 방범대책 등의 설비에 관한 보고서의 제출을 요구하는 경우도 있다. 따라서 장래 국보나 중요문화재 등의 전시를 상정한다면, 충분한 계획이 필요하다. 또한 처음에는 상정하고 있지 않았던 대형자료 등을 전시할 경우에 대비하여, 화물차량 진입로 및 주정차 공간, 반입 엘리베이터, 통로 등의 폭이나 높이, 모퉁이의 치수 등을 고려하고 전시실 내만이 아닌, 주변을 포함한 계획이 필요하다.

3. 보다 나은 박물관 건축을 위하여

박물관 건축은 도시의 랜드마크이자 아이콘이라고 할 만큼, 상징적이고 다양한 표정을 갖는다. 건축의 역사를 말하면서 박물관 건축을 빼놓을 수 없고, 설계자에게도 박물관 건축은 매력적인 대상이라고 할 수 있다. 그러나 박물관 직원으로부터는 "디자인을 우선으로 하여 사용하기가 불편하다"는 의견을 자주 듣는다. 이 같은 어긋남을 없애기 위해서는, 박물관 계획자·건축 설계자·박물관 직원이 서로 충분히 의견을 교환하고 이해하는 수밖에 없을 것이다.

건축의 계획자 및 설계자는 이용자의 관점에서 본 매력적인 박물관의 형태, 내부공간 등을 의식하고, 이용자나 직원이 사용하기 쉬운 박물관을 계획한다. 그런데 그 중에서 기존의 박물관의 방식을 넘어 새로운 형태나 구조를 제안하는 일도 있다. 한편, 실제로 전시를 담당하는 학예직은 자료의 보존, 조사·연구, 전시, 보급이라는 일련의 흐름 속에서 박물관 건축의 편의성을 평가한다. 무엇보다도 자료를 후세에 전하는 것이 박물관의 가장 중요한 역할이라고 하는 강한 책임감이 있다. 계획자·설계자는 박물관의 업무내용이나 각 전문분야의 사고방식을 충분히 이해하는 것이 필요할 것이고, 학예직이나 박물관에서 활동하는 사람은 일단 완성한 박물관은 자신들만의 것이 아닌, 많은 사람들이 향유하는 건축이라고 의식하는 것도 때로는 중요할 것이다. 박물관 건축은 외관이 깔끔하게 보인다 해도, 실제는 고유의 기기나 설비를 많이 갖춘 중후하고 장대한 경우가 많다. 전시진열장을 예로 봐도 기밀성이나 내진성 등 요구되는 기능의 수준이 높을수록 특별주문품이 많고, 그 개폐나 극히 드문 유형의 문제로 사용자에게는 큰 부담이된다. 박물관은 이러한 특수사양의 집대성이다. 각 박물관마다 이용하는 중에 생기는 규칙의 축적에 의해서, 박물관 건립을 잘 다루어 나가는 것이 중요할 것이다.

제8장 박물관 전시의 과제[82]

제1절 사회적 약자와 전시

전시기능의 확장이 거론되고, 선진적인 박물관에서 새로운 전시가 시도된 지 오래이다. 19세기 '물건의 라벨해설'에서 시작하는 근대적 전시는 필연적으로 박물관의 사회적 역할을 확장하는 자유를 획득하고, 지금은 '실물자료'가 아닌 현상인 '노을'이나 '영화의 추억' 등에 대한 박물관 전시도 가능하게 되었다. 박물관은 어떻게 해서 새로운 전시방법을 가지는 것이 가능해진 것인가? 근대의 박물관 전시가 시대의 흐름을 잘 파악하고, 사람들의 감성에 호소하고, 사회 분위기에 어울리는 전시가 많아진 것은 사실이다. 사람들은 '박물관은 이렇다'라기보다는 '내가 보고 싶었던 것은 이것이다'는 감각으로 전시를 택하고 있다. 21세기에 들어와서 이와 같은 박물관의 기능을 확장하려는 시도는 대체로 이용자에게는 호평을 받고 있다.

1980년대 이후 30년 동안 과학계 박물관의 체험전시에서 시작된 교육 중시의 박물관 건립은 전시라는 개념 자체를 크게 확장해왔다. 나라를 대표하는 큰 규모의 박물관은 자국의 역사 인식에 근거한 전시를 원칙으로 하는데, 사회와의 관계성 속에서 전시 스토리를 구성하기 시작하게 되면서 보다 글로벌한 가치관을 가진 전시가 실현되었다. 스미소니언 항공우주박물관 Smithsonian National Air and Space Museum에서 열린 〈원폭전(Enola Gay 전)〉이 좋은

---

82) 타카야스 레이지(高安礼士) : 치바시과학관(千葉市科学館) 프로젝트 어드바이저(プロジェクトアドバイザー).

예로, 자국 내 일부 사람들의 시점에 치우치지 않고, 보다 폭넓은 관계에서 전시 스토리를 구축하려는 시도가 보인다. 이 박물관에서 이런 종류의 시도가 갑자기 일어나게 된 것은 아니다. 국립미국역사박물관The National Museum of American History에서 개

〈그림 8.1〉 스미소니언 국립미국역사박물관의 태평양전쟁 시대의 일본계 미국인 전시

최된 〈태평양전쟁 시대의 일본계 미국인Japanese American during World War Ⅱ〉전 등에서 이미 그와 같은 선진성이 느껴진다(〈그림 8.1〉). 이 전시는 단지 사회적 현상을 사실로 취급하고 해석하여 전시스토리를 구성할 뿐만 아니라, 다양한 입장에서 보는 복합적인 맥락에 준거하는 전시의 선구가 되었다. 이러한 시도는 그 후 스미소니언 항공우주박물관의 〈원폭전〉과 같은 논쟁적인 전시의 전개를 가능하게 했다.

국립미국역사박물관에서는 지난 수십 년에 걸쳐서 새로운 전시를 시도해 왔다. 그것은 '물건 스스로가 말하게 하는 것', '물건·사건과 관련된 인물에게 말하게 하는 것', '사회와의 관계에서 말하게 하는 것', '방문자와의 만남 속에서 말하게 하는 것'으로 변화해 왔다. 이러한 변화에는 '전시는 방문자와 만나야 완료된다'는 사고방식이 깔려있다.

또한 최근 영국의 박물관에서 보이는 경향은 학교연계와 어린이가 참가할 수 있는 전시이며, 주제는 기후변동이다. 이는 정부가 지원하는 중점정책에 응하는 측면도 강하다고 생각되지만, 블레어 정권 아래 교육 중점정책이 간신히 살아남아 귀중한 박물관 자료가 적극적으로 교육에 활용되고 있는 인상이다.

이는 물건 자체가 지닌 학문적 맥락 속에서 소개하는 것, 사회적 맥락 속에서 소개하는 것, 그리고 개인적 맥락 속에서 교육활동에 활용하는 단계를 밟아왔다고 이해할 수 있다. 물론 이것들 중 어느 것이 뛰어나다고 하는 것이 아니라, 어디까지나 해당 박물관의 설립목적과 전시를 포함한 커뮤니케이션 정책에 의해 선택해야 할 것이다.

세계적 기준에서 생각한 '전시의 과제'와는 별도로, 일본 특유의 과제도 있다. 일본박물관협회日本博物館協会가 실시한 〈일본의 박물관 종합조사 연구보고서日本の博物館総合調査研究報告書〉(2009년)에 따르면, 현 상황의 과제는 '박물관의 기본적인 기능'의 실현이 어렵기 때문에 박물관 본연의 기능인 전시에 충실할 수 없다는 것이다.

또한 일본전시학회日本展示学会가 정리한 〈전시학(展示学)〉(2010년, Vol. 40)에 의하면, 박물관 자료의 확대에서 전시기술이 진보하는 것은 환영해야 할 일이지만, 그 때에는 본연의 과제인 '보존이냐, 공개냐'가 새삼스럽게 문제화할 것이라는 점이다. 이러한 과제를 해소할 가능성이 있는 것이 디지털기술일 것이다.

제2절 디지털화의 진전과 전시

박물관의 정보공개는 20세기 후반부터 21세기 초반에 걸쳐서 도서관 및 아카이브와 함께 사고방식이 바뀐 분야이다. 박물관·아카이브는 보존과 이용에 균형을 생각하는 경우가 많았지만, '박물관 정보에 대한 접근성(이용의 용이함)'이 하나의 달성목표가 되어 정보공개가 진행되었다. 그 기술적인 뒷받침으로, 컴퓨터 통신을 시작하는 디지털 기술의 진보가 있어, 박물관 정보의 제공방식으로 디지털 아카이브라는 개념이 주목받고 있다. 최근에는 이 디지털 아카이브라는 용어의 뜻도 변화하여, 엄밀한 의미에서 아카이브의 디지털판이라는 의미는 없어졌다.

그 배경에는 전자기술의 발달에 따라 '물건·도서·고문서'에 담긴 정보내용을 디지털화하는, 즉 박물관·도서관·아카이브 기능의 공통화로 인식되는 MLA(Museum, Library, Archives)의 일체화가 목표가 된 것이다. 특히 종합적인 기능을 가진 박물관은 '현용現用'[83] 및 '역사적 보존물'과는 별도로, 소장자료의 활용이 강하게 요구됨에 따라 디지털화의 중심적 역할이 기대되어 왔다. 그 때문에도 정보의 품질보증과 취득의 용이함access이 중요하고, 그것을 뒷받침하는 조사·연구에 기초한 '디지털 아카이브'라는 '서비스'가 주목받게 된 것이다. '디지털 아카이브'란 웹상의 서비스기관이나 도서관·아카이브의 정보단말기에서 원하는 정보를 얻을 수 있는 '정보 수납고'로도 생각할 수 있지만, 여기에서는 박물관의 전시서비스 기능의 일환으로 소개하고자 한다.

박물관전시론에서의 정보공개와 디지털 아카이브는 박물관 전체 기능 중에서 논의해야 할 부분이다. 정보공개에 대해서는 정보공개 일반론으로서가 아닌, 박물관 특유의 정보수집과 제공으로써, 또한 디지털 아카이브는 정보기술론으로서가 아닌 어디까지나 박물관의 새로운 '시대적 사명과 기능'으로 논의해야 할 것이다.

---

83) 현재 쓰고 있음. 또는 그런 것. 역주

21세기인 오늘날 박물관 전시와 관련된 정보 및 디지털화에 대해서는 엄청난 기술적인 변화와 비용대비 효과를 주시하고, 보다 진중한 대응이 현실적이라고 생각된다. 그 근거가 되는 것은 비슷한 기능을 가진 도서관·아카이브와의 관계에서 정보공개와 디지털화를 고려하게 되었기 때문이다. 영국에서는 경영효율과 함께 대국민 서비스 향상이라는 관점에서 사회교육기관인 박물관·도서관·아카이브 이 세 기관의 융합이 시도되어 왔다. 여기에서는 이러한 동향을 살펴보고, 정보공개와 디지털 아카이브에 대하여 논하고자 한다.

박물관에서의 정보공개란 박물관 자료와 관련된 정보에 대한 공개 의무이자 서비스이다. 현용 정보인 도서에 대해서는 공개하는 것이 당연한 것이지만, 고문서에 대해서는 사문서와 공문서가 있고, 다양한 규정이 각국 및 지방자치단체에서 행해지고 있다. 특히 행정자료 등에 대해서는 정보공개 조례 등에 따라 공개가 정해져 있어 이용이 진행되고 있는 한편, 30년이 지나지 않으면 공개할 수 없는 경우도 있다. 현실적으로 일본에서는 박물관·도서관·아카이브의 융합은 진행되고 있지 않다.

일본의 박물관에서는 박물관 자료의 수집 및 조사·연구의 성과로서 정보공개를 하는 것이다. 하지만 '박물관에서의 정보'를 오늘날의 의미로 바꾸면 박물관 자료에 입각해서 생긴 것으로, 다음과 같이 다방면에 걸친 것으로 여겨진다.

① 실물자료(전시·수장·연구·대차자료 외)에서 직접적으로 발생하는 정보
② 실물자료에서 발생한 간접적인 정보(도서·보고서·문헌자료)
③ 교육보급자료(교육보급사업의 텍스트, 커뮤니케이션 도구의 정보)
④ 조사·연구에 관한 정보

⑤ 박물관 경영·관리에 관한 정보

⑥ 동호회·자원봉사자 등 외부연계 기관에 관한 정보

이러한 박물관 정보는 박물관 설립취지에서도 '원칙적으로 모든 정보는 공개'해야 하지만, 정보공개에 뒤따르는 '자료의 보호·보전', '저작권', '개인 정보보호', '정보윤리' 등 일반론으로서 다양한 배려를 하는 것이 당연하다.

박물관에서의 아카이브란 단지 고문서만을 가리키는 것이 아니라, 사진·도판·보고서·해설문·관련정보 등을 포함하는 폭넓은 대상을 통일적인 미디어에서 제공할 수 있는 '일련의 정보 콘텐츠'로 파악하고, 다시 그 활용을 살펴보는 방법으로 디지털화하는 것을 말한다.

지금까지 실시해 온 박물관의 디지털화는 주로 박물관 내의 사람들을 위한 '디지털화=데이터베이스'였지만, 이제부터는 이용자에 대한 서비스로서의 디지털화이기 때문에, 그 대부분은 '인터넷'에서의 제공을 전제로 한다. 전시론으로서의 아카이브도 단독 데이터베이스보다 다른 것과 네트워크적으로 연결된 정보제공 서비스가 주류가 된다. 지금까지의 경험에서도 박물관의 독자적 시스템에 의한 정보 네트워크의 구축은 단지 개발비용이 높을 뿐만 아니라 사용하기 어려운 것이었다. 그 때문에 앞으로도 웹사이트의 활용과 그것을 이용하는 개별 이용자에 대응할 수 있는 시스템이 요구되고 있다. 네트워크화된 디지털 아카이브는 박물관자산Assets of the museum이 된다.

박물관에서의 정보창출은 '실물자료에서 생기는 박물관 정보'에서 단적으로 드러난다. 이 절에서는 자료관련 정보로 압축하여, 자료에서 발생하는 정보제공에 관한 조직적인 대응에 대해서 소개했다.

박물관에서는 연구조직을 중심으로 '소장품의 체계적인 구축 및 인류의 공유재산으로 미래에 미치는 계승' 사업을 전개하고 있다. 이 사업은 자료에 대한 조사·연구 후 자료의 등록과 일반공개를 하는 것이며, 이 프로세스야말로 박물관에서의 정보의 창출과 제공의 본질이지만, 일본은 이것이 매우 약하고, 인재도 부족한 편이어서 향후 정규교육과정에서의 과목개정에 의한 인재육성을 기대하고 있다.

제3절 박물관 활동으로서의 전시

1. 전시실의 과제

지금까지 일본의 박물관에 지대한 영향을 준 나라는 박물관 선진국인 미국·영국·프랑스·독일·네덜란드 등인데, 특히 나라의 규모도 사회제도도 비슷한 곳은 영국이다. 현재 영국의 박물관 전시에서 깨닫게 되는 것은 과학계 박물관은 물론이고, 더브리티시박물관The British Museum(대영박물관)과 빅토리아·알버트박물관Victoria and Albert Museum에서조차, 핸즈온 전시를 적극적으로 하고 있는 점이다. 그 배경에는 학교연계와 가족 중심의 이용자 증대, 특히 어린이의 박물관 이용에 대응한 운영이 요구된다는 점에서, 원리를 체험적으로 학습하는 전시가 적극적으로 도입되고 있다.

이러한 점은 반드시 일본의 박물관에 영향을 줄 것이라고 생각된다. 일본의 민족박물관이나 역사박물관에서도 어린이들이 이해하기 쉽도록, '핸즈온 전시'가 귀중한 자료의 '핸즈오프 전시'와 함께하게 진행되고 있다(〈그림 8.2〉). 이로 인하여 박물관은 운영상 어려운 과제를 짊어지게 되는데, 이것은 시대의 흐름으로 봐야 할 것이다.

또한 2011년 가을 국립과학박물관에서 개최된 '노벨박물관 순회전'에서 보았듯이 영상을 구사한 예술적인 전시실 연출은 유럽에서는 주류가 되고 있으며, 각각의 자료에 대한 정보와 함께 메시지성을 가진 전시공간 만들기가 계속될 것으로 보인다.

이와 같이 전시실을 체험적이고 아늑한 공간으로 만들기가 진행되

〈그림 8.2〉 더브리티시박물관의 체험학습 실물자료 바로 옆에서 하는 핸즈온 및 핸즈오프 활동.

면서, 생활공간과의 융합을 도모해 나가게 되어, 이제 전시실은 쾌적한 편의공간이 될 것이다.

2. 일반화·확대하는 전시

박물관 전시란 '물건'을 이용하여 사람에게 '작용하다'(교육보급)는 의미이다. 하지만 이 '물건'을 전시하려면 많은 과정이 필요하다. 역사적으로는 소위 한 사람의 개인에 의해 이루어진 수집품을 일반인에게 공개하는 것에서부터 시작한 근대적 박물관은 공적 자금을 이용하는 것이기에, '일반대중'을 위한 '공개성'과 '학술적 평가'라는 역할도 가지게 된 것이다. 이 과정을 박물관 설립취지와 목적에 준하여 제시하는 것이 전시이다.

그 후 박물관이 가진 기능과 비슷한 생각에서 뛰어난 자연경관과 정물의 보호를 목적으로 한 '국립공원'이나, 문화재의 보호를 목적으로 한 건조물이나, 매장문화재에 대한 보호책이 도시계획과 관련 하에 각국에서 시행되고 있다. 최근에는 박물관의 사회적 사명이 확대됨에 따라, 박물관 자료의 취

급범위도 확대되어, 이른바 자연·문화유산센터heritage centers로서의 역할도 기대되고 있으며, 또한 일본에서는 평생학습의 핵심시설로서의 역할도 기대되고 있다. 이러한 점에서, 에코 뮤지엄 구상 등에서 보이는 지역별 자연이나 건조물의 보존이 일반화되고, '박물관 활동'으로서 전시로 취급하게 된 보통의 실내전시에서 다루는 자료부터 건조물과 토목공예품 등의 근대화 유산 등도 전시자료로 수집하게 되었다. 이를 통하여, 마을 만들기나 지역 커뮤니티 형성처럼 지역 전체의 야외박물관으로서 확대된 전시기능을 가진 새로운 박물관의 운영이 기대된다.

따라서 박물관의 기능이 확대되고 교육자료의 중요성이 커지게 되었기에 ① 유적·유구·유물(고고, 산업), ② 근대화 유산, ③ 실험장치·제작장치, ④ 역사적 자료·시험재료, ⑤ 컴퓨터 장치·소프트웨어, ⑥ 교육자료(실험도구·실험자재·시범방법), ⑦ 해설도판·해설패널, ⑧ 어뮤즈먼트amusement 장치, ⑨ 과학·오브제(과학·예술) 등이 새로운 전시자료로 채택되어야 할 것이다.

향후 일본 박물관 분야의 흐름은 세계유산의 예에서 볼 수 있듯이, 일본에서도 지정문화재 시대에서 등록문화재 제도의 시대가 되어, 지역에 뿌리를 둔 폭넓은 박물관 활동이 한층 더 요구되고 있다. 이러한 흐름은 2011년 11월이라는 시점에서 '지역 통째로 박물관地域まるごと博物館'을 검색하면 상당수의 지역이 이에 착수한 사례가 있다는 사실을 통하여 알 수 있다.

3. 사회적 존재가 된 박물관

일본에서는 다양한 정보기기와 즐거운 게임 등이 개발되는 가운데, 현 상황의 학교교육과 수험체제에 대해서도 유연하게 대응하고, 청소년을 중심으로 하는 참가자의 이점이 되는 제도와 과학기술을 평등하게 누릴 권리를 보증하는 사회 시스템이 필요하게 되었다. 또한 연구자와 사회의 괴리가 사회 시스템으로서의 문제라고 한다면, 과학자와 기술자가 사회와 접점을 가진 활동(과학 커뮤니케이션)의 장으로서 과학박물관의 역할이 기대되고 있다. 한편, 사회가 요구하는 박물관의 이념은 반드시 혼재화하는 것은 아니다. 설문조사 등에 의한 요구 파악에도 한계가 있다. 체계적인 박물관 마케팅의 필요성도 생기고 있다. 또한 사회의 '숨겨진 요구와 바램'을 파악하는 것이 요구되고 있다. 이러한 때에 가장 기본이 되는 것은 학예직이 자신의 전문성에 대해 되묻는 것을 잊지 말아야 한다는 점이다.

몇몇 선구적 박물관에서는 이러한 동향이 이미 시작되었다. 스미소니언의 국립미국역사박물관은 '기술과 사회와의 관계'를 맺는 것을 〈원폭전〉과 〈미국인의 생활 속에서의 과학Science in American Life〉전에서 도전하고, 런던의 과학박물관The Science Museum은 전시 일부에 '연극을 도입한 체험공간의 재현'을 목표로 하고 있으며, 런던의 자연사박물관Natural History Museum은 자료의 수장·보관·연구를 그대로 전시하면서 새로운 커뮤니케이션을 추구하는 다윈센터Darwin Centre를 설치했다(〈그림 8.3〉). 또한 도이치박물관 Deutsches Museum(국립독일박물관)에서는 '아이맥스 극장에서의 즐거움'을 도입했다.

〈그림 8.3〉 런던 자연사박물관의 다윈센터

많은 박물관에서 핸즈온 전시가 모색되고, 교육과 어린이박물관이 새로운 흐름이 되었으며, 세계 각지에서의 박물관 활동은 학습에서 엔터테인먼트와 사회복지활동으로 변화하는 경향을 보이고 있다. 이것은 박물관이 사회의 동향에 즉시 응하면서, 각 박물관다운 콘셉트를 제시하는 흐름으로 위치를 부여받게 된 것이다. 여기에서 콘셉트는 사람들과의 공생·가족간의 유대·새로운 교육이론·환경·건강·동식물과의 공생·문화의 다양화·초현실 체험주의·실물자료를 이용한 사회와의 관련 전시·배리어 프리 barrier free·아웃리치outreach 등이다.

일본의 국립과학박물관은 과학계 박물관에서의 '과학리터러시 함양 활동'의 체계 〈4가지 목표와 5세대〉로 '유아-초등학교 저학년기', '초등학교 고학년-중등학교기', '고등학교·고등교육기', '육아기·중장년기', '고령기'의 세대 및 라이프 단계별 학습이 성립하는 전시를 비롯한 다양한 교육활동을 '과학 커뮤니케이션'이라고 통일적으로 파악하고, 박물관 학습의 체계와 틀을 공개하고 있다(〈표 8.1〉). 이것은 박물관에서의 학습이론을 기초로 한 연구 성과이며, 머지않아 전시구성에 환원할 수 있을 것이며, 박물관의 교육 및 연구활동을 그대로 다 전시화하는 사례이기도 하다.

이처럼 사회의 구조변화에 따라 박물관에 요구하는 바가 바뀌고, 박물관도 전시주제나 방법을 바꿀 수 밖에 없다. 박물관과 도서관은 인터넷 등 정보 환경의 정비에 크게 영향을 받고 있다. 첨단기술에 의하여 사실적인 영상과 다양하게 가공된 정보를 가정이나 직장에서 간단하게 입수할 수 있게 된 지금, 박물관과 도서관에 가는 행위가 이러한 정보환경과 나란히 위치하게 되었는데, 그 의미를 재고해 보면 '새로운 가치'를 요구하는 시대가 되었다는 것이다.

중요한 것은 박물관의 시선이 항상 사회의 동향에 집중하고, 다양한 분야

〈표 8.1〉 국립과학박물관의 세대별 과학리터러시 함양 활동

와 관계를 맺고 있다는 것이다. 학예직에게는 이러한 시대를 인식하고 사회에 대한 제언을 하는 것이 자질의 하나로 요구되고 있다. 박물관은 지역이나 학교와의 연계 및 각계의 오피니언 리더와의 교류나 학회활동 등을 통해서 사회의 의사형성에 참가하는 것, 즉 지역사회에 기초한 '박물관활동 통째로 전시'가 요구되는 시대가 된 것이다.

제 2 부

박물관교육론

제9장 교육이란 무엇인가?[84]

박물관의 궁극적인 목적은 '교육'에 있다고 한다. 전시는 박물관 교육의 중심이다. 일본에서 전시 이외의 교육보급활동이 중시된 것은 1970년대 중반 이후가 아닐까 생각된다. 그렇지만 그것은 시설·소장자료의 수·학예직의 수 등에 있어서 일정한 규모와 체제를 가진 박물관에서나 볼 수 있는 정도였다. 적어도 '교육'을 박물관 조직의 중심에 두고자 교육부문을 명확하게 자리매김하는 박물관이 등장하게 된 것은 1980년대 중반이다.

서구의 박물관에서는 교육부Department of Education라는 조직이 일찍부터 설치되었지만, 일본에서는 1988년에 실치된 국립과학박물관國立科學博物館 교육부敎育部가 최초이다. 국립과학박물관은 그 이전인 1984년에 기존의 사업부를 개편하여 교육보급부로서 박물관의 '교육' 중시를 내세웠지만, 이를 보다 분명하게 하고 평생학습의 요청에 부응하기 위하여 교육부서로 독립시킨 것이다. 이는 국립과학박물관이 박물관 교육의 연구개발과 실천활동을 본격화하려는 의지를 보여주고자 했던 것이며, 이 분야에서 일본 내 박물관의 선구적 역할을 하게 되었다. 교육보급관敎育普及官·교육전문관敎育傳門官·교육자원봉사담당관敎育ボランティア担当官 등을 배치한 것도, 일본의 박물관에서는 전혀 새로운 시도였다. 이를 모델로 해서 몇 년 후에 이바라키현자연박물관茨城県自然博物館이 교육과를 설치하는 등 박물관 교육 문제에 강한 관심을 기울이는 기운을 일본에서 볼 수 있게 되었다.

---

84) 오호리 사토시(大堀哲) : 나가사키역사문화박물관(長崎歷史文化博物館) 관장.

이 장에서는 박물관 교육의 중요성을 감안하여 그 전제가 되는 '교육의 기본'과 관련된 여러 문제에 대해서 고찰해 보고자 한다.

제1절 교육의 본질

교육의 중요성은 어느 시대에도 변하지 않는다. 더구나 '교육이란 무엇인가'에 대한 공통된 정의가 있는 것도 아니다. 하지만 교육에 대한 사고방식·의견·질문 등은 다채롭다. 예를 들어, 학교교육에 관해서는 '지식편중의 교육에 너무 치우쳐, 인간교육이 소홀히 되고 있다', '어린이들 개개인의 능력을 펼칠 수 있는 교육이 부족하다'라든지, 가정교육에 있어서는 '부모가 과잉보호로 자녀를 응석받이로 만들고 있다', '예절교육이 부족하다', 또한 지역사회에 있어서의 교육도 '지역이 전체적으로 어린이를 교육한다는 의식이 약해서, 전체로서 지역의 교육력이 저하되고 있다'고 말하는 것 등이다. 자칫하면 이런 식으로 교육의 문제는 교사·부모·지역사회 모두가 잘못했기 때문이라고 묶어서 논할 수 있다. 이어서 교육의 위기가 주장되면서 교육에 대한 맹비난을 하게 된다. 교육은 누구나 받았던 경험이 있고 친근한 문제인 만큼, 각자 어떤 의견이든 가질 수 있다. 하지만, 비난하는 것만으로 교육문제의 근본적인 해결방안이 보이는 것도 아니고, 그 근본에 다가서는 것도 아니다. 그 사실을 인식하지 않고 바람직한 교육을 창조하는 것은 어렵다고 할 수 있다.

교육의 정의는 개개인에 따라 내려진다고 해도 과언이 아닐 정도로 다양하다. 물론, 그것은 시대에 따라서도 다르고, 나라나 지역에 따라서도 다르다. 어떠한 경우에도 옳다고 할 수 있는 정의는 없다고 말할 수 있을 것이다.

여기서 교육이란 도대체 어떤 뜻에서 유래하고 있는지, 어떤 본질을 가지고 있는 개념인지에 대하여 먼저 생각해 보자.

'교육'의 말뜻은 영어의 'education'과 같으며, 그 어원인 라틴어의 'educatio'가 '추출하다'라는 의미를 가지고 있다는 점에서 설명이 된다. 교육이란 본래 사람에게 내재되어 있는 가능성을 '추출하는 것', '길러내는 것'을 의미한다. 이 '추출하는 것'과 '길러내는 것'의 의미가 어떻게 인식될 수 있는지는 당연히 사람마다 다르다.

교육의 본질에 대해서 우메네 사토루梅根悟는 "인간은 누구라도 사회생활을 통해서 형성되어 가는 것이다. 그 과정에서 사회적·자연적 환경 그리고 그 사람의 타고난 소질, 이 세 가지 힘의 다양한 작용·영향 등이 있지만, 인간형성에 빼놓을 수 없는 또 다른 힘이 교육이다. 확실히 사회적 환경, 자연적 환경 및 개인의 타고난 소질이 인간형성 과정에 작용하고 있지만, 이것들은 인간의 의식과는 독립적으로 진행되는 자연성장적인 과정이며, 이른바 인간형성의 기초적인 과정이라 할 수 있다. 이 인간형성의 자연성장적·기초적 과정에 작용하여, 바람직한 방향으로 향하도록 목적의식적으로 조절하는 힘이나 행위가 교육이다. 그러나 인간의 내면에 있는 것을 끌어내기 위해서 움직이고, 바람직한 방향으로 이끄는 교육의 힘은 매우 중요한 것이지만, 그것은 또한 인간을 형성하는 많은 힘 가운데 하나에 불과하다는 것도 인식해 두어야 한다"는 교육론을 전개하였다(헤이본샤 1992).[85] 여기에는

---

85) 헤이본샤(平凡社)의《世界大百科事典 6》(1972) 중 우메네 사토루(梅根悟)의 〈教育〉참조.

인간의 가능성을 추출하는 교육의 힘이 크다는 것, 즉 교육은 개개인이 지닌 능력의 가능성을 최대한 끌어내기 위하여 움직이는 의도적·계획적인 행위이며, 그것에 의하여 바람직한 모습으로 이끌어가는 것이 매우 중요하다고 말하는 우메네의 교육 철학이 보인다.

이러한 교육론은 루소, 페스탈로치, 공자 등 동서고금의 많은 교육사상의 고전에서도 찾을 수 있다. 임마누엘 칸트는 "인간은 교육되어야 하는 유일한 피조물이다"는 말을 남기고, "인간은 인간에 의해서 비로소 인간이 된다"고 서술하고 있다. 인간은 인간에 의해서 심신의 가능성을 꽃피우고, 사회의 구성원으로서 필요한 노동과 사회적 능력을 몸에 익히게 되는 점을 강조하고 있는 것이다. 여기에는 개인의 성장은 교육 없이는 있을 수 없으며, 문화의 전달 없이 인류의 지속도 발전도 없다는 칸트의 교육필연론이 강하게 보인다. 인간의 성장(인간형성)은 인간관계 속에서만 가능하고 교육에 힘입은 바가 크다.

호리오 테루히사堀尾輝久는 "어린이 속에 있는 본성은 사회 속에서 사회적 관계를 통하여 나타나는 것이며, 이 자연적 본성을 조직화된 문화를 매개로 인간적(사회적)인 것으로 나타내려는 기술(방법)이 교육임에 틀림없다"고 서술하고 있다(호리오 1989:93).

칸트의 교육론에서 볼 수 있듯이 호리오堀尾도 "인간적 관계 속에서만 인간이 성장한다"고 기술하고 있다. 이것은 새로운 친구관계, 첫 아르바이트 노동체험, 협력과 어려움을 공동 체험하는 부활동 등 다양한 기회에 의하여 인간은 성장하는 것임을 보여주고 있다고 할 수 있다.

이렇듯 인간은 서로 영향을 주고받는 관계 속에서 무의식적인 작용으로 성장하는 경우도 적지 않다. 다시 말하면, 인간은 반드시 의도적으로 성장시키려는 의지에 따르는 것만은 아니다. 사람은 다양한 관계 속에서 살아가는 동안 성장(형성)하는 것이다.

이 무의도적인 인간형성에 대해서 우메네梅根 등의 교육론에서 볼 수 있듯이, 교육에는 의도적·의식적인 성격을 주장하는 사고방식이 있다. 즉 인간형성을 의도적·계획적·조직적으로 하는 학교로 대표되듯이, 교육은 사람이 가지고 있는 능력의 가능성을 끌어내어 바람직한 방향으로 향하게 하는, 말하자면 인간의 성장 전체를 의도적으로 지원하는 행위라고 정의할 수 있다. 하지만 교육의 정의는 두말할 것도 없이 단 하나의 정답만 있는 것은 아니다. 결국 인간은 자연적·사회적·문화적 환경과의 관계 속에서 자기형성을 하는 것이지만, 교육은 인간이 평생을 통해서 자질과 능력을 키우고, 주체적인 성장과 발달을 계속해 나가는 데 중요한 역할을 맡고 있다.

제2절 교육의 목적

교육의 목적은 학교교육·사회교육·기업 내 교육·환경교육·유토리교육ゆとり教育 등에[86] 따라 제각각이다. 여기에서는 우선 '교육의 목적'에 대해서 일본의 〈교육기본법〉 제1조에서 들고 있는 규정을 살펴보고자 한다.

제1조 '교육의 목적'에는 "교육은 인격의 완성을 목표로 하며 평화적인 국

---

86) 유토리(ゆとり)는 '여유'란 뜻으로 주입식 교육을 탈피하고 학생의 자율성과 종합 인성교육을 중시한 교육. 사고력·표현력·남에 대한 배려 등을 '살아가는 데 꼭 필요한 덕목'으로 꼽고 이를 육성하는 것을 교육목표로 삼는 일본의 교육정책. 역주

가 및 사회의 형성자로서 진리와 정의를 사랑하고 개인의 가치를 존중하며 노동과 책임을 중시하고 자주적 정신으로 충만한 심신이 모두 건강한 국민의 육성을 위하여 행해져야만 한다"고 규정되어 있다.[87]

이 규정은 어떤 목표를 향해서 사람을 교육할 것인지에 대하여 규정한 것이다. 이 규정에 의하면, 교육은 '인격의 완성'을 목표로, '평화적인 국가 및 사회의 형성자로서 진리와 정의, 개인의 가치, 노동과 책임, 자주적 정신과 같은 덕목을 가진 심신이 모두 건강한 국민'을 육성하는 것을 목적으로 한 품위 높은 것이다. 제2차 세계대전 후 얼마 뒤에 제정되어 1947년에 공포·시행된 이 규정은 당시 혹은 그 이전의 일본이 처한 상황에 대한 반성 위에 서 있다고 생각된다. 그것은 또한 인간 안에 잠재하는 무한한 가능성을 최대한으로 계발·배양하여 인격의 완성을 목표로 하는 것이 교육의 목적이라는 것을 강조한 것이라고 말할 수 있다. 이 규정에는 국가·사회의 형성자로서 노동과 책임을 중시하고, 주어진 것을 가지는 것이 아니라 스스로 배우고 생각하는 태도, 자주적 정신을 기르고자 하는 교육의 목적이 명확히 나타나 있다고 말할 수 있다. 국가의 일원이자 지역을 만드는 주체로서의 책임이라는 의식이 요구되는 교육의 목적은 점점 중요하게 될 것이기에 이 규정의 의의는 크다.

《니토베 이나조 전집新渡戶稻造全集》 제5권 수상록隨想錄에[88] '교육의 목적'으로 다섯 가지를 들고 있다(니토베 1970). 그것은 ① 기능을 몸에 익히는 직업

---

87) 이것은 개정 전의 〈교육기본법〉(1947년 법률 제25호)으로, 일본에서는 2006년 12월에 〈교육기본법〉(2006년 법률 제120호)을 개정함. 역주

88) 니토베 이나조(新渡戶稻造)의 《수상록(隨想錄)》은 1907년에 출판됨. 역주

인을 위한 교육, ② 여가를 이용하여 학문과 교양을 몸에 익히는 것을 즐기게 하는 것, ③ 인생을 즐겁고 폭넓게 하는 학문을 하는 것, ④ 실용적이지는 않아도 사물의 원리나 진리의 탐구를 중시하는 것, ⑤ 인격을 고상하게 하고, 원만한 인간으로 기르는 것 등이다.

여기에서 '여가선용의 중요함'에 대해서 고찰해보자. 이것은 학문을 하면서, 또는 일을 하면서 여가를 이용해서 음악이나 회화 등 예술을 접하는 취미, 여유를 가지는 것의 중요함을 기술한 것이라고 생각된다. 외국 여러 나라의 대학생은 박물관을 방문해 전시를 보거나, 박물관의 전문가와 접촉하여 조사·연구의 지원을 받는 등 박물관을 유효하게 활용하고 즐기는 습관이 몸에 배어 있다고 한다. 이에 비하여, 일본 대학생의 박물관 이용은 매우 저조하다.

이것은 초·중등학교 시기의 박물관 리터러시literacy 교육이 부족했던 것도 원인의 하나이며, 학생들만의 문제는 아닐 것이다. 박물관 측도 박물관 이용방안 등에 관한 노력을 소홀히 하고 있었던 점을 부정할 수 없다. 젊은 시절에는 여가를 이용하여 실물을 접하고 사색하거나, 다양한 문화를 즐기고 풍부한 감성을 기르는 여유가 필요하다.

⑤의 인격을 고상하게 하는 교육에 대해서 생각해 보자. 대학에서 세분화된 학문을 진지하게 추구하는 것은 중요하다. 하지만 사회에서 일어나는 현실의 문제에 민감하게 반응하고 상식을 갖춘 커뮤니케이션이 가능한 인간, 자주성을 가진 인간, 고상한 인간을 기르는 교육이 강하게 요구되고 있다.

그런데 미국에서는 '교육의 목적은 어린이의 자립에 있다'고 생각하고 있다. 이 때문에 부모의 책임성이 명확하다. 일례로, 성적이 나쁜 것을 학교의 책임이라고 하지 않고 가정교육에 책임이 있다고 생각한다. 이처럼 도덕·

규율·정신 교육의 책임 소재가 부모인지 학교인지 모호한 일본과는 달리, 미국은 이를 부모의 역할과 책임임을 명확하게 의식하고 있다.

한편 일본의 1960·70년대 학교교육은 지식의 주입식 교육, 입시경쟁의 과열, 심지어 교내폭력 등이 큰 문제가 되어, 1977년경부터 수업시수 감축으로 전환하여 1998년에는 학습내용의 30% 삭감·종합학습시간의 신설 등에서 볼 수 있는 교육개혁과 학습지도요령 개정의 흐름이 생겨났다. 이른바 '유토리ゆとり 교육'의 시작이다. 이 유토리 교육은 '각 학교가 스스로 지혜를 내서 특징이 풍부한 교육을 실시한다', '배우는 학습범위를 좁혀서 학생의 부담을 줄이고, 남은 시간을 학생 개인의 자율적 학습시간으로 한다', '학생 개인의 자주성을 넓힌다'는 것을 교육의 목적으로 하고 있다. 이것은 학생의 자주성 신장에 중점을 두고 있는 것으로 보이며, 전후 특히 거세진 소위 주입식 교육에 대한 반성에서 생긴 발상일 것이다.

유토리 교육은 학생의 학습의욕, 학습효과 및 그 질을 향상시키려는 관점에서, 자주적으로 교과선택을 시키거나, 각 학교가 창의적으로 연구하여 독자적인 커리큘럼을 짜서 다양한 학습 기회를 학생들에게 제공하는 종합학습 등의 형태가 있다. 이러한 유토리 교육을 통해서 학생들이 사물을 자신의 머리로 생각하는 힘을 몸에 익히거나 스스로 조사하는 경험을 쌓거나 해서 스스로 문제를 해결하는 힘을 키우는 것으로 이어지는 측면이 있다고 생각된다. 또한 풍부한 인간성이 길러지고, 살아가는 힘 - 다양한 가치관을 배우는 힘 - 도 몸에 익히게 하는 점도 있어, 정착하는 듯했다.

하지만 2007년 일본정부의 교육재생회의에서 학력저하 문제가 각 방면에서 지적되면서 '유토리 교육의 재검토'가 제안되었다. 2008년 1월 〈학교교육법 시행규칙學校教育法施行規則〉이 개정되고, 3월에 '신학습 지도요령新学習指導要

領'이 공시되었다. 초등학교는 2011년 4월부터, 중등학교는 2012년도부터 전면적으로 실시되었고, 또한 고등학교는 2013년도부터 연차 진행으로 실시되고 있다. 이 개정의 기본적인 개념으로서 ① 2006년 2월, 60년 만에 개정된 〈교육기본법〉의 개정 등에서 명확하게 된 교육이념을 근거로 하여, '살아갈 힘을 육성', ② 지식·기능의 습득과 사고력·판단력·표현력 등의 균형적인 육성을 중시, ③ 도덕교육이나 체육 등을 충실히 하여 관대한 마음과 건강한 몸의 육성 등 세 가지를 들고 있다. 하지만 이 개정이 학습내용의 증가에 따른 주입식 교육·지식편중 교육으로 되돌아가거나, 학생들의 과외 체험학습 등의 시간이 축소되어, 자주성과 유연성이 박탈당하지 않는가 하는 우려가 있는 것도 사실이다. 따라서 〈교육기본법〉에 명시되어 있는 교육목적의 실현을 소홀히 하는 일이 없도록 노력해야 하는 것은 말할 필요도 없다.

제3절 학교교육과 사회교육의 성격차이

1. 사회교육의 정의

교육의 영역은 '교육장소'의 차이에 따라 구분된다. 그것은 일반적으로 학교교육, 사회교육 및 가정교육의 세 가지이다. 최근에는 기업 내 교육, 직장 내 교육, 각종 공적·사적 조직 내 그리고 시설, 단체내부 등에서 행해지는 교육도 사회교육의 영역으로 여겨지고 있다. 사회교육은 학교교육이나 가정교육과는 달리, 다양한 시설이나 단체 또는 개인학습도 포함하기 때문에 명확한 개념을 갖는 것이 어렵다.

일반적으로 사회교육이란 넓은 의미로 '학교교육 이외의 조직적인 교육의 총칭'이라고 정의된다. 좁은 의미에서의 사회교육은 '청소년이나 성인의 의식과 행동양식의 변화를 지향하는 학교교육·가정교육 이외의 교육활동'으로 정의된다.

또한 〈사회교육법〉 제2조는 사회교육이란 "학교교육법에 근거하여 학교의 교육과정으로 행해지는 교육활동을 제외하고, 주로 청소년 및 성인에 대해서 행해지는 조직적인 교육활동(체육 및 레크리에이션 활동 포함)"이라고 규정하고 있다. 더욱이 〈사회교육법〉 제3조에서 "국가 및 지방공공단체는 사회교육의 장려에 필요한 시설의 설치 및 운영, 집회의 개최, 자료의 작성, 분포와 기타의 방법에 의하여 모든 국민이 온갖 기회와 장소를 이용하여 스스로 실제생활에 적응하는 문화적 교양을 높일 수 있도록 하는 환경을 조성하지 않으면 안 된다"고 하고 있다.

이러한 것을 근거로 하여 이 절에서는 사회교육기관으로서의 박물관 교육을 생각하는 관점에서, 사회교육의 특징을 학교교육과 비교하여 서술하고자 한다.

2. 학교교육과 사회교육의 비교

과거 일본에서는 교육이라고 하면 학교교육으로 간주해왔다. 교육과 학교교육은 동의어라고 해도 과언이 아니다. 그만큼 교육은 학교교육에 편중되어 있었던 것이고, 그것이 1960년대에 평생교육의 이념이 도입될 때까지 기본적으로 재검토된 적이 없었다고 말할 수 있다.

하지만 '교육=학교교육'이 우메네 사토루梅根悟가 말하는 인간형성의 힘의 일부에 지나지 않는다고 말하는, 그 중요한 기능을 가져온 것은 틀림없다. 그럼에도 불구하고 교육에 대한 사람들의 반응은 혹독했다. 오히려, '교육=

학교교육'에 사람들이 거부반응을 보이기도 했다는 점을 부인할 수 없다.

그 큰 이유 중 하나는 학교교육이 갖는 강제성이라는 성격에 있다고 할 수 있다. 학교교육의 강제성이 장기간에 걸쳐 사람들에게 침투되어 왔다는 것이다. 일방적·강제적으로 전달된다는 것이 학교교육에 대한 이미지로 정착된 것으로 생각된다. 그러한 강제성을 띤 학교교육이 교육의 다른 영역을 차지해 왔기 때문에, 교육에 대한 이미지는 결코 호의적으로 받아들여지지 않았던 것이다.

그래서 이 절에서는 학교교육과의 비교를 통하여 사회교육의 성격을 분명히 밝히는 동시에, 사회교육기관으로서의 박물관 교육이 사람들이 가지고 있는 가능성을 이끌어내고 사람들의 요구에 입각한 활동을 전개하려면 어떻게 기능해야 하는지에 대하여 생각하는 해결의 실마리를 제공하고자 한다.

첫째, 사회교육은 '자발성'이라는 성격 또는 특징을 가지고 있다. 이 '자발성'을 자주성 또는 자유의지성이라고 해도 좋다. 자주성이 중요한 것은 비단 사회교육뿐만이 아니다. 교육의 모든 영역에서도 중시되고, 물론 학교교육에서도 마찬가지이다. 하지만 학교교육의 자주성·자발성은 어디까지나 개념방법이며, 학생은 학교가 작성한 교육계획에 따라 학습에 전념해야 한다. 즉 학생의 의사나 능력에 관계없이, 일정기간에 정해진 내용을 학습하도록 강제된다. 이것이 바로 학교교육의 '강제성'이다.

이에 대하여, 사회교육은 기본적으로 여가이용 학습이며, 학생 개인이 자신의 자유의사에 따라 자발적이고 주체적으로 학습하는 것이다. 누군가로부터 강제된 교육을 받는다든지, 학습을 한다는 성격의 것이 아니다. 박물관은 바로 견학자가 자신의 의사로 자주적으로 전시를 선택하여 볼 수 있고, 원하는 강좌나 워크숍 등에 참가할 수 있는 장소이다. 그런 까닭에 사회교육에서는 학습자의 학습의욕 계발에 힘쓰는 것과 학습자에 대한 세심한 정보제공, 상담 및 대응이 중요하다. 박물관에서의 전시방법의 다양화, 견학교재의 정비, 질문에 대응하기 위한 체제 정비는 그 중 일부이다.

둘째, 사회교육의 성격으로 '다양성'을 들 수 있다. 학교교육은 제도화된 교육이고, 전 국민에 대해서 한평생 인간형성의 기초로서 필요한 것을 공통으로 습득시키는 동시에, 풍부한 개성과 사회의 발달을 돕는 가장 조직적이고 계획적인 교육제도이다. 그 특질은 당연히 개별학습도 중시되지만, 어느 연령까지 일정한 교육계획에 기초한 학습을 제도적으로 보장하고 있는 점, 같은 연령층의 비교적 동질적인 집단과 일정 자격을 갖춘 교사가 지도를 맡는 데에도 있다. 이 때문에 학교교육은 일제학습―齊學習의[89] 형태일 수밖에 없는 측면이 있다. 학교교육의 획일성이라는 특징은 이러한 점에 관련되어 있다.

이에 대하여 사회교육은 학습내용·학습방법·지도자 등 각각의 학습기회마다 제약이 있는 것은 아니다. 그러므로 학습자의 연령·주거지·경력·경험·직업 등에 제한은 없다. 각각의 사회교육의 활동은 이질적이며, 참으로 다양하다. 박물관 이용에 있어서는 개인학습도 있고, 강연회에 참가하여 배우는 집단학습도 있다. 또한 거주지가 다른 참가자에 따라 워크숍 등도 정기적으로 실시된다. 게다가 마을회관이나 단체, 동호회 등 집단학습도 활발하여 사회교육은 다양하다. 이렇듯 다양성에 사회교육의 특징이 있다.

이 때문에 사회교육은 활동이 경직화되거나 매너리즘화하는 일이 없도

---

89) 일제학습(learning in a body) : 일정한 집단의 피교육자들을 동일한 방법·동일한 내용으로 일시에 지도하는 학습형태를 말함. 이 학습형태는 어떤 특정한 전문성을 지닌 학습형태라기보다는 개별학습에 반대되는 일반적인 성격을 띠고 있음. 역주

록, 시대의 변화나 사람들의 요구에 민감할 것이 요구되며, 유연성이 풍부한 사회교육활동을 전개해 나갈 필요가 있다.

셋째, 사회교육에는 '현실성'이라는 특징이 있다. 학교교육은 지식이나 기술 등을 교사가 학생에게 전하는, 이른바 전달교육이 기본이고, 지식교육·지적 교육이 중심이 된다. 따라서 보편적이고 추상적인 성격이 있어, 현실이나 실천에서는 아무래도 유리되기 쉬운 것이 학교교육이다. 지도하는 교사도 사회의 이해관계에 직접영향을 받지 않는 상태 하에서 추상적·일반적인 교육활동에 전념할 수 있다는 의미에서 현실과 멀어지는 특질이 있다고 볼 수 있다.

사회교육의 경우, 실제 생활에 직결된 과제 등이 학습의 중심이 되어, 학습자 개인이나 사회적인 현실문제에 관한 요구에 부응할 수밖에 없는 장면이 적지 않다. 실제로 그러한 것에 대응하는 경우가 많은 것이 특징이다. 그러므로 박물관이나 도서관 등은 정보제공 서비스 및 학습상담 체제에 충실할 필요가 있다.

이상과 같은 특징을 가진 사회교육은 학교교육과 함께 '공교육'을 움직이는 두 개의 수레바퀴 중 하나라고 알려져 왔다. 하지만 메이지 이후 계속되는 학교교육 편중현상은 결코 해소되었다고는 말할 수가 없다.

분명히 최근 평생학습사회로의 진전에 따라, 사회교육의 중요성에 대한 인식은 깊어져 가고 있지만, 국가나 지자체의 예산만 봐도 학교교육과 사회교육이 균형 잡힌 상황이 되고 있다고는 말하기 어렵다. 이에 박물관 교육의 발전과 충실을 도모하는 관점에서도, 평생학습에 있어서 사회교육의 비중을 높이는 노력이 기대된다.

제10장 박물관 교육[90]

제1절 박물관 교육의 의의와 이념

1. 다양한 지식과 문화가 만나는 장소

이용자가 박물관과 관계되는 방식이라는 관점에서 박물관을 재검토해보고자 한다. 자치단체 등 공공기관이 설립하고 있는 박물관은 자연·역사·미술등 학술연구를 주제로 소장품을 수집·보존·연구하고, 그 성과를 발신하려는 관점에서 사업을 구축하여 이용자와의 커뮤니케이션을 전개하고 있다.

한편 주민이 학예직의 역할을 담당하고, 소장품의 수집·보존·연구 활동을 전개하면서, 그 성과를 공유하기 위하여 박물관 활동을 전개하고 있는 시설도 있다. 예를 들면, 니가타현新潟県 사도시佐渡市에 있는 사도쿄쿠오기민속박물관佐渡国小木民俗博物館은 폐교가 된 초등학교에 주민들이 각자 추억의 물건과 이야기를 가지고 와서 만든 박물관이다. 그 소장품은 3만 점에 달한다(〈그림 10.1〉).

수집·보존하는 소장품이 아닌, 주민의 배움의 성과를 가지고 와서 활동하고 있는 박물관도 있다. 에히메현愛媛県 이요시伊予市 후타미쵸双海町의[91] 유우히노뮤지엄夕日のミュージアム은 태어나서 자란 마을을 말하는 '말'을 갖지 못

---

90) 츠카하라 마사히코(塚原正彦) : 토키와대학(常磐大学) 교수.

91) 2005년 행정개혁에 의하여 후타미쵸(双海町)가 이요시(伊予市)의 일부가 되었지만, 와카마츠(若松)를 중심으로 한 후타미쵸의 주민들은 자신들이 사는 마을의 이야기를 만들겠다는 방침을 고수하면서, 후타미쵸의 특색을 석양(夕日)에서 찾음. 고향인 후타미쵸에 자부심을 가질수 있는 마을 만들기 사업의 일환으로, 석양을 주제로 마을의 부흥을 도모하고 있음.역주

〈그림 10.1〉 사도쿄쿠오기민속박물관　　　〈그림 10.2〉 유우히노뮤지엄

한 후타미쵸 주민이 어린이들을 위하여 지혜와 힘을 모아, 어디에나 있는 석양을 주제로 어디에도 없는 석양에 대한 이야기 만들기 작업을 통하여, 석양을 즐겁게 배우고 교류할 수 있는 세계에서 단 하나뿐인 박물관을 만드는 활동에 전념하고 있다(〈그림 10.2〉).

이처럼 박물관은 다양한 분야에 걸쳐 다양한 접근방식으로 지식을 탐구하고, 참가하는 사람들의 흥미와 관심에 따라 사람들이 교류할 수 있는 계기를 만들어 낸다. 그리고 사람들은 박물관에 관계되는 것으로 배움과 교류의 계기를 붙잡을 수 있다.

2. 박물관 교육의 가능성
교육이란 관점에서 박물관의 수집・보존・연구・전시 및 각종 서비스 활동이 무엇을 만들어 내는지에 대하여 고려해 보자.

1) 과거와 미래를 잇다
박물관에는 지구와 인간이 생산한 모든 시대의 문화의 기억이 보존되어 있다. 박물관을 이용하고 박물관에 관계되는 것으로, 사람들은 모든 시대의 자연과 문화에 접촉할 수 있다.

과거와 미래를 연결하는 박물관 활동을 전개하는 것으로, 인간이 쌓아 온 생활과 문화를 다면적으로 이해하는 학습이 가능하다. 그것은 동시에 사람과 자연이 어떻게 관계하여 과학과 기술을 만들어 왔는지를 이해하는 학습을 가능하게 한다. 박물관 이용자는 그러한 학습을 통하여, 생활문화의 다양성을 깨달을 수 있으며, 문제해결 능력을 습득할 수 있다.

2) 소장품을 잇다

박물관이 소장한 다양한 소장품을 연결함으로써, 자연의 다양성을 이해하고, 인간의 존재 의의에 대해서 고려하게 하는 학습이 가능하다. 그리고 그러한 학습은 세대나 문화의 차이를 초월한 교류를 촉구한다.

3) 부정적인 소장품을 학습에 활용하다

박물관에는 문화적 가치나 학술적 가치와는 별도의 차원에서, 자연이나 문화를 말하는 데 필요한 단편적인 유물도 보존되어있다. 예를 들면, 산업혁명의 부정적인 유산인 공해의 발자취는 그 대표적인 사례이다. 이와 같은 부정적인 소장품은 인간의 문화와 자연환경의 허점을 밝혀주는 증거품이다.

부정적인 소장품은 지구환경뿐만 아니라, 자연과 인간의 관계·산업기술의 발달·지속 가능한 지구사회를 형성하기 위한 윤리에 대하여 배울 수 있게 한다.

3. 박물관 교육의 사회적 사명

박물관의 소장품은 제각각 밀접한 관계를 가지면서 커뮤니케이션이 발생하고, 이용자들이 각자의 목적에 따라 흥미와 관심을 키우고, 다양한 학습을 가능하게 한다. 박물관에서의 학습은 이용자의 지각·분석력·윤리관·상상력·창조성 등의 능력은 물론, 감성을 갈고 닦는다.

박물관의 소장품은 우리 세대를 위하여 있는 것이 아니다. 그것은 미래의 세대에 계승하고, 미래의 세대를 위하여 활용되는 것을 상정해 둘 필요가 있다.

일본의 경우, 평생학습체계로의 이행을 제기한 임시교육심의회의 제2차 답신에서는, 교육을 "미래에 살아갈 인간을 육성함으로써, 미래를 창조하는 가장 기본적인 인간의 행위이다"라고 정의하고 있다. 일본 사회가 나아갈 방향으로서, 교육 관계자는 미래에 직면할 즈음하여, 항상 "시대를 넘어 변하지 않는 것"을 제대로 주시하고, 인류문화 및 일본문화의 뛰어난 유산과 전통의 유지 및 계승에 힘쓰고, 이 불변한 것을 차세대에 계승시켜 나가야 한다고 지적하고 있다.

그와 같은 광의의 교육이라는 관점에 선다면, 박물관에서의 자료의 수집·보존·연구·전시, 그 외의 모든 활동은 물건과 물건, 물건과 사람, 그리고 사람과 사람을 맺어주고, 미래를 육성하는 것을 목표로 행해지고 있는 것이 보인다. 그리고 박물관은 과거와 현재 그리고 미래를 잇는 장소이며, 사람들을 끝없는 성장으로 유혹하는 자원을 가진 이상적인 교육시설이라는 점이 보인다.

교육을 위한 각종 사업을 전개하는 것이야말로, 박물관의 책임이라고 말할 수 있을 것이다. 그러므로 박물관은 그 자원을 활용하고, 바람직한 사회의 비전을 제공하지 않으면 안 되는 것이다.

박물관은 소장하고 있는 자원을 모든 잠재적 이용자의 요구에 응할 수 있도록 할 의무를 지고 있다. 모든 학습자의 필요에 적합한 방법으로 이 자원을 넘겨주는 것이 모든 박물관 직원의 직무일 것이다.

제2절 박물관 교육의 발달

1. 박물관 교육의 관점
일본의 박물관 교육에는 다음의 세 가지 사고방식이 있다.

1) '박물관 교육=교육보급활동'
일본에서는 전시 외 관련 강좌 개강·워크숍·전시해설과 같은 전시 이외의 이용자용 서비스 활동을 교육보급활동이라 부르고 있다. 이는 박물관이 보유한 자료·표본 등 소장품의 수집·보존·연구와는 선을 그으면서, 전시 및 이용자의 지적 작용을 촉진하는 오락을 비롯한 각종 활동을 박물관 교육으로 간주하는 사고방식이다.

2) 커뮤니케이션으로서의 교육
근래 정보사회와 평생학습 사회의 진전에 따라, 커뮤니케이션 활동을 학습이라고 간주하는 경향이 강해지고 있다. 이용자가 박물관에 관계하면서 발생하는 흥미와 관심, 박물관에서의 체험 및 체험 후 팔로업(follow-up)을 포함한 커뮤니케이션 활동을 학습으로 규정한 접근방법이 주목받고 있다.

이는 박물관 체험 자체를 이용자의 시점에서 재검토하려는 사고방식이다.

3) 교육에 의한 박물관 경영

광의의 교육이라는 개념에 근거하여 박물관을 교육기관이라 규정하면서, 박물관이 보유한 자원을 재검토한다. 그리고 박물관 교육을 사명으로 하면서, 소장품의 수집·보존·연구 등 박물관의 모든 활동을 종합적으로 변혁하여, 박물관의 본연의 모습으로 평생학습사회에 기여하려는 사고방식이다.

2. 박물관 교육의 변천

시대에 따른 박물관 교육의 차이는 교육 및 박물관에 대한 사람들의 기대나 사회적인 위상이 변천하고 있기 때문에 생기는 현상이다. 우리들은 박물관 교육의 차이를 분석함으로써, 박물관이 가지고 있는 지식의 다양성과 가능성에 대해서 재확인할 수 있다. 그리고 나서, 박물관 교육의 변천을 검증하는 것으로, 여기에서는 지금 박물관 교육에 무엇이 요구되고 있는지를 고찰해 보고자 한다.

1) 지식창조 커뮤니티

근대박물관이 탄생한 19세기는 사람들의 마음과 정신을 교육한다는 예술작품이나 예술활동에 대한 관심이 높아지면서, 많은 커뮤니티에 독자적인 공립박물관이 설립되었다. 당시 학교나 대학에서는 할 수 없는 실물을 이용

한 독자적인 학습활동이 박물관에서 개발 및 실시되었다.[92]

영국에서는 1851년 런던 만국박람회 이후, 사회·경제적인 개혁을 추진하는 교육기관으로서 박물관이 사회적으로 주목을 받게 되었다. 박물관, 도서관, 예술 및 과학 분야에서 새로운 학교 등이 설립되어, 박물관과 다른 교육기관과의 공동사업이 연이어 전개되었다.

19세기 일본에서는 본초학의 연구자이며, 사업 프로모터promoter이기도 한 히라가 겐나이平賀源内에 의하여 제안된 전국 규모의 박람회가 개최되고 있었다. 겐나이는 사람들이 지혜를 가지고 와 공유하는 장으로서 박람회를 구상하고, 전단지 제작·운임 착불·물류품평의 간행을 조건으로 지역자원의 수집에 성공을 거두었다. 박람회에서의 사람·물건·지식의 교류를 통하여 농학·약학·의학·과학기술이 향상되고, 나아가 문학·예술 등의 네트워크나[93] 배움의 커뮤니티가 연이어 탄생했다.

이상에서 검증한 바와 같이, 근대박물관의 초창기에는 박물관을 거점으로 지식의 커뮤니티가 육성되어 자유로운 배움과 교류가 펼쳐졌다. 이로써 박물관에서의 교류는 사회를 풍요롭게 하는 다양한 지식을 육성하게 되었다.

2) 산업사회의 박물관 교육

20세기를 맞이하여, 산업시스템이 사회 구석구석까지 골고루 미치고, 그

---

92) 19세기 서구의 학교나 대학에서 실물을 사용한 교육을 할 수 없었는지에 대해서는 좀 더 조사가 필요해 보임.[역주]

93) 원서에는 네트웜(ネットワーム, net worm)으로 잘못 표기되어 있기에, 이를 네트워크(ネットワーク, network)로 정정함.[역주]

위에 국가교육시스템이 확대됨에 따라, 박물관에서의 교육의 개념은 변질된다.

자료에 내재된 인간의 가치를 사상捨象하고[94] 복잡성을 분리하여 전문분화가 진전되고, 박물관의 운영에도 전문조직화와 분업화가 정착하게 된다. 또한 '박물관 안에 있는 물건만이 가치이며 문화이다. 따라서 이용자는 수동적으로 그것을 받아들이면 된다'는 자료중심의 철학이 탄생한다. 박물관은 연구성과를 발표하는 장이며, 자료의 가치를 계몽하는 것이 학습이라고 간주하게 된다. 그 결과, 연구성과를 도감화圖鑑化하고 분류 정리한 전시가 주류를 차지하게 된다.

이 시기의 박물관 교육은 모든 박물관 활동의 주요 목적과는 별도로, 학교를 상대로 하는 다른 박물관 활동과는 관계가 없는 한정적인 전문서비스로 간주하게 된다.

3) 평생학습사회에서의 박물관 교육

정보사회가 진전되면서, 범세계적으로 평생학습체계로의 이행이 진척되는 과정에서, 배움에 대한 사람들의 요구는 전례가 없이 다양화·고도화되고 있다. 교육의 본연의 자세는 이제까지의 계몽형에서, 경험이나 교류를 거듭하면서 성장하는 커뮤니케이션형 교육으로 급속한 전환이 일어나고 있다.

이에 정보를 발신하는 주체와 객체의 경계가 사라지고, 배움과 커뮤니케이션의 형태가 극적으로 변하여 ① 언제라도, 어디에도, 그리고 누구나 모

---

94) 사상하다 : 유의할 필요가 있는 현상의 특징 이외의 다른 성질을 버리는 일. 역주

든 꿈과 감동, 지혜와 노하우를 만날 수 있으며, ② 사람들이 꿈과 감동, 자신이 습득한 지혜와 노하우를 마음대로 실현할 수 있고, ③ 참가하는 모든 사람들이 학습한 성과를 자유롭게 공유할 수 있으며, ④ 모든 분야에서 배움의 성과를 발신하는 자기실현이 큰 조류가 되어가고 있다.

평생학습사회에서는 사람들의 흥미와 관심을 키우고, 상이한 컬렉션을 서로 연결할 수 있다. 그리고 모든 사람과 교류할 수 있는 교육자원을 가진 박물관에 대한 기대는 산업사회의 박물관에 대한 기대와는 크게 다르다.

산업사회의 박물관이 귀중하고 가치가 높다고 생각되는 물건을 보여주는 장소였다면, 평생학습사회의 박물관은 사람들에게 낯선 물건이나 사실과 만나게 함으로써, 새롭게 지식을 발견하고 성장시켜 주는 장소로 기대가 된다. 이에 따라, 평생학습사회에서의 박물관 교육은 박물관의 모든 활동의 핵심이라고 여겨지게 되었다.

제3절 평생학습과 박물관 교육

1. 박물관은 평생학습사회의 미래를 키우는 모판

평생학습사회는 정보사회의 진전에 따라 새로운 단계로 이행하고 있다. 새로운 기억과 기록 방법이 잇따라 탄생하고, 이로써 문자에 그치지 않고 그림·사진·음성·퍼포먼스와 같은 다양한 형태로 시공간을 초월한 교류를 돈독하게 하는 것이 가능하게 되었다. 그 결과, 넓은 세계 속에서 어떤 때는 이름도 모르는 지방에 사는 사람들의 육성과 삶의 에너지를 느낄 수 있게 되었고, 그들과 교류할 수 있게 되었다.

사람들이 지식이나 배움을 찾아 세계를 여행하고, 세계 각 곳에서 배운 성과를 이야기하고, 다시 세계 속으로 발신하는 새로운 형태의 교류와 커뮤니케이션이 탄생함에 따라, 교육 · 지역 만들기 · 산업창조에 극적인 변화가 일어나고 있다. 이러한 시대의 조류에 의하여, 모든 부의 원천으로서 지식과 배움에 대한 기대가 증대하고 있는 것이다

평생학습사회의 진전에 따라, 박물관은 지역문화의 가치를 창조하고, 도시나 산업의 모판이 되는 배움의 장이자 커뮤니케이션의 장으로서 주목을 받고 있으며, 박물관에 대한 기대와 사회적 역할은 그 어느 때보다 커지고 있다. 이제 과거를 소장하고, 위세와 권위를 보이는 것에 중점을 두고 있었던 박물관을 학습의 장으로 거듭나게 함으로써, 미래를 키우는 모판으로 전환하려는 움직임이 세계의 모든 지역에서 일어나고 있는 것이다.

2. 뮤지엄 국부론

여기에서는 정보를 전세계 사람들이 공유함으로써 배움이 생겨나고, 배움에 의해 나라나 지역을 풍요롭게 하는 방식을 미래산업으로 육성해야 한다는 문제의식을 가진 영국의 박물관 교육에 대하여 개관해 보고자 한다.

영국에서는 1997년 창조산업특별위원회Creative Industries Task Force가 설립되어, 〈창조산업지도첩Creative Industries Mapping Document〉(1998)이 수립되었다. 이 보고서에서는 창조산업을 "개인의 창조성이나 기술, 재능에서 발생하는 제반 사업이며, 지적재산의 생성과 개발을 통해서 부와 고용창출이라는 잠재적 가능성을 가지는 것이다"라고 정의하고, 창조산업이 연간 약 600억 파운드의 생산액을 발생시켜 영국 국내경제의 4% 성장에 기여하고, 약 150만 명의 고용을 발생시켜, 창조산업부문이 영국 전체 경제의 2배 성장을 달성한

것으로 추산하고 있다.

〈창조산업지도첩〉(1998)에 따르면, 창조산업이란 구체적으로 광고 advertising · 고미술antiques · 건축architecture · 공예crafts · 디자인design · 패션 fashion · 영화film · 레저 소프트웨어leisure software · 음악music · 공연예술 performing arts · 출판publishing · 소프트웨어software · 텔레비전 및 라디오TV and radio로 규정되어 있다.

창조산업의 각 분야의 인재를 양성하고, 그것을 담당하는 부문으로 주목을 받고 있는 것이 박물관 · 관광 · 방송국 · 미디어이다. 또한 창조산업과 관련된 인재양성을 지원하고, 시범연구 사업을 추진하는 영국의 정부기관은 문화미디어체육부Department of Culture, Media, Sport(DCMS)이다. 이 문화미디어체육부는 문화 · 미디어 · 스포츠 · 관광 · 레저 · 올림픽 · 창조산업을 관할하고, 박물관 자원을 활용한 학습 프로그램이나 마을 만들기 등 다양한 프로젝트를 지원 및 추진하고 있다.

3. 박물관은 상상력을 키우는 모판

〈그림 10.3〉 미셸성 지역의 역사를 배우는 워크숍
(역사유산과 정원뮤지엄)

여기에서는 평생학습의 새로운 단계에 대응하는 박물관의 움직임을 구체적으로 검증해 보고자 한다. 영국 런던의 자연사박물관Natural History Museum은 '뮤지엄은 교육의 장이며, 항상 미래 창조를 위한 공간'이라는 이념을 내세우며 박물관 경영을 전환하여 큰 성과를 올리고 있다.

일례로, 상상력을 키우기 위한 워크숍 프로그램을 고찰해 보자. 교육담당 학예직이 "공룡이 왜 멸종했을까요?"라는 질문을 하고 어린이들에게 가설을 생각하게 한다. "똥을 너무 많이 싸서 멸종했다", "싸우다가 멸종했다" 등 상상력으로 가득 찬 어린이들의 독특한 발상이 모아진다. 이 워크숍 프로그램은 어린이들의 발상을 그림으로 전시하고, 다 함께 생각하는 내용으로 구성되어 있다.

이 워크숍 프로그램은 어린이들이 본 것·느낀 것·상상한 것·생각한 것을 다 같이 의견 교환하고 배움으로써, 감성을 연마하고 상상력과 창조력을 키우는 데 중점을 두고 있다.

영국에서는 다양한 박물관에서 영역을 초월하여 상상력과 창조력을 키우는 모판이 되는 프로그램을 준비하여, 미래를 위한 인재양성을 실천하고 있다.

4. 창조력을 키우는 디지털 뮤지엄

윌리엄 모리스William Morris가 창설에 관여한 빅토리아·알버트박물관 Victoria & Albert Museum은 ① 디자인 인재양성, ② 디자인 소비자 양성, ③ 디자인 학습 창조를 박물관의 사명 mission으로 하고 있으며, 이를 위하여 디지털 커뮤니케이션을 활용한 디자인 교육에 주력하고 있다.

〈그림 10.4〉 탐험하는 참가자와 창작된 포스터
(역사유산과 정원박물관, 빅토리아·알버트박물관)

디지털 커뮤니케이션을 활용한 디자인 교육프로그램의 예를 하나 들어보면, 프로그램 참가자에게 디지털카메라를 제공하여 박물관 내를 탐험하게 한다. 참가자는 소장품에 접하는 감동을 디지털 사진으로 기록하고, 사진에 메시지를 적어 넣고, 레이아웃을 고안하는 등 편집을 가하여 포스터를 창작하고, 그것을 전시한다(〈그림 10.4〉).

디지털 커뮤니케이션의 최대 이점은 스스로 편집하고 쌍방향 커뮤니케이션을 전개할 수 있다는 데에 있다. 이 교육프로그램은 디자인 커뮤니케이션을 활용함으로써, 프로그램 참가자의 상상력과 창조력을 자극하는 데에 중점을 둔 프로그램이다.

5. 이용자 참가형 학습 콘텐츠 개발

정보통신기술(ICT)을 활용함으로써, 국민 모두가 세대와 지역을 뛰어넘어 생활과 문화를 공유하고, 새로운 관점에서 지역의 문화와 자원을 발견하고, 학습 콘텐츠를 창조하는 프로젝트가 가능해진 것일지도 모른다는 문제의식에서 박물관을 네트워크하고, 세대나 계층을 초월한 사람들이 학습 콘텐츠 만들기에 참여하는 '아이콘즈ICONS'라는 프로젝트가 2002년부터 시작되었다.

이 프로젝트에는 두 가지 목적이 있다. 하나는 자신들의 주변에 있는 지역자원과 그것을 즐기는 방법을 같이 만드는 것이다. 그리고 또 하나는 정보통신기술을 활용하여, 모든 세대가 참가하여 생활 속의 아름다움을 발견하고, 생활자가 주역이 되는 교과서를 만들고자 하는 것이다. 이 '아이콘즈' 프로젝트의 활용을 통하여, 자연·문화·역사·미美를 결합한 새로운 학습 프로그램이 연이어 개발되고 있다. 이 프로젝트가 계기가 되어, 새로운 정보나 관광 프로그램이 탄생되고 있는 것은 말할 필요도 없다.

제4절 박물관 리터러시literacy 교육

1. 개인학습 - 스스로 해 보다

정보사회와 평생학습 사회로의 진전은 모든 사람들이 정보를 창조하고, 각자의 생각을 표현하고 발신하는 것을 가능하게 했다. 여기에서 학습자는 감성이 흐르는 대로 정보에 접근하여 이미지를 형성한다. 그리고 스스로 체득한 배움의 성과를 공유하고 교환한다.

그 결과, 제각각이었던 정보는 링크link되어 개인적인 관점에서 배움을 선택하는 접근방식이 탄생하게 되었다(〈그림 10.5〉). 커뮤니케이션에 참가하는 멤버 각자가 개인적인 체험과 배움의 과정을 기록하고 그것을 교환함으로써, 서로 깊이 있는 학습이 가능해졌다.

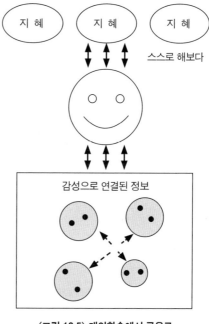

스스로 해보다

감성으로 연결된 정보

〈그림 10.5〉 개인학습에서 공유로

2. 사회참여 학습 활용

평생학습사회에서는 정보의 주체와 객체의 관계가 바뀐다. 누구나 선생이 될 수 있으며, 모든 물건이나 사실이 교재가 된다.

이제 사람들은 물건을 소비하고, 정보를 입수하는 것만으로는 만족하지 않는다. 실물 경험을 원하고 개인적인 체험을 하고 싶다는 욕구가 높아지면서, 사람들의 배움에 대한 요구가 급속하게 증가하고 있다. 그리고 어떤 형태로든 배움의 성과를 다른 사람에게 보이고 평가를 받아서, 최종적으로는 그 성과를 사회에서 활용하고자 하는 생각을 하기 시작하는 변화가 일어나고 있다. 그 결과, 누구나 쉽게 세계와 연결되어, 자신의 생각과 경험을 발신하려고 한다.

3. 새로운 학문을 위한 리터러시

평생학습사회에서 교육의 역할은 극적으로 변해가고 있다. 교육에는 종전처럼 모범을 보이는 것이 아니라, 생활의 질을 높이려고 하는 욕구와 이에 대한 흥미와 관심을 자극하기 위해 활동하는 커뮤니케이션 기능이 요구되고 있다. 이러한 교육의 세계에서는 지금까지의 국어·산수·과학과 같은 문자를 읽는 능력, 쓰는 능력, 논리를 체계화하는 능력을 대신하는 새로운 능력인 식자력識字力이 필요하게 된다. 즉, 새로운 배움을 육성하기 위한 리터러시가 지금 요구되고 있는 것이다.

데이비드 앤더슨은 새로운 배움을 육성하는 리터러시로서 다음의 여섯 가지 능력이 필요하다고 한다.

① 시각적인 것을 읽고 해석할 수 있는 능력

② 말하는 능력

③ 사회적인 경험을 배우고 체득할 수 있는 능력

④ 사람과 상호작용할 수 있는 능력

⑤ 사회에 참가하는 능력

⑥ 창조적인 능력

앤더슨은 이 여섯 가지 능력을 기르는 장場으로서 박물관 교육에 대한 사회적 기대가 커지고 있다고 지적하고 있다.

4. 배움의 리터러시에서 박물관 활동 검증

지금까지의 박물관 전시는 가치가 높은 박물관의 소장품을 이로정연理路整然하고,[95] 소장품이 가진 가치와 정보를 제대로 이용자에게 전달하는 데 주안점을 두어 왔다.

그러나 배움의 리터러시라는 관점에 서면, 이용자에게 객관적인 지식을 전하는 것보다도 '이용자의 감동을 어떻게 유발할 수 있는가?', '가능한 한 많은 의문을 환기시키고, 그것을 조장해 가는 듯한 작용을 하는 것이 가능한가?'라는 것이 중요한 요소가 된다.

그래서 박물관 전시는 지금까지처럼 객관적이고 중립적인 견해를 나타내거나, 이용자에 대하여 완결의 요점을 정리해서 주의를 끄는 것보다도, 대립하는 견해를 제시하거나, 흥미를 끌기 위하여 가설이나 잘못을 제시하는 등 이용자에게 시행착오를 겪을 기회를 제공하기 위한 교육보급 활동의 기법으로 평가된다.

기존에는 박물관 교육으로서의 전시는 체계적으로 정리한 실물전시·디

---

95) 말이나 의논이 사리에 잘 통하고 정연한 모양. 역주

오라마 전시 등에 더해, 참가 체험형 전시・핸즈온 전시 등이 고려되어 왔지만, 그러한 장치류에만 머무르는 것이 아니다.

근래에는 매뉴얼대로 전시해설을 하는 것이 아니라, 전시를 계기로 이용자의 성장을 촉진하기 위하여 교육전문 강사를 배치하는 등 실질적으로 전개되고 있으며, 전시를 활용하여 배움을 키우는 활동을 박물관 교육으로 하는 대처방식이 정착되고 있다.

5. 서비스 활동을 포함한 박물관 교육 리터러시

배움의 리터러시 관점에 서면, 문화상품・상점・레스토랑과 같은 서비스 활동은 말할 것도 없고, 유지보수maintenance나 경비와 같은 백야드backyard 서비스 등 일련의 박물관 활동은 이용자를 새로운 성장으로 이끄는 학습프로그램의 중요한 요소가 될 수 있다. 따라서 그것을 포함하여 교육보급 활동을 규정하는 것도 가능하게 된다.

최근 과학관 등에서는 전시물의 제작이나 유지보수를 전시화함으로써, 이용자의 지적 호기심을 환기시키는 것을 의도한 프로그램이 실시되고 있다. 이용자에게 유지보수는 기계의 내부를 볼 수 있는 좋은 기회이다. 따라서 유지보수와 관계가 있는 사람이 이용자의 흥미와 관심을 환기시키는 활동을 할 수 있다면, 보다 높은 학습효과를 기대할 수 있다.

박물관 서비스 활동을 교육보급 활동의 일환으로 놓고 보면, 박물관의 레스토랑에서도 새로운 가능성을 찾아낼 수 있다. 과학관과 건강을 주제로 한 박물관이라면, 레스토랑의 메뉴에 칼로리나 영양소의 조합을 표시하거나, '머리가 좋아지는 메뉴'나 '미인이 될 수 있는 메뉴' 등을 내거나, 음식을 조리하고 있는 장소를 보여주거나 하여, 음식을 계기로 사람들을 성장시키는

활동을 기대할 수 있다. 역사를 주제로 한 박물관, 예를 들면 교토시의 교토 문화박물관京都文化博物館, 치바현립 보소노무라千葉県立房総のむら, 메이지무라明治村 등에서는 일본의 전통적인 상차림을 재현하거나, 당시의 거리와 시스템 속에서 전통적인 식사를 경험할 수 있게 하는 등 레스토랑의 메뉴를 교육보급 활동으로 실시하면서 성과를 올리고 있다.

박물관 문화상품은 이용자가 가지고 돌아갈 수 있는 물건으로, 지속적으로 이용자에게 영향력을 행사할 수 있다. 따라서 이용자와 장기적이면서 지속적인 관계를 구축하는 교육보급 활동으로 보는 것이고, 교육보급 활동의 중요한 도구로 기획·개발될 필요가 있다.

제5절 박물관 교육의 평가

1. 박물관 교육을 평가하기 위한 관점

박물관 교육의 평가에 대해 고찰하기 전에, 박물관에서 지식과 교육에 대한 인식의 틀을 검토해보자. 이 장의 제2절에서도 지적한 바 있지만, 평생학습사회에서 지식과 교육은 성격이 다른 두 가지 유형이 공존하고 있다.

1) 계몽적 지식과 기계로서의 이용자상

첫 번째 유형의 지식은 객관적이고, 발달 단계별로 정확하게 계통화된 '계몽적 지식'이다.[96] 학교교육에서 학습 커리큘럼이 바로 전형적 사례이다.

여기에서는 학습자는 지식을 하나씩 쌓아 올려 그것을 흡수하는 기계와 같은 존재로 설정된다.

'계몽적인 지식'이라는 지식관에 서면, 박물관 이용자는 계통화된 지식의 일부분에 관계하거나 실제로 직접 접촉하거나 하는 등 박물관이 발신하는 정보를 흡수하는 학습자로 간주된다.

박물관은 자연·문화·미美·경관 등 눈에 보이는 문화재나 현상에 초점을 맞추어, 사람들에게 감동을 불러일으키는 단서에 에너지를 쏟고, 그것들에 관한 지식을 도감이나 사전의 형식으로 정리·편집·제공해 간다.

2) '성장하는 지식'과 스스로 폭을 넓히는 배움을 키우는 이용자상

'계몽적 지식'과 대조적인 개념이 '성장하는 지식'이다. '성장하는 지식'이란 커뮤니케이션을 단서로, 개별 학습자 상이 각각의 자유로운 배움으로부터 정보를 상호 연결하면서, 자유자재로 그물망처럼 확산하면서 성장해 나가는 지식이다.

요리·청소·세탁 등의 가사, 취미, 생활조건 등이 전형적인 사례이다.

---

96) 무라카미 야스스케(村上泰亮, 1931-1993)는 《産業社会の病理(산업사회의 병리)》(1975)에서 '산업사회'를 성립시킨 지식으로 모든 사물을 객관적으로 설명하는 것이 가능하다고 말하는 '낙천적인 지식관'과 노력하면 누구나 쉽게 진리에 도달할 수 있다고 하는 '계몽적 지식관'이 있다고 지적하고 있다. 무라카미가 지적하고 있듯이, 개인의 개입(commitment)을 가능한 거부하고 보편적인 것을 탐구하고자 하는 '객관적인 관점'과 물질·에너지로부터 생성되는 자연은 보다 작은 부분으로 분할하는 것이 가능하다고 말하는 '계통적 관점'에서 생겨난 지식이야말로, 누구나 다룰 수 있는 균일한 기계적 기술의 출현을 가능하게 하고, 모든 것은 대체 가능하며, 개별 요소가 각각 역할분담을 할 수 있다고 하는 분업을 탄생시킨 원동력이 된 것이다.

이러한 주제는 학술연구나 예술을 주제로 하는 것은 아니지만, 누구나 부담 없이 참가할 수 있고, 자기 나름대로 편집하고 고쳐 쓸 수 있다.

여기에서의 학습모델은 정확한 목표나 골goal, 본보기를 설정하기 어렵다. 체계적인 커리큘럼을 준비하는 것도 어렵다. 참가하는 학습자의 보다 나은 성장을 추구하고, 배움을 계속하면서, 각자 서로를 자극하고, 관계를 맺으면서 성장해 가는 배움을 상정해 둘 필요가 있다.

여기에서 상정되는 지식은 변화하고 성장하는 것이 전제가 되며, 지식을 계속 추구하는 프로세스 그 자체가 가치를 가지게 된다.

'성장하는 지식'이라는 지식관에 서면, 기계처럼 정보를 흡수하는 학습이 아닌, 가르치고자 한 것을 배우지 않거나, 생각지도 못한 과제로부터 지식을 발전시켜 창조해 나가는 학습자가 상성된다. 여기에서는 지식은 주어지는 것이 아니라, 커뮤니케이션과 상호작용에 의하여 성장한다.

'성장하는 지식'에서는 이용자의 박물관 체험이 이용자의 감동을 자극하여 지식의 커뮤니케이션을 촉진한다는 시점에 서서, 박물관이 가지고 있는 모든 교육자원을 면밀히 살펴보고, 넓은 시야와 장기적인 관점에서 학습에 접근하게 된다. 여기에서는 이용자가 학습하고, 그것을 성장시켜 나가려고 하는 방향과 박물관이 이용자에게 가르치고자 하는 방향이 다를 수도 있다는 것을 미리 상정해 두어야 한다.

2. 박물관 교육 평가의 특색

앞서 검토해 온 지식과 교육에 대한 인식의 틀을 전제로 하면, 박물관 교육의 평가는 학교교육의 교육평가나 비즈니스평가와는 달리, 다음과 같은 특성을 고려해 둘 필요가 있다.

1) 박물관 이용자의 가치

박물관 이용자는 학교교육의 학습자처럼 사전에 도달해야 하는 목표를 설정하고 있는 목적적인 학습자가 아니다. 레크리에이션을 목적으로 한 집객시설의 방문자와도 다르다.

박물관 이용자는 박물관에 관계되는 것으로 어느 정도의 지적 호기심을 길러주며, 성장의 계기를 붙잡기를 기대하고 배우러 오는 학습자이다.

따라서 박물관에서의 모든 체험이 배움의 시초가 되고, 이용자 한 사람 한 사람의 지식을 자극하는 커뮤니케이션으로 연결된다는 것을 상정한 이용자를 위한 활동이 필요하다.

2) 생애가치

박물관 이용자는 지식을 습득한 개개의 결과가 아닌, 박물관 활동의 모든 과정 속에서 다양한 지식의 발견과 만족을 찾아낸다. 그리고 박물관에서의 활동에 따라 늘 변화하고 성장한다.

자연사 · 고고학 · 미학 등 개별 학술주제의 일부를 잘라내어 체험시키는 것이 아니라, 박물관이 가진 모든 자원(자료 · 시설 · 학습 · 서비스 등)을 활용하여 이용자 한 사람 한 사람의 미래를 키우는 것을 목표로 하는 이용자를 대상으로 하는 활동이라는 관점에서 조직적으로 교육을 전개해야 한다.

3) 패키지로서의 박물관 교육

변화하고 성장하는 이용자상을 설정하면, 박물관 이용자에게는 박물관이 발신하는 지식과 정보를 '이해한다'는 것보다도, 이용자가 '박물관에서 만나는 각종 체험을 종합적으로 어떻게 지각하는가'가 중요한 요소가 된다.

박물관 이용자에게 있어서 지식과 학습은 '이용자가 박물관에 가서 보려고 생각한 동기부여'를 시작으로, '전시물과의 만남', '커뮤니케이션', '휴식'과 같은 모든 요소가 포함된다.

박물관에서 직간접적으로 체험한 모든 것을 지식의 창조주의이며 교육활동이라고 규정하고, 박물관 이용자에게 작용하는 모든 커뮤니케이션을 일련의 패키지로 파악해 둘 필요가 있다.

3. 박물관 교육을 평가하기 위한 기본개념

조직적으로 박물관 교육을 실시하고, 그 성과를 평가하기 위한 기본개념은 〈그림 10.6〉과 같다. 그 기본개념에 대해 서술해 보고자 한다.

1) 매니지먼트로서의 박물관 교육

박물관의 경우, 이용자의 학습활동이란 전시와 이와 관련된 각종 강좌에 한정되지 않는다. 시설환경·환대hospitality·문화상품·마케팅·박물관체험 후 지도follow up 등을 포함한 모든 박물관체험이 상호 결합하여, 이용자의 흥미와 관심을 환기하고 지식의 성장을 촉진하게 된다. 다시 말하면, 박물관에서의 이용자의 모든 체험이 박물관 교육의 대상이다.

이에 더해, 이용자의 생애가치라는 관점에 입각하여, 박물관체험을 1회로 그치지 않고 지속적인 학습프로그램을 운영하는 박물관체험 후 지도follow up 도 불가결한 요소가 된다.

기존에는 박물관 교육을 이용자와 직접 접하는 기회가 많은 교육보급 활동 및 이용자 서비스를 담당하는 학예직과 직원의 업무라고 여겨왔지만, 박물관 교육에는 박물관의 온갖 요소가 복잡하게 얽히면서 연결되기 때문에,

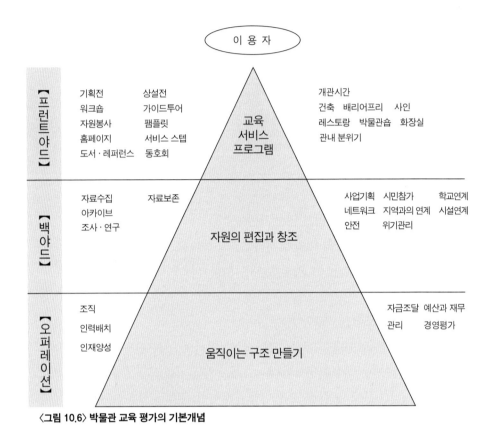

【프런트 야드】

기획전   상설전
워크숍   가이드투어
자원봉사   팸플릿
홈페이지   서비스 스텝
도서·레퍼런스 동호회

교육
서비스
프로그램

개관시간
건축   배리어프리   사인
레스토랑   박물관숍   화장실
관내 분위기

【백 야드】

자료수집   자료보존
아카이브
조사·연구

자원의 편집과 창조

사업기획   시민참가   학교연계
네트워크   지역과의 연계   시설연계
안전   위기관리

【오퍼레이션】

조직
인력배치
인재양성

움직이는 구조 만들기

자금조달 예산과 재무
관리   경영평가

〈그림 10.6〉 박물관 교육 평가의 기본개념

전문직원이 단독으로 수행할 수 있는 영역은 한정된다.

　박물관 교육은 박물관과 관련된 모든 직원이 사명감을 공유하고, 조직을 총동원하여 대응해야 할 과제이다.

2) 프런트 야드front yard

　프런트 야드는 이용자와 직접 접촉하는 커뮤니케이션 현장이고, 일련의 교육서비스 프로그램이 실시 및 전개되는 장소이다.

많은 박물관에서는 상설전·기획전 등의 전시활동과 강좌·전시가이드·워크숍 등의 교육보급 활동이 상정되어왔다.

그러나 '성장하는 지식'이라는 관점에 서면, 티켓·포스터·각종 홍보 활동에 관계되는 마케팅은 이용자를 지적 감동으로 이끄는 커뮤니케이션의 시작이라고 규정할 수 있다. 박물관 문화상품은 박물관에서의 감동을 가지고 돌아가서, 흥미와 관심을 한층 더 지적 감동으로 발전시키는 도구라고 평가할 수 있다. 레스토랑도 박물관의 소장품과 관계가 있는 주제와 음식을 연결하는 것이 가능하며, 중요한 교육자원이 될 가능성을 내포하고 있다.

건축·개관시간의 설정·접근환경·휴식공간·화장실 등의 시설설비는 이용자의 마음속에서 일어나는 심리적 과정에 영향을 주는 간접적인 요인으로 박물관 교육의 요소로서 자리매김할 수 있다.

기존에는 부가적인 요소로 생각되어 온 박물관 내의 분위기나 사인 계획, 직원의 태도나 행동은 이용자에게 배움의 가치를 높이는 중요한 요소가 된다.

3) 백 야드backyard

백야드란 프런트 야드에서 이용자에게 직접 관계가 있는 커뮤니케이션 활동을 촉발하기 위해 박물관의 자원을 평가·활용하고, 박물관 교육의 콘텐츠를 창조하고, 박물관 교육의 기획·개발·운영을 담당하는 일련의 활동이다. 박물관 교육을 실천하기 위해서는 자연사·고고학·미술사 등 전문분야의 활동과는 별도로, 박물관 교육이라는 접근에서 자료의 수집, 보존, 조사·연구가 필요하다.

상설전시·특별전시 등의 기획과 운영, 소장품에 관한 강좌·워크숍 등 박물관 학습프로그램의 기획입안과 운영뿐만 아니라, 학교와의 연계 · 지역과의 연계 · 네트워크 사업 등의 기획과 운영 등이 해당한다.

시설관리 · 위기관리 등 눈에 보이지 않는 조직운영 시스템도 박물관 교육이라는 관점에서 재검토해 둘 필요가 있다.

4) 오퍼레이션operation

박물관 교육 콘텐츠를 기획개발하고, 이용자에게 실제로 실시 및 전개하기 위해서는 사람 · 물건 · 예산을 움직이는 일련의 활동을 평가하는 구조가 필요하다.

조직 · 인재양성 · 자금 · 인사평가 · 아웃소싱 등 박물관 운영사업을 위한 매뉴얼의 설계와 관리, 사업과 사람을 움직이게 하는 구조 만들기 등이 이에 해당한다.

5) 프런트 야드 · 백 야드 · 오퍼레이션을 잇는 조직적 · 전략적 대응

박물관 교육은 박물관이 명확한 목표를 설정하고, 계획하고, 실시함에 있어서는 프런트 야드 · 백 야드 · 오퍼레이션이 일련의 패키지가 되어 전개될 필요가 있다.

그 때문에 박물관은 박물관이 가지고 있는 자원을 교육이라는 관점에서 재검증하고, 목표를 설정하고, 예산 · 계획 · 도달목표를 설정한 뒤, 전략적으로 나서야 한다.

4. 박물관 교육 평가의 구조

박물관 교육은 박물관 경영의 본질이며, 미래비전이다. 박물관 교육의 평가는 박물관 교육의 효과를 객관적으로 분석 및 평가하여 문제점을 발견하고, 과제가 있으면 현실적으로 가능한 방법으로 개선하기 위해서 실시하는 것이다.

이용자라는 관점에서도, 교육이라는 관점에서도, 아무래도 프런트 야드에서 일어나는 박물관과 이용자의 직접적인 관계에 관심이 집중될 수 밖에 없기에, 최근 들어 이 분야와 관련된 박물관 교육에 대한 연구가 진전되고 있다.

그러나 프런트 야드에서 일어나는 현상을 성립시키는 것은 백 야드와 오퍼레이션이 결합된 결과로 생기는 것이며, 문제점을 추출하고, 개선으로 연결하기 위해서는 프런트 야드·백 야드·오퍼레이션을 패키지로 이해하고, 분석 및 평가하는 새로운 시스템의 구축에 시급히 착수해야 한다.

제11장 박물관의 이용과 학습[97]

제1절 박물관의 이용실태와 이용자의 박물관체험

1. 박물관의 이용실태

문부과학성文部科學省이 3년마다 실시하는 〈사회교육조사보고서社会教育調査報告書〉의 통계에 의하면, 2007년 박물관 방문자수는 약 2억 7,987만 명으로, 2004년에 비해 약 720만 명이 증가하였다(〈표 11.1〉). 박물관 1관당 방문자수를 평균해 보면, 2007년에는 4만 8,463명으로, 2004년보다 100명 정도 감소하였다. 이것은 2004년에 비하여 2007년에 박물관수가 161관이 증가하였기 때문에, 1관당 박물관 이용자수가 감소하게 되었다는 의미로 연결하려는 것은 아니다.

〈**표 11.1**〉 **박물관 이용자수 추이**(문부과학성 2010)

	박물관수	전체 이용자수(천명)	1관당 이용자수
1995년	4,507	286,001	63,457
1998년	5,109	280,649	54,932
2001년	5,363	269,503	50,252
2004년	5,614	272,682	48,572
2007년	5,775	279,871	48,463

---

97) 타카노 미츠유키(鷹野光行) : 도호쿠역사박물관(東北歷史博物館) 관장.

이 통계를 일본의 다른 사회교육시설의 이용자수와 비교해 보자(〈표 11.2〉). 공민관公民館[98] 이용자수는 약 2억 3,662만 명으로 1관당 1만 4,283명이고, 도서관은 약 1억 7,136만 명으로 1관당 5만 4,141명이다. 또한 강좌 등의 사업도 포함한 이용자수에서 국민 일인당 이용횟수는 공민관은 2.13회, 도서관은 1.36회인데 비해, 박물관은 2.25회이다.

〈표 11.2〉 2007년 사회교육시설 이용현황(문부과학성 2010)

	이용자수(천명)	박물관수	1관당 이용자수(명)	1인당 이용회수(회)
공민관	236,617	16,566	14,283	2.13
도서관	171,355	3,165	54,141	1.36
박물관	279,871	5,775	48,463	2.25

일본 내각부內閣府가 2009년 11월에 실시한 〈문화에 관한 여론조사文化に関する世論調査〉에서도 박물관·미술관 이용에 대한 조사가 실시되고 있다(〈표 11.3〉). 이 조사에 의하면, 응답자의 42.2%가 박물관·미술관 관람체험을 하고 있다. 2010년 2월 1일 기준으로 일본의 총인구가 1억 2,743만 명이기 때문에, 단순히 이 숫자를 적용해보면 5,377만여 명이 박물관·미술관을 찾은 것이 된다.

사회교육조사의 수치와 합해서 볼 경우, 이 5,377만 명은 1년에 5회 이상 박물관을 이용하고 있는 셈이다. 이 중에는 1-2회 이용자도 많을 것이기에, 막연히 생각했던 것보다도 많은 사람이 박물관이나 미술관의 재방문자라는

---

98) 주민을 위한 회관으로, 우리나라의 시민 회관·구민 회관·마을 회관 등에 해당함. 역주

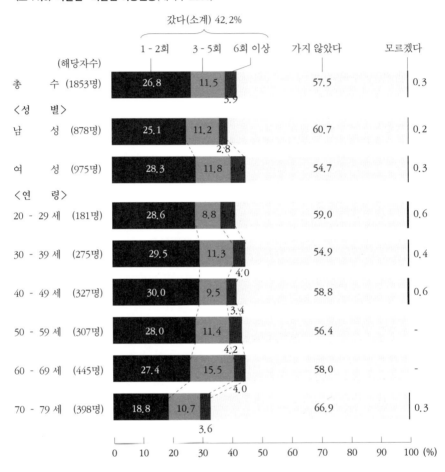

〈표 11.3〉 박물관 · 미술관 이용현황(내각부 2009)

	(해당자수)	갔다(소계) 42.2%			가지 않았다	모르겠다
		1 - 2회	3 - 5회	6회 이상		
총 수	(1853명)	26.8	11.5	3.9	57.5	0.3
〈성 별〉						
남 성	(878명)	25.1	11.2	2.8	60.7	0.2
여 성	(975명)	28.3	11.8		54.7	0.3
〈연 령〉						
20 - 29 세	(181명)	28.6	8.8		59.0	0.6
30 - 39 세	(275명)	29.5	11.3	4.0	54.9	0.4
40 - 49 세	(327명)	30.0	9.5	3.4	58.8	0.6
50 - 59 세	(307명)	28.0	11.4	4.2	56.4	-
60 - 69 세	(445명)	27.4	15.5	4.0	58.0	-
70 - 79 세	(398명)	18.8	10.7	3.6	66.9	0.3

것을 추정할 수 있다. '6회 이상 갔다'고 대답한 사람의 비율은 3.9%였다. 한편, 이 조사에 대한 응답 중 '가지 않았다', '모른다'는 답은 모두 57.8%로, 60%에 가까운 사람들이 한 번도 박물관을 찾지 않은 것이 된다. 물론, 박물

관을 둘러싼 입지나 교통수단 등 지리적인 조건이나 시설의 편중도 이 결과에 영향을 주었을 것이다.

내각부內閣府의 조사에서는 성별과 연령에 따른 조사도 실시되었기 때문에 이를 소개하고자 한다. 이 조사에 의하면, 남성 응답자 중 60.9%, 여성 응답자 중 55%가 박물관·미술관을 찾지 않았고, 70세 이상자는 별도로 하고, 20대에서 59.6%, 30대의 55.3%, 40대의 59.4%, 50대의 56.4%, 60대의 58%가 박물관·미술관 체험을 하지 않았다.

〈사회교육조사보고서社会教育調査報告書〉에서는 박물관 종류별 방문자 데이터도 제시하고 있다(〈표 11.4〉). 이용자수가 많은 것은 역사계 박물관으로, 전체 이용자수 중 27.7%를 차지하고 있으며, 뒤이어 미술관 20.5%, 동물원 12.0%순으로 이어진다. 다만 1관당 이용자수를 살펴볼 경우, 가장 이용자수가 많은 것은 동물원으로 1관당 38만 4,600명, 그 다음으로 수족관이 38만 500명, 동식물원은 26만 3,900명이고, 건물형의 경우에는 과학박물관이 1관당 이용자수가 7만 2,300명, 미술관은 5만 2,000명이고, 전체 방문자수가 가장 많은 역사박물관의 경우 1관당 2만 3,300명으로 이용자수가 가장 적었다. 박물관수는 3,327관으로 전체의 57.6%을 차지한다는 점에서, 1관당 이용자수는 이와 같다.

〈표 11.4〉 2007년 박물관 종류별 방문자수(문부과학성 2010)

	종합 박물관	과학 박물관	역사 박물관	미술 박물관	야외 박물관	동물원	식물원	동식 물원	수족관
방문자수 (천명)	17,068	35,085	77,389	57,256	6,873	33,464	15,400	7,654	29,682
1관당 (천명)	39.8	72.3	23.3	52	64.8	384.6	115.8	263.9	380.5

2) 이용자의 박물관체험

최근 일본에서는 가정의 문화자본과 학교의 학력수준과의 관계에 관한 조사를 시행한 바 있다. 그 조사항목 중에, 어린이가 있는 가정의 문화적인 환경지표의 하나로 '가족 구성원에게 박물관이나 미술관에 데리고 가달라고 한 적이 있다'는 항목이 있다. 이 항목에 대한 응답을 통하여, 특히 학력이 상위권인 학교와 하위권인 학교 간에 큰 차이가 있는 것으로 나타났다(오차노미즈여자대학 2008). 그 밖에 '가족 구성원과 함께 여행한 적이 있다', '집에는 공부할 수 있는 장소가 있다', '어릴 때 가족 구성원에게 자주 책을 읽어 주었다'는 것도 상위권·하위권 학교간에 차이가 있는 것으로 나타났다. 또한 이것과 별도로 학력격차와 가정환경의 관계에 관한 조사에서도 박물관이나 미술관을 이용하는 것이 가정환경지표의 하나로 채택되었다(오차노미즈여자대학 외 2009).

이 조사결과에서 드러난 학력격차를 낳은 요인을 탐구하는 가운데, 부모가 어린이를 대상으로 하는 몇 가지 활동 중, '집에는 책(만화나 잡지 제외)이 많이 있다', '어린이가 영어나 외국의 문화에 접하도록 의식하고 있다'에 이어, '박물관이나 미술관에 데리고 간다', '어린이가 어렸을 때 그림책을 읽어 준 적이 있다', '뉴스나 신문기사에 대해서 어린이와 이야기한다'는 항목에서도 학력의 상위층과 하위층 간에 큰 차이가 보이며, 또한 평소 부모의 '책(만화나 잡지 제외)을 읽는다', '미술관이나 미술전시회에 간다'는 행동이 어린이 학력의 상위층과 하위층간의 차이를 발생시키는 데 영향이 있는 것으로 분석되고 있다.

이 조사들은 박물관의 교육력을 직접적으로 나타내는 결과는 아니지만, '교육'과 박물관의 관계, 특히 문화적 환경을 유지하는 관계 속에서의 박물관의 위치를 확인하는 것이 될 수 있을 것이다. 어렸을 때에 박물관에 데려가주는 분위기 속에서 지내는 것, 바꿔 말하면 유년시절의 박물관 체험 그 자체가 그 후의 학력형성에 어느 정도의 영향을 미칠 수 있다고 판단하는 것은 지나친 것일까?

박물관 이용자는 박물관에 무엇을 바라면서 찾아오는 것인가? 학교 등 단체에서 거의 강제로 방문하는 것 외에는, 대부분은 자유의사에 따르고, 게다가 많은 경우 가족 단위로 방문하게 된다. 박물관은 교육기관이고 배움의 장이지만, 박물관에서의 배움은 '어느 과제에 반복하여 대처하는, 보통 학습자에 의하여 그 과제는 명확한 목표를 가진 것'인(하인 2010:201) 학교교육 등의 장소에서의 배움과는 다르고, 박물관을 방문하는 그 '목적조차도 설명을 요구할지도 모른다'(하인 2010:202). 그러나 사람들은 박물관을 찾아간다. 그리고 어쩌면 분명히 의식하지 않을지라도, 방문하는 목적은 예를 들어 동물원에서 살고 있는 동물과의 접촉도 포함한 전시를 체험하는 데에 있을 것이다.

전시에 대해서는 박물관 이용자가 '개별 전시를 보는데 그다지 시간을 보내지 않는다'는 지적이 있지만, 전시를 통하여 박물관을 체험하는 데에는 기분 전환하는 장소로서 박물관을 체험하는 것도 포함된다. 국제박물관협의회International Council of Museums, ICOM의 박물관의 정의인 "사회와 사회의 발전에 이바지하고 공중에게 개방되는 비영리의 항구적인 기관으로서, 학습과 교육, 위락을 위하여 인간과 인간의 환경에 대한 유형·무형의 증거를 수집, 보존, 연구, 교류, 전시한다"와 일본 〈박물관법〉의 박물관의 정의인 "자료를 수집, 조사연구, 레크리에이션 등에 이바지하기 위해서 필요한 사업을 한다"에도 명시되어 있듯이, 박물관은 즐거움의 장소이며, 레크리에이션의 장소이기도 하다. 박물관에서의 체험은 즐거움과 배움을 동시에 얻는 것이다.

따라서 이 같은 이용자의 박물관 이용의 목적과 박물관이 이용자에게 제공하려는 것을 적절하게 조화시키는 박물관 활동을 고려하지 않으면 안 된다.

제2절 박물관학습의 특성과 창출

1. 박물관학습

조지 E. 하인은 지금까지 실시해 온 박물관학습에 관한 연구를 정리하고, 박물관학습의 특성으로 다음 일곱 가지를 들고 있다(하인 2010:228-229).

① "방문자가 박물관에서 배우고 있는 것은 의심할 여지가 없는 사실이다"는 것.

② "박물관의 교육적인 기능을 최대한 살리기 위해서는, 먼저 방문자의 실제 요구에 부응할 필요가 있다"는 것.

③ "사람들은 전시에 참가하고 있다"는 것.

④ "사람들은 박물관 안에서 독특하고 놀라운 관계를 만들어 낸다"는 것.

⑤ "박물관은 전통적인 학교교육을 실천하거나 특정 사실이나 개념을 배우거나 하기에는 적합하지 않다"는 것.

⑥ 박물관은 "방문자가 신기하게 생각하거나, 탐구하거나, 마음을 열거나 하는 경험"이나 "(지적인 충격을 주는) 새로운 체험과 미적인 체험"을 실현하는 것.

⑦ "박물관 체험을 긍정적인 경험으로 만들기 위해서는" 박물관에서 "보는 것, 하는 것, 느끼는 것"과 "모두 알고 있는 것, 이해하고 있는 것, 인식하고 있는 것과 이어져 있을 필요가 있다"는 것.

이러한 특성을 가지고 있는 박물관에서의 학습은 먼저 전시실에서 이루어진다. 박물관이 창출하는 학습은 자료의 전시를 통해서 실천되어 가는 것을 본질로 한다. 우리들이 박물관에 가려고 생각해서 행동을 취할 때, 박물관의 어디를 혹은 무엇을 목표로 움직이기 시작하는 것일까? 박물관에 그 자료가 전시되어 있으니까, 특정 전시가 개최되고 있으니까 보러 가려고 외출하는 것이다. 이러한 명확한 목표가 없더라도, 박물관에 가려고 할 때에는 막연하게라도 전시실을 목표로 하는 것일 수밖에 없는 것이 아닌가. 박물관 측도 먼저 전시실에 찾아온 이용자를 대상으로 교육기능을 발휘하게 된다. 또 하인(2010:203)은 "박물관에서 경탄할만한 일의 한가지로 전시를 통한 단시간의 만남이 방문자를 배움으로 이끈다"는 점을 들면서, "방문자가 각 전시물을 보는데 그다지 시간을 소비하지 않는다", 그림에도 불구하고 전시를 통해서 학습활동이 발생하는 것을 지적하고 있다.

2. 전시실에서의 학습을 돕는 것

전시실에서의 학습을 촉진·조장하기 위한 요소로 다음 세 가지를 들고자 한다.

1) 전시실에서의 전시연구

전시는 재미있고 동시에 흥미로운 것으로 보이지 않으면 안 된다. 그러기 위해서는 자료를 보고 이해시키는 것이 아니라, 자료를 배치하는 것에 따라 무언가를 느끼고 생각할 수 있는 장치를 설치해야 한다. 그 장치의 하나로, 비교하는 관점을 가진 전시를 구성하는 것이 바람직하다.

자료배치나 배경설명에 있어서, 지역별 비교·시간축을 도입한 비교·자료 자체의 기능이나 용도의 비교 등의 관점을 가지고 전시하는 것이 효과적이다. 예를 들어, 특정 형태의 어구漁具가 일본열도 이외의 지구상 다른 지점에도 펼쳐져 분포하고 있음을 보이고, 그것에 따라 공통의 어법漁法 및 어획물을 생각하게 한다. 또한 그 도구가 역사상 언제부터 그러한 형태로 사용되어 왔는지를 보여주고, 그 도구로 획득한 어획물이 언제부터 일본의 풍토 속에서 식용으로 사용되어 왔는지를 보여준다. 같은 모양을 가진 자료도 크기에 따라 기능과 용도가 다른 것이 있으므로, 그것들을 동시에 보여줌으로써 비교를 통해서 전시에 대한 이해가 깊어진다.

또한 자료를 이용하여 생각하게 하는 장치의 또 다른 하나로, 전시 속에 질의응답 상황을 넣는 것도 바람직하다. 이것은 보다 직접적으로 전시자료ㆍ전시내용의 이해를 촉진시키는 장치가 되고, 전시된 자료가 가진 직접적인 정보뿐만 아니라, 간접적인 정보에 대해서도 질문을 더하는 것이 가능하다. 질의응답 상황을 연출하는 방법에는 해설문 속에 직접 삽입하는 방법, 컴퓨터를 사용한 Q&A 퀴즈방식, 작은 창을 열어 해답 찾기 등이 있지만, 어떤 방법이든 방문자가 스스로 행동(조작)하여 답을 찾는 구조로 설치하게 되므로, 그것만으로 전시가 방문자에게 미치는 작용과 전시에 대한 방문자의 이해에 큰 효과를 기대할 수 있다.

2) 전시이해 촉진을 위한 해설의 중요성

전시는 단지 자료가 나열되어 있는 것만으로는 별 의미가 없다. 이것에 여러 가지 형태의 해설이 더해짐에 따라 교육적 효과가 더욱 발휘된다. 하인(2010:205)은 "해설라벨의 유무가 방문자의 견해에 현저한 차이를 만들어 낸다"고 지적하고, "라벨의 위치, 내용, 스타일, 그리고 길이를 바꾸어 크게 체류시간을 늘릴 수 있다"고 하면서, 그 효과에 관한 연구도 소개했다.

해설은 문자에 의하여 실행되는 것이 많지만, 전시자료에 붙여진 해설문은 그 성격상, 많은 문자를 늘어놓을 수 없다. 글자수가 많으면 자세한 해설은 할 수 있지만, 별로 읽히지 않게 될 수도 있다. 모처럼 해설을 붙여도 방문자가 읽지 않으면 소용이 없기 때문에, 어떤 내용의 해설을 쓰면 좋은지, 또 잘 읽어지는지 등에 대해서 심리학 등의 분야에서의 연구성과도 응용하게 된다. 박물관의 종류에 따라서는 해설이 그다지 필요하지 않는 경우도 있지만, 역으로 해설이 없으면 알 수 없는 경우도 있다. 가령, 미술관에서는 감상을 방해하는 지나친 해설은 필요 없고, 오히려 매우 간단하게 그 작품의 제목·작가·제작연도 등으로 한정한다. 이것은 동물원에서도 마찬가지일 것이다. 한편, 역사계 박물관에서는, 예를 들어, 문서 등의 전시에서는 자료를 설명하는 해설이 없으면 전시를 이해할 수 없는 일도 있다.

박물관에서는 문자에 의한 해설 외에도, 해설사에 의한 전시실 내에서의 해설, 사람이 아닌 기계에 의한 해설 그리고 음성에 의한 해설도 실시된다.

3) 전시실 이외의 장소에서의 교육활동 전개

박물관에 오는 사람은 전시된 자료를 감각을 통하여 체험화함으로써 교육적인 효과를 거둘 수 있으며, 이 체험을 기록으로 남기게 되면 더 큰 것이 된다. 기록은 방문자 자신이 남기는 것이 바람직하지만, 그것은 누구나 쉽게 할 수 있는 일이 아닐 것이다. 이에 직접적인 해설·안내의 역할과 박물관에서의 체험을 생각나게 하는 실마리로써, 해설서나 안내서가 박물관에 의해 작성되는 것이다. 전시에 대한 기록은 상설전시의 가이드북·종합안내해설서·자료목록·도록 등의 책자나 그림엽서 등의 형태로 만들어진다.

박물관 소장품의 모형이나 모조품, 또는 전시물을 응용한 선물 등 소위 박물관 상품museum goods의 형태로도 같은 효과가 있을 수 있다.

박물관의 출판물은 이상과 같은 교육활동에 직접 관련된 것 외에, 자료의 수집과 전시에 대한 조사·연구의 보고와 기록에 관한 정기간행물, 총서류와 소장품목록 등이나, 박물관의 활동을 기록하여 정리한 연보·관보, 홍보를 주목적으로 한 박물관 소식 등이 있다. 연보는 1년간의 활동기록이자 동시에 사업의 총괄이기도 하므로, 그 내용에는 자료와 도서의 수집 및 복원 상황, 특별전 등 전시개최 기록, 교육프로그램의 기획과 실행상황, 조사·연구 및 출판, 방문자 수의 조사, 그 외 연간 주요한 운영상의 기록이 게재되어 있다. 박물관 소식 등의 기관지는 박물관사업에 대한 안내·경과·결과·기타 정보 등이 게재되어, 뉴스성을 가진 기사가 주체가 되고, 많은 박물관에서는 매월 발행되고 있으나, 격월이나 계간으로 발행하는 곳도 있다.

전시자료에 관한 연구회나 강연회는 자료와 관련된 주제에 대해서 희망자를 모집해 실시하고 있다. 교육활동에 힘을 쏟고 있는 박물관에서는 반드시라고 해도 좋을 정도로 실시하고 있으며, 월 1회와 같이 정기적으로 열리는 것 외에, 특별전을 개최할 때에 맞추어 개최하는 경우도 많다. 특별전 때의 강연회에서 강사는 외부의 연구자 등이 초대되는 일이 많지만, 때로는 학예직이 강사가 될 수도 있다. 외부의 연구자이든 학예직이든 강사는 전시주제에 관한 전문가이면 된다. 강연회 등에 관한 정보는 박물관의 포스터나 관보 등의 홍보지로 노출되지만, 그 홍보의 노출범위는 좁아서, 상당한 관심을 가지고 있는 사람이 아니면 알지 못할 가능성이 있다. 홍보활동은 박물관학습을 실현해 나가는 데에도 큰 과제이다.

박물관의 주제에 관한 강좌나 학습회는 박물관 전시 이외의 배움의 장으로 자주 실시되고 있으며, 그런 만큼 교육적인 효과도 크다. 내용은 전문적인 것, 취미, 일반교양, 레크리에이션 등 목적을 명확하게 해서 계획된다. 가능하면 이러한 활동은 단발적이 아닌, 활동에 참가한 사람들이 학습의 주체가 되어 자발적인 활동으로 지속시켜 나갈 수 있는 배움의 구조를 만드는 것이 바람직하다. 예를 들면 고문서 강독회에서 매년 새롭게 참가하는 초보자와 계속 참가하고 있는 기존 학습자 사이에서 중간에 학예직을 통하여 배움의 장을 가지고, 이를 더 한층 발전시키는 박물관과는 별도로, 베테랑인 기존 학습자들이 박물관 시설을 이용하는 자발적인 동호회를 결성하고, 초보자가 이 동호회에도 참가할 수 있도록 지속적인 학습활동을 추진하고, 그 성과를 박물관 활동으로 되돌리는 움직임이 기대된다.

제12장 박물관 교육의 내용과 방법[99]

제1절 박물관 고유의 교육방법

이 절에서는 박물관 교육의 구체적인 내용을 살펴보기 전에, 그 전제가 되는 박물관 교육의 특성에 대해서 설명하고자 한다.

1. 관람객의 다양성

박물관은 유치원·학교·대학 등처럼 같은 연령대가 모인 교육기관과는 달리 모든 사람들을 대상으로 하는 것이 특징이라고 할 수 있다. 어린이를 대상으로 한 어린이박물관과 같은 시설도 있지만, 그렇지 않은 한, 모든 연령대·모든 문화적 배경·모든 흥미와 관심을 가진 사람들을 대상으로 하고 있다. 대상범위가 이처럼 매우 넓기 때문에, 지금까지는 어린이와 성인처럼 연령층으로 구분하거나, '일반인들'처럼 일괄적으로 통합해서 관람객을 파악하는 경향이 있었다. 이러한 구분에는 각 사람의 문화적 배경·지식 수준·흥미와 관심의 정도 등은 그다지 염두에 두지 않았다.

이처럼 다양한 사람들이 모이는 박물관이기 때문에, 각 대상에 맞춘 세밀한 서비스의 제공이 중요하다. 이런 이유에 기인하여, 박물관에서는 학교교육처럼 획일적인 교육방법이 적합하지 않다.

또한 다양한 연령층의 사람들이 모이는 박물관에서는 세대간의 교류가

---

99) 타케우치 유리(竹内有理) : 나가사키역사문화박물관(長崎歴史文化博物館) 교육보급그룹리더(教育普及グループリーダー).

생겨나는 점도 큰 특징 중 하나라고 할 수 있다. 박물관에서는 어른과 어린이, 고령자와 어린이, 혹은 저학년 어린이와 고학년 어린이 등이 박물관의 다양한 활동에 함께 참가하고, 이야기를 주고받고, 가르치고 가르침을 받거나 하는 경우가 많이 생긴다. 지역사회와의 유대가 희박하다고 부르짖는 현대에 지역사회에서 어린이를 함께 키우는 토양마저도 줄어들고 있다. 그런 가운데 박물관은 예전부터 지역에 살고 있던 서로 다른 세대들이 교류하는 장소를 제공함으로써, 어린이의 성장에도 큰 작용을 할 수 있다.

2. 실물교육

일본 박물관학의 기초를 세웠다고 말할 수 있는 타나하시 겐타로棚橋源太郎는 실물을 이용하여 가르치는 것을 중시한 '직관교육'을 제창하였다. 이것은 책에만 의존하는 것이 아니라, 실물을 직접 보고 배우는 것을 중시한 실물교육이라는 개념이다. 표본이나 그림 등 실물을 통해서 사물이나 현상을 자발적으로 탐구하고 이해시키고자 하는 직관주의 교육사상은 미국을 경유해서 메이지 시기의 일본에 들어온 교육사상이다. 이러한 교육사상은 학생의 자발적인 학습을 전제로 하고, 교사는 학생의 지적 탐구심을 자극하고 그것을 잘 유도하여 지적능력을 개발하는 학습의 보조자로서의 역할이 요구된다.

실물을 통한 교육, 즉 소장품을 이용한 교육이야말로 박물관이 다른 교육기관과 크게 다른 점이라고 할 수 있다. 물론 물건이라는 물질은 그 자체로는 아무것도 말하지 않는다. 물건을 통해 무엇을 전하고자 하는 지를 관람객에게 이해시키려면 해설 등으로 보충할 필요가 있다. 하지만 그러한 해설은 어디까지나 물건을 보다 깊이 보여주기 위한 조연이고, 주역은 물건이다. 따라서 박물관에서는 설명을 읽는 능력도 필요하지만, 물건을 보는 능력이 요구된다. 물건을 보는 능력을 기르기 위해서는 다양한 방식의 접촉이 필요하다. 여기에 박물관 교육의 관점이 필요하다.

전시는 본래 보는 것을 전제로 만들어지는데, 물건에 대한 이해를 보다 깊게 하기 위해서 직접 만져서 감촉·무게·냄새 등을 체험하는 핸즈온 개념의 유용성도 이해되어, 그 도입이 확산되고 있다. 물건을 이용하는 구체적인 교육방법에 대해서는 다음 절에서 기술하고자 한다.

3. 교육에서 학습으로

'교육'은 지식을 가진 사람이 가지지 않은 사람에게 일방적으로 '가르치는' 의미가 강한 반면, '학습'은 가르치는 것보다 학습하는 사람 쪽에 중점을 둔다. 이처럼 학습자를 주체로 하는 사고방식이 박물관에서도 주목받게 되었다.

아이린 후퍼-그린힐Eilean Hooper-Greenhill은 박물관에서의 커뮤니케이션 이론을 전달적 접근과 문화적 접근이라는 두 가지 상반된 개념으로 설명하고 있다. 전자는 텔레비전 등의 매스 커뮤니케이션mass communication이나 학교교육에서 볼 수 있는 것으로, 정보가 발신자로부터 수신자에게 일방적으로 보내진다. 여기에서는 정보 발신자 측이 지식이나 정보를 풍부하게 가지고 있어, 그것을 보다 많이 전달하는 것을 이상으로 삼고, 수신자는 단순히 수동적으로 그것을 받아들이게 된다.

이에 반해 문화적 접근에 의한 커뮤니케이션 모델에서는 정보의 수신자인 관람객은 수동적이지 않고 능동적으로 주어진 정보와 대치한다. 즉, 관람객이 자신이 가진 지식이나 경험, 사회적·문화적 배경에 따라 자기 자신과 외부세계와의 사이에서 끊임없이 '관계'하면서 자기 나름의 의미를 만들고자 하는 '해석'이 이루어진다. 이와 같이 문화적 접근에서는 관람객이 의미를 만드는 주체로 간주된다.

최근 박물관 교육의 근저에 있는 사고방식으로 미국을 중심으로 발달한 구성주의 교육이론이 있다. 구성주의에서는 학습자라는 주체가 어떻게 지식을 구성해 가는가에 주목한다. 구성주의의 반대에 있는 개념이 객관주의인데, 객관주의 교육이론에서는 가르치는 것에 중점을 두고, 학습자를 지식이 없는 수동적 존재로 간주하고, 가르치는 측이 지식을 효율적으로 전달하는 방법을 개발함으로써 학습효과를 높일 수 있다고 한다.

한편 구성주의 교육이론에서는 학습자에게 중점을 두고, 학습자를 기존의 지식을 이용하여 새로운 지식을 주체적으로 구축해 가는 존재로 간주한다. 그 때문에 학습자가 주체적으로 세계와 관련되는 것을 지원하기 위한 환경을 갖추는 것에 중점을 둔다. 이러한 구성주의 개념을 교육분야에 응용한 대표적인 인물로 쟝 피아제Jean W. Piaget, 레프 비고츠키Lev S. Vygotsky, 존 듀이John Dewey 등을 들 수 있다.

이상 살펴본 바와 같이, 박물관에 있어서 학습은 학교교육과는 성격을 달리하는 것이며, 그것을 보완할 수는 있어도 학교에서의 교육방법을 그대로 박물관에 적용시키는 것은 적절하지 않다.

제2절 박물관 교육활동의 방법

박물관은 연령·지식·관심의 정도·문화적 배경·경제적 배경이 다양한 사람들을 대상으로 하고 있다. 다양한 계층의 사람들에게 박물관이 전하고자 하는 메시지를 전달하려면, 대상이 되는 사람들의 경향과 특징에 맞춘 대상별 접근이 필요하다. 이 절에서는 그것을 실현하기 위한 다양한 방법에 대하여 설명하고자 한다.

1. 다양한 학습스타일

사람에게는 저마다의 개성이 있는 것처럼, 학습방법도 사람마다 다르다. 다른 사람과의 커뮤니케이션을 통해서 지식이나 정보를 얻는 것을 선호하는 사람이 있는 가하면, 책 등 문자로 기록된 것으로부터 지식이나 정보를 얻는 것을 선호하는 사람이 있다. 맥카시(1990:32)는 이러한 학습스타일을 아래의 네 가지 패턴으로 유형화했다.[100]

1) 타입1: 창조적 학습자(Imaginative Learners[역주])

정보를 구체적으로 이해한다. 의견을 교환하는 것을 통해서 배우고, 의논을 좋아한다.

2) 타입2: 분석적 학습자(Analytic Leaners[역주])

정보를 추상적으로 이해한다. 사실이나 상세한 정보를 좋아하고, 전문가가 어떻게 생각하는지 알고 싶어 한다. 정보를 비평하고 데이터를 수집하는 것을 좋아한다. 주관적인 견해를 싫어한다.

---

100) 버니스 맥카시(Bernice McCarthy)의 '4 Major Learning Styles'을 말함. [역주]

3) 타입3: 상식적 학습자(Common Sense Leaners^{역주})

정보를 추상적으로 이해하고, 그것에 능동적으로 반응한다. 상식을 적용시키는 현실주의자로 기술을 지향한다. 사물의 구조에 대해서 알고 싶어 한다.

4) 타입4: 다이나믹한 학습자(Dynamic Leaners^{역주})

정보를 추상적으로 이해하고, 그것에 능동적으로 반응한다. 시험하거나 실패하면서 배운다. 자기발견을 중시한다. 실험이나 참여형 강좌에 참가하는 것을 좋아한다.

이 학습스타일의 유형화는 미국을 중심으로 유럽에 전해져, 박물관 교육에 관한 학습이론의 하나로 서구 박물관계에서 주목을 모았다.

인지심리학자인 하워드 가드너Howard Gardner는 사람이 가지고 있는 여러 지능에 주목하고, 지금까지의 지능지수(IQ) 지상주의를 비판하고, 인생과 사회에 있어서 중요하고 유용한 다른 여러 지능이 존재한다는 것을 주장하고 있다.[101] 가드너에 의하면, 지능지수에 해당하는 언어적 지능(linguistic intelligence)과 논리·수학적 지능(logical-mathematical intelligence) 외에, 공간적 지능(spatial intelligence), 신체운동적 지능(bodily-kinesthetic intelligence), 음악적 지능(musical intelligence), 대인(인간관계적) 지능(interpersonal intelligence), 내성적 지능(intrapersonal intelligence), 자연주의적 지능(naturalist intelligence)[102]이 인간 속에 존재한다고 한다. 이처럼 여러 지능이 존재하지

---

101) 하워드 가드너의 다중지능이론(Theory of Multiple Intelligences)을 말함. ^{역주}
102) 원서에는 'naturalist intelligence'를 '박물적 지능(博物的知能)'으로 번역하고 있으나, 국내

만, 각각이 독립적이면서 서로 관련되어 존재하고 있다.

학교교육에서는 지능지수(IQ)가 중시되는 반면, 박물관에서는 그 이외의 여러 지능이 발휘되어 학습이 이루어진다. 어느 지능이 강하고, 어느 지능이 약한지는 개인차가 있다. 가드너는 박물관에 있어서, 그 다양한 지능을 작용하는 방법을 제공하는 것이 중요하다고 지적하고, 배움의 시작으로 다음 일곱 가지 접근을 들고 있다.

① 언어적 접근
② 수치적 · 양적 접근
③ 논리적 접근
④ 근본적 접근
⑤ 미적 접근
⑥ 체험적 접근
⑦ 사회적 접근

지금까지 관람객의 다양성에 대해서, 학습스타일과 지능의 관점에서 살펴보았다. 박물관이 효과적인 교육프로그램을 실시하거나, 전시에 보다 다양한 사람들의 흥미를 끌려면, 대상으로 하고자 하는 사람들의 특징을 파악한 후, 대상에 맞게 다양한 활동을 전개하는 것이 요구된다.

학계에서는 '자연주의적 지능', '자연탐구 지능', '자연관찰 지능' 등으로 번역하고 있기에 국내 학계의 번역을 따름. ^{역주}

2. 강연과 워크숍

박물관이 다루는 전문적인 내용에 대해서 학예직이나 외부의 전문가 등이 강의하는 강연회는 박물관 교육활동으로 예전부터 행해져 왔다. 강연회는 앞서 살펴보았던 커뮤니케이션 모델에 해당되며, 지식을 가진 자가 가지지 않은 자에게 일방적으로 전수하는 학습방법에 해당한다. 어느 특정 분야에 대한 지식을 좀더 심화하고자 하는 사람들에게는, 이러한 강연회의 실시가 효과적이다.

반면 워크숍에서는 강사와 참가자는 상하관계가 아니라, 대등한 입장이며 주제에 대해서 의논하거나 체험을 하면서 지식을 심화시키는 학습방법이다. 워크숍은 박물관만이 아니라, 널리 다양한 분야에서 이 기법이 도입되어 왔다. 워크숍은 참가자의 발언이나 참여방법에 따라, 내용이나 진행도크게 변화한다. 대략적인 시나리오나 목표는 어느 정도 정해져 있지만, 워크숍의 목표가 무엇이 될지도 참가자에 따라 다르다.

워크숍은 어디까지나 참가자가 주역이고, 강사나 진행자는 조연으로 워크숍의 효과적인 진행을 촉구하는 촉진자facillitator로 자리매김한다. 워크숍은 강사와 참가자라는 관계가 아니라, 참가자들끼리 의견을 교환하고 공동으로 무언가를 체험하는 것을 중시하며, 이와 같은 참가자간의 상호작용에의해서 생겨나는 것으로부터 의의를 발견한다.

최근 학습자 주체의 학습방법이 주목받으면서, 워크숍이 박물관에서도 널리 행해지게 되었다. 이것은 어린이부터 성인에 이르기까지 연령대를 불문한 효과적인 방법이라고 할 수 있다.

3. 전시해설(갤러리 토크)

전시는 전시물과 해설 등에 의해서 기획자가 의도하는 바를 전달할 수 있다. 하지만 한정된 공간에 장문의 문자해설을 설치할 수는 없기 때문에, 해설문은 최대한 간결하게 최소한으로 완결하지 않으면 안 된다. 그런데 전시의도를 정확하게 관람객에게 전하는 것은 쉽지 않으며, 전달되지 않는 것이 많다고 해도 과언이 아니다. 그것을 보완하는 방법으로 사람이 설명하는 전시해설(갤러리 토크)이라는 방법이 있다. 전시해설에서는 전시를 보고 해설을 읽는 것만으로는 알기 어려운 부분이나, 그 배경에 대해서 구두로 해설함으로써 이해를 도울 수 있다. 강의처럼 일방적으로 많은 정보나 지식을 말하는 해설은 전시해설로 그다지 바람직하지 않다. 말을 거는 상대에게 적합한 말투나 표현으로 유연하게 바꾸는 것이 바람직하다.

아멜리아 아레나스Amelia Arenas는 뉴욕근대미술관The Museum of Modern Art, MoMA에서의 경험을 바탕으로 미술초보자부터 조예가 깊은 사람에 이르기까지 지식수준의 단계에 따른 감상교육 방법을 제시했다. 아레나스는 미술작품의 감상을 돕기 위하여 감상자가 느끼는 것을 적극적으로 끌어내고, 작품과 감상자·감상자와 학예직간의 대화를 중시하는 갤러리 토크 방법을 제창하고 있다. 여기에서는 작품과 관람객 사이에서 중재하는 학예직은 지식의 전달자가 아니라, 관람객의 상상력과 감성을 자극하여 증폭시키는 촉매 역할을 한다.

미술감상은 보는 사람의 자유에 맡기는 부분이 크기 때문에, 특히 이 방법이 효과적으로 작용하고 있으며, 역사나 과학계의 전시에서도 학예직과 관람객의 대화를 중시하는 이 해설방법으로부터 많은 것을 배울 수 있다.

4. 핸즈온

전시의도를 알기 쉽게 전하고 전시에서 다루는 주제에 대한 관심을 촉구하여 즐기는 방법으로 핸즈온이라는 방법이 있다.

일반적으로 박물관 전시는 인간의 오감 중 시각을 가장 많이 사용하는 미디어라고 할 수 있다. '전시를 보다'라는 표현이 사용되는 것처럼 '보는'·'읽는' 것에 압도적으로 지배되고 있다. 읽음으로써 견해가 깊어지기 때문에 '보는' 것과 '읽는' 것은 연동하고 있다. 하지만 이미 살펴본 바와 같이 인간은 다양한 지능을 가지고 있고, 학습스타일도 사람마다 다르기 때문에 '보다'·'읽다'라는 감각만을 강요당하는 것을 좋아하지 않는 사람도 있다. 특히 문자에 의한 해설은 글자수의 제한이나 전문용어의 사용 등 그것이 오히려 이해에 방해가 되기도 한다.

그렇다면, '보다'·'읽다' 이외의 오감을 사용한 전시는 가능한가? 그 방법의 하나가 '핸즈온'이라는 사고방식이다. 일반적으로 박물관 전시는 '만지지 마세요'라는 의미의 '핸즈오프(hands-off)'라는 사고방식에 서있지만, '핸즈온(hands-on)'은 그것과 반대의 자세를 관철하는 사고방식이다. 즉, 만지는 것을 권장하고 만질 때의 감촉이나 촉감·질감·무게 등을 통해서 물건에 대한 이해를 심화하고자 한다. 혹은 참가형의 전시나 체험할 수 있는 전시를 대체로 핸즈온이라고 부르는 경우도 있다.

이러한 방법은 과학관이나 어린이박물관에서 활발하게 도입되었고, 그후 미술관이나 역사계 박물관에서도 핸즈온의 유효성이 인정되어 널리 보급하게 되었다. 핸즈온은 '사람은 경험을 통해서 배운다'는 철학에 기반하여 고안된 방법이라고 말할 수 있다.

제3절 박물관 교육프로그램의 종류

이 절에서는 박물관에서 일반적으로 실행하고 있는 여러 교육프로그램에 대해서 대상과 목적별로 정리하여 설명하고자 한다.

1. 성인을 대상으로 한 교육프로그램

성인을 대상으로 하는 교육프로그램에는 박물관이 다루는 주제나 기획전과 관련된 주제로 하는 강의형식의 강연회와 강좌가 있다. 이것들은 예전부터 진행되어 온 교육프로그램의 한 형태이다. 강연회나 강좌에서는 전문적인 내용을 학예직 등의 전문가가 일반인들을 대상으로 알기 쉽게 해설한다. 어떤 분야에 대해서 보다 깊이 알고 싶어하는 지적 호기심을 만족시키는 것이 이러한 강연회나 강좌의 역할이라고 할 수 있다. 박물관에서 진행되는 강연회나 강좌는 전문가를 대상으로 한 학회발표가 아니므로, 일반인들도 이해할 수 있도록 용어나 내용에 대한 연구가 요구된다. 전문적인 내용(전문지식)을 사회에 환원하는 한 가지 방법으로서도 이러한 강연회나 강좌의 실시는 의의가 있다.

이 외에 실기나 체험을 동반한 워크숍 형태의 강좌가 있다. 워크숍에서는 일방적인 강좌가 아니라, 실제로 자료 등을 만지거나 보거나 체험하는 것, 그리고 참가자간에 혹은 참가자와 학예직이 쌍방향으로 의견을 교환하면서 진행하는 것을 중시한다.

2. 어린이를 대상으로 한 교육프로그램

어린이라고 해도 그 연령층은 폭이 넓다. 따라서 어린이의 성장단계에 맞는 교육프로그램을 제공하는 것이 바람직하다. 유아일 경우, 구연·연극·공작·그림 그리기 등의 요소를 더하는 것이 효과적이다. 초등학생을 대상으로 한 프로그램의 경우에는 체험을 통해서 배움이 심화되는 것이 적합하다. 어린이의 호기심을 불러일으키고, 학습의욕을 자극하는 소재의 제공이나 활동을 할 필요가 있다. 초등학생이라도 저학년과 고학년은 지식도 학습능력도 다르기 때문에, 그 차이를 바탕으로 프로그램의 내용을 고려할 필요가 있다.

박물관 교육의 관점에서 전시와 관련된 것으로는 어린이용 전시해설이 있다. 어린이용 해설을 설치하는 경우, 어린이의 눈에 들어올 법한 디자인을 하는 등의 연구가 필요하다. 또한 해설을 읽도록 유도하는 장치가 필요하다. 워크시트 등의 도구를 사용하면, 보는 대상을 한정할 수 있고, 해설내용에 관한 질문이 워크시트에 씌어 있다면, 해설을 읽도록 유도할 수 있다. 따라서 어린이용 해설을 만들 때는, 대상으로 하는 연령층을 명확히 하고, 문장은 간결하고 알기 쉽게 쓸 필요가 있다.

그 외에 핸즈온 전시기법을 도입하는 것도 효과적이다. 참가 체험형 기법은 어린이의 흥미와 관심을 끌기 쉽고, 학습효과도 높다. '보다'·'읽다' 이외의 오감을 어떻게 사용하느냐가 핸즈온 기법의 효과를 좌우하는 중요한 열쇠가 된다.

이상에서 살펴본 바와 같이, 어린이용 교육프로그램에서는 참가 체험형 요소를 도입하는 것이 포인트가 된다. 어린이가 참가하기 쉬운 단서, 흥미를 가지는 단서를 어떻게 설정하느냐가 교육프로그램의 열쇠라고 할 수 있다.

3. 학교연계 프로그램

박물관이 가진 교육기능을 사회에 환원하는 방법의 하나로 학교와의 연계가 있다. 일본에서 '종합적인 학습시간'이 2000년에 도입됨에 따라, 박물관 이용에 대한 기대도 높아졌다. 하지만 2011년도부터 시행된 새로운 학습지도요령에서는 '종합적인 학습시간'의 시간수가 줄어들어, 학교현장에서는 박물관 이용 등 교외학습을 실시하기 어려운 상황이 되고 있다.

그런 가운데 박물관은 어떻게 학교와 연계해 나갈 수 있는가? 학교와 박물관이 연계하여 어린이의 학습효과를 높이기 위해서는 학교와 박물관 쌍방의 절충이 필요하다. 먼저 교사 자신이 박물관의 교육효과를 이해하고 효과적인 활용방법을 아는 것이 중요하다. 이와 동시에, 박물관 측은 학교교육에 어떻게 박물관을 활용할 수 있는지를 교사에게 알릴 필요가 있다. 학습지도요령에 따라서, 어느 교과나 단원에 박물관의 어느 부분이 관련되어 있는지를 명확하게 하는 것도 박물관을 이용하기 쉽게 하는 한 가지 방법이다.

박물관에서의 학습효과를 높이기 위해서는 사전준비를 확실히 하는 것이 포인트가 된다. 목적을 명확하게 하고, 어린이에게 박물관에 가는 것에 대한 동기부여를 확실히 해 두는 것이 중요하다. 어린이의 박물관체험의 질이 좋고 나쁨은 사전준비를 어디까지 세밀히 하는가에 달려 있다고 해도 좋다.

박물관에 오는 것이 어려운 학교에 대해서는 박물관에서 작성한 교육용 교재를 대출하는 방법도 있다. 학교수업에서 이용하기 쉽도록 교과나 단원과 관련된 내용으로 교재를 준비해 두면 좋다. 교재의 내용은 과학계 박물관의 경우는 실물의 표본 등을 대출하는 경우도 있다. 그 외에 의상・옛날 도구・회화의 복제 등 주제에 따라서 다양한 교재를 만들 수 있다. 이 교재는 어린이의 흥미와 관심을 끌기 쉽게 만지거나 체험할 수 있는 것이 효과적이다.

앞 절에서도 언급했듯이, 박물관은 학교교육에서 할 수 없는 수업이 실현 가능하다. 실물을 만지는 감동이나 전문가와 함께 작업하는 감동은 어린이의 마음에 큰 반향을 일으키며, 그것이 새로운 호기심을 유도하는 것으로 이어진다. 박물관에서의 학습은 학교교육을 보완하고, 학습효과를 높일 수 있다.

4. 지역과의 연계

박물관 교육프로그램에는 박물관 내에서 실시하는 것뿐만 아니라, 이동박물관이나 출장수업 등 박물관 밖에서 실시하는 것도 있다. 그것들을 아웃리치outreach 프로그램이라고 부르기도 한다. 이동박물관은 학교나 마을회관, 복지시설 등에 박물관의 소장품을 가져가서 전시를 하는 것이다.

일본의 이동박물관은 원폭지역에 있거나, 신체가 부자유스럽거나 해서 박물관을 방문하기 어려운 사람들에게 박물관 활동을 접할 수 있는 기회를 줄 수 있다. 또한 후에 박물관에 가보고 싶어하는 흥미를 가지게 되는 계기가 될지도 모른다. 학교의 경우에는 박물관 견학의 사전학습으로 이동박물관이나 출장수업을 도입하는 것도 효과적이다.

지역에 뿌리내린 박물관 그리고 지역에 필요한 박물관을 만들어 나가려면, 지역민들을 이용자로서뿐만 아니라, 박물관의 운영을 담당하는 사람으로 받아들일 수 있다. 자원봉사도 지역주민이 운영에 참가하는 하나의 방법이지만, 그 외에도 지역과의 다양한 이상적인 연계방식을 생각할 수 있다.

지역에는 다양한 지식과 기술을 가진 사람들이 있다. 교육프로그램을 기획 및 실시할 때, 지역의 다양한 인재를 활용하여 교육프로그램을 실시하는 것도 가능하다. 특수한 기술이나 기능을 필요로 하는 것에 대해서는, 지역에서 활동하고 있는 전문가들에게 강사를 부탁하고 프로그램을 실시하거나, 지역의 문화단체 등과 연계하여 이벤트를 할 수도 있다.

지역의 문화진흥이나 다양한 층의 이용자 개발이라는 의미에서, 이와 같은 지역과 연계한 활동은 큰 의미를 갖는다. 지역의 여러 개인이나 단체, 기관 등과의 연계를 통하여, 박물관 직원만으로는 할 수 없는 다채로운 프로그램을 실시할 수 있다.

지금까지의 박물관 교육은 박물관의 주제에 관심이 있는 일반인들이나 어린이를 대상으로 한 것으로, 박물관 직원이 제공하는 교육서비스의 범위에 머무르는 정도였다. 하지만 이제는 사람들의 다양한 요구에 대응하고, 박물관에 관심이 없었던 사람들에게도 흥미를 가지게 하기 위하여, 박물관이 사회와 접속하는 다양한 회로를 갖는 것이 요구된다. 그리고 박물관 서비스를 누리기만 하는 고객이 아니라, 박물관 활동에 주체적으로 관여하는 지역과의 관계 만들기가 필요하다.

제4절 박물관 교육프로그램의 기획·실시·평가

교육프로그램을 효과적으로 실시하려면, 박물관의 다른 활동과 마찬가지로 PDCA 사이클에 준해서 실시하는 것이 필요하다. PDCA 사이클이란 경영방법으로 널리 알려진 것인데, Plan(계획) → Do(실행) → Check(평가) → Act(개선)라는 네 가지 사이클로 사업을 지속적으로 실시함에 따라 업무를 개선해 나가는 경영 사고방식이다. 박물관 교육프로그램을 실시할 때도, 이

PDCA 사이클을 적용하여 항상 보다 나은 프로그램으로 개선해 나갈 필요가 있다.

박물관 교육을 한마디로 말하자면, 그 내용과 방법은 다양하다. 여러 종류의 교육활동이 박물관의 가치를 높이는 중요한 요소로 작용하려면, 각 프로그램의 목적이나 박물관 활동 속에서의 위상을 명확히 해 둘 필요가 있다.

박물관에는 그 박물관의 존재 근거가 되는 사명과 목적이 있다. 박물관이 설립된 목적이나 박물관 활동을 통해서 전하고자 하는 것이나 달성하고자 하는 것이 모호하면, 박물관 활동이나 그곳에서 일하는 직원의 의식이 일치하지 않고, 박물관의 브랜드 이미지도 모호한 것이 되어 버린다.

교육프로그램을 기획할 때는 박물관의 사명과 목적에 비추어, 그것을 실행시키기 위한 교육사업의 방침을 세우고, 그 아래에 구체적인 전개방법을 생각할 필요가 있다. 경영 용어로 말한다면, 전략과 전술이라고 생각하면 된다.

PDCA 사이클 안에서도, C의 평가는 가장 중요한 것이라고 말할 수 있다. 이것이 제대로 실행되지 않으면, 문제를 떠안은 채 같은 프로그램이 타성적으로 계속되거나, 기대할 정도의 효과가 없는데도 인력과 자금만 낭비하게 될 수 있다. 그것을 방지하기 위해서도 평가는 중요한 것이라고 말할 수 있다.

교육프로그램을 평가하려면, 참가자의 의견이나 감상을 듣는 참가자 입장에서 본 평가와 투입한 비용이나 인력 대비 참가 인원수 등으로 나누어 나온 비용대비 효과로 평가하는 박물관 입장에서 본 평가가 있다. 참가 인원수는 그 프로그램이 인기가 있는지 없는지, 사람들의 요구에 부합하고 있는지 없는지를 알게 하는 이해하기 쉬운 지표이다.

참가자 입장에서 본 평가로 일반적으로 자주 실시되는 것은 설문조사이다. 설문조사는 프로그램의 실시 후에 참가자의 감상이나 평가를 듣는 것이다. 이러한 설문조사와 같은 정량적인 분석에 의해, 프로그램 참가자의 반응을 어느 정도 알 수 있다. 여기서 도출된 비판적인 의견은 특히 중요하다. 따라서 그것들을 진지하게 받아들여 프로그램의 개선에 유용하게 사용하지 않으면 안 된다.

다음으로, 교육프로그램의 평가에 있어서 중요한 교육적 관점에서의 평가에 대하여 서술하고자 한다. 박물관의 교육기능을 설명할 때, 박물관에서 얼마만큼의 교육효과가 있었는지 정확하게 검증할 필요가 있다. 교육프로그램을 평가할 때에도, 참가자에게 어떠한 배움이 있었는가라는 관점에서의 평가가 중요하다. 그것들을 밝힘으로써, 그 프로그램이 교육적 효과가 높은 지 아닌 지를 알 수 있다.

이 교육적 관점에서의 평가방법은 매우 어렵고, 일반적으로 박물관에서 행해지고 있는 것은 아니다. 박물관 학습효과의 측정이 어려운 이유는 학교 학습처럼 도달목표가 반드시 한 가지가 아닐 뿐만 아니라, 확실하지 않기 때문이다. 즉 지식의 획득을 중요한 목적으로 하지 않기 때문에, 그것이 반드시 평가지표가 될 수는 없다.

박물관 교육프로그램의 평가를 학습효과의 관점에서 실시한 활동으로, 영국에서 2003-2004년에 걸쳐 실행한 박물관의 학습효과에 관한 조사가 있다. 조사는 교사 및 학생에 대한 설문조사와 사례연구(청취조사·포커스 그룹 인터뷰·현지방문 등)에 의해서 이루어졌다.

조사결과를 분석하는 데 이용된 평가지표는 2000년경부터 영국에서 주목받게 된 다음의 5가지 '포괄적 학습성과Generic Learning Outcome'이다.

① 지식과 이해Knowledge & Understanding

② 기술Skills

③ 태도와 가치관Attitudes & Values

④ 즐거움Enjoyment · 영감Inspiration · 창조Creativity

⑤ 활동Activity · 행동Behaviour · 진보Progression

박물관에서의 학습성과에 대해서 교사의 평가가 가장 높게 나온 것은 '즐거움 · 영감 · 창조'이고, 다음으로는 '지식 · 이해', '태도 · 가치관', '활동 · 행동 · 진보', '기술'로 이어진다. 박물관의 학습효과로 '즐거움 · 영감 · 창조'를 꼽은 교사가 가장 많았던 것은 역사계 · 미술계 · 과학계 박물관에서 공통된 점이지만, '지식 · 이해'를 꼽고 있는 교사의 비율이 특히 역사계 박물관에서 많은 점이 특징적이다. 반대로 미술관에서는 '지식 · 이해'보다도 '태도 · 가치관'을 학습효과로 선택한 교사가 많다. 박물관에서의 학습이 어린이의 능력이나 감성의 어느 부분에 영향을 주는지, 어느 부분을 향상시킬 수 있는지는 역사 · 미술 · 과학이라는 분야에 따라서도 다르다는 것을 나타내고 있다.

박물관이 인지적인 면뿐만 아니라, 인간의 다양한 감성에 호소하는 부분이 있다는 점도 박물관학습의 특징이라고 할 수 있다. 게다가 '포괄적 학습성과'의 지표 중에 속하기도 한 '활동'과 '가치관'의 변화에 대해서는 참가 직후의 감상뿐만이 아니라, 수년 후, 혹은 10년 후, 20년 후 추적조사를 실시하여 박물관이 가져오는 혹은 가져오지 못하는 장기적인 영향이나 효과도 살펴볼 필요가 있다. 박물관의 학습효과를 조사하는 것은 박물관에서의 배움의 특징을 아는 것이기도 하다.

제13장 박물관의 교육서비스[103]

제1절 교육서비스란 무엇인가

1. 공공서비스와 박물관

박물관에서 서비스의 개념은 평생학습사회의 본격적인 도래라고 하는 사회적 변화 속에서 생겨난 것이다. 평생학습사회란 농경사회와 공업화 사회를 이은 제3의 인간사회의 변화로 평가되고 있다. 다시 말해서, 산업우선의 사회에서 생활우선의 사회로의 전환이자, 생활의 질을 중시하는 사회로의 이행이다. 이러한 사회적 변화는 1980년대 서구에서 일어나 세계적인 조류가 되었다.

이러한 변화는 사회교육시설의 하나인 박물관의 위상에도 큰 변화를 가져왔다. 1992년 미국박물관협회American Association of Museums는[104] 보고서 〈탁월과 균등Excellence and equity 역주〉을 발표하고, 박물관이 사회에서 필수적인 존재가 되기 위해서는 광의의 의미에서의 교육을 중심으로 한 공공서비스를 효과적으로 제공해야 한다고 제언했다. 영국에서도 1997년 문화유산부 Department of National Heritage의[105] 위탁으로 정리된 보고서 《공통의 부A Common Wealth 역주》에서 박물관이 사회적으로 필요 불가결한 존재로 지속하기 위해서

---

103) 카토 켄이치(加藤謙一) : 가나자와미술공예대학(金沢美術工芸大学) 미술공예연구소(美術工芸研究所) 주임연구원(主任研究員).
104) 현재 '미국박물관연합(American Alliance of Museums)'으로 명칭 변경. 역주
105) 문화미디어체육부(Department for Culture, Media and Sport)의 전신. 역주

는, 교육활동에 힘을 쏟아 공공서비스 시설로의 역할을 강화하지 않으면 안 된다고 지적하였다.

일본에서는 2000년 당시 문부성文部省의 위탁을 받고 일본박물관협회日本の博物館協会가 보고서 《'대화'와 '협력'의 박물관: 이해로의 대화·행동으로의 연계'対話'と'連携'の博物館 : 理解への対話·行動への連携》를 정리하였다. 그 내용 중에는 21세기에 걸맞은 '바람직한 박물관'이란 '지식사회'에서의 새로운 시민의 수요에 부응하기 위하여 '대화와 연계'를 운영의 기초로 삼아 시민과 함께 새로운 가치를 창조하고, 평생학습활동의 중핵으로 기능하는 새 시대의 박물관이라고 규정하였다.

2. 교육서비스

박물관의 경우, 공공서비스의 중심에 두는 것은 교육과 관련된 서비스이다. 그렇다면 교육서비스란 어떤 것을 말하는가? 이시모리 슈조우石森秀三는 《박물관경영博物館経営·정보론情報論》에서 종래의 박물관이 공공기관으로서 공평성을 내세워 획일적인 서비스만 제공해 왔던 점이, 이용자로부터 박물관을 매력 없는 시설로 보게 만들었다고 지적하면서 다음과 같이 말하고 있다.

박물관이 누구에게나 같은 내용의 보편적인 서비스 제공에만 머무른다면, 일본 박물관의 사양화에 제동을 걸 수 없다. 박물관을 방문하는 사람들을 다양한 문화적 욕구를 가진 '문화소비자'로 이해하고, 개개인의 기호를 충족시키는 방향에서의 서비스 제공에 주의하여 이용자의 만족도를 최대화함으로써 재방문을 유도하는데 노력해야 한다.

또한 이시모리는 '문화소비자'에 대해서도 다음과 같이 서술하고 있다.

문화소비자는 단순히 새로운 정보나 지식의 제공을 원하는 것만은 아니다. 박물관이 제공하는 새로운 정보나 지식을 통하여, 일상성 속에 잠들어 있는 감동이나 놀라움을 스스로 발견하고, 그 발견을 계기로 무언가 새로운 지적 창조로 연결해 나가기를 원하고 있다.

이러한 지적을 근거로 삼는다면 평생학습시대에 적응한 새로운 박물관 교육서비스란 다음의 두 가지 관점에서 그 특징을 보여줄 수 있을 것이다.

첫째, 서비스 제공방법에서는 다양한 요구를 가진 문화소비자를 사회적 계층·소득·교육·연령·가족구성 등의 외적 요인과 이용자의 태도·가치관·동기 등의 내적 요인을 조사하여 이용자의 요구를 정확히 파악하는 것이 필요하다. 그리고 각 박물관의 특성과 사회적 사명을 고려하여 목표대상target이 되는 이용자층을 정해서 개별로 중점적인 서비스를 제공해 가야 한다. 또한 이용자층이나 이들의 요구를 파악하는 데는 박물관 마케팅 기법을 적극적으로 도입하는 것이 요구된다.

둘째, 서비스의 질적인 면에서는 단순히 정보나 지식이나 해답을 제공하는 것에 그치지 않고, 박물관이 사람들의 문화적 활동과 관련된 기관으로 어떤 지적 가치를 이용자 '스스로'가 만들게 할 것인가 하는 점이야말로 중요하다. 이용자는 자신이 갖고 있는 흥미와 관심에 기초하여 박물관에서 제공되는 정보나 지식을 흡수하고, 거기에서 자신에게 있어서의 의미를 만들어 내어 지적 가치를 창조한다. 그렇기에 박물관 교육서비스는 이용자의 학습의욕을 높이고, 그 학습과정에 밀착하여 지원해 나가는 것이 중시된다.

제2절 박물관 교육서비스의 종류

교육의 영역은 실행되는 장소에 따라 일반적으로 세 가지로 나눌 수 있다. 즉, 학교교육, 사회교육 그리고 가정교육이다. 박물관 교육서비스는 이 중 사회교육에 속한다. 최근 박물관 교육서비스의 다양성이 증대하고 있으며, 이에 따라 전국 각지의 박물관에서 여러 가지 교육서비스가 실행되고 있다. 박물관 이용자는 유아부터 고령자에 이르기까지 폭이 넓다. 연령을 기준으로, 한 개인의 인생의 여러 단계 life stage(이하 생애단계)에 따라, 세밀하게 교육서비스를 실행해 가는 것이 사회교육시설인 박물관에 요구되고 있다. 이 절에서는 생애단계 life stage별 교육서비스의 제공사례로 나가사키역사문화박물관의 교육보급사업을 소개하고자 한다.

1. 이야기 모임과 만들기 체험

교육대상은 유아와 그 보호자이다. 이 프로그램은 단오절·칠석 등 일본의 전통적인 계절 행사에 맞추어 실시하고 있다. 매회 박물관 자원봉사자가 그림책이나 그림연극의 구연을 실시하는 동시에, 계절 행사와 관련된 만들기 체험을 하고 있다. 이 연령의 어린이들에게는 박물관의 학술정보를 전달하기보다는, 박물관이 어린이들에게 친근한 장소라는 인식을 가지도록 기대하고 있다. 동시에 보호자에게도 안심하고 어린이들과 일본의 전통행사에 친근해질 수 있는 장소로서, 도서관이나 어린이집처럼 박물관 이용의 문턱을 낮추겠다는 목적도 있다.

2. 역사문화 어린이 클럽

교육대상은 초등학생부터 중학생까지이다. 7회 연속으로 20명의 고정인원제로 운영되고 있다. 도예 · 화지和紙뜨기[106] · 그림족자 만들기 등의 제작체험을 통해서 박물관 전시나 나가사키長崎의 역사와 문화를 접하는 기회를 제공하는 것을 목적으로 하고 있다. 7회 연속으로 진행되는 교육프로그램의 마지막 회에는 자신들이 만든 작품을 박물관에서 방문자에게 보여주기 위한 전시를 기획하여 운영한다.

어린이들은 보호자의 참가나 지원을 받지 않고 혼자 참여한다. 학교생활과 다른 집단에 의한 활동을 통하여, 어린이들이 마음의 성장도 이루어 가는 것을 알아차리는 보호자도 있다. 박물관에서의 활동은 전시정보에 관련된 지식을 심화시키고, 평소에는 할 수 없는 체험을 할 수 있는 데에 머무르지 않는다. 다른 참가자와 박물관 직원과의 만남을 통하여 어린이들의 마음의 성장에도 관여하는 것이 어린이 대상 교육서비스에서는 중요하다.

3. 역사문화 부모 · 자녀 클럽

교육대상은 초등학교 고학년부터 중학생 및 이들의 보호자로, 5회 연속의 고정인원제이다(〈그림 13.1〉). 전시를 보다 깊이 견학하거나, 나가사키 시내에 남아있는 사적들의 현장학습fieldwork을 나가거나, 음식이나 음악을 즐기는 등 부모와 자녀들이 나가사키의 역사와 문화에 친숙해지도록 하는 것이 교육목적이다. 이 연령의 어린이들은 학교에서 지역학습이나 역사학습도

---

106) 일본 고유의 제조법으로 만든 종이. 역주

시작하여, 전시내용과 직접 관련된 지식도 서서히 늘어나고 있다. 나가사키에 관한 것을 좀 더 학습하고 싶다고 생각하는 보호자의 희망에도 부응하여, 부모와 자녀가 함께 참가하는 프로그램이다.

<그림 13.1> 중국식 사원을 견학하는 참가자

이 교육활동 속에는 어린이에게는 조금 어려운 내용을 일부러 더하여 다루고 있다. 이 경우, 보호자가 어린이들에게 그 내용을 전달하는 역할을 담당한다. 부모·자녀 클럽은 어린이와 보호자가 커뮤니케이션을 돈독히 하면서, 나가사키의 역사와 문화를 배울 수 있는 기회가 되도록 하는 것을 목표로 하고 있다.

4. 역사문화 워크숍

교육대상은 고등학생 이상이다. 교육내용은 나가사키의 역사와 문화, 박물관의 기능이나 역할에 관하여 워크숍 형식으로 배운다. 나가사키역사문화박물관에서는 연간 5회의 <역사문화 워크숍>을 개최하고 있으며, 강사를 맡은 박물관 직원과의 교류를 깊게 한다는 관점에서도 30명의 소수인원제를 채택하고 있다. 내용도 가능한 한 평이하게 하고, 이와 동시에 성인용 만들기 프로그램이라는 요소도 더하여, 역사를 본격적으로 배우기 전의 입문편으로 자리매김하고 있다.

5. 이제부터 시작하는 고문서 강좌

고등학생 이상을 대상으로 하는 연간 9회 연속 강좌이다. 향후 고문서를 배우려는 초심자용의 강좌로 실시하고 있다.

6. 나가사키학長崎学 강좌

일반인 대상의 역사강좌이다. 매월 1회의 빈도로 나가사키의 역사나 문화에 관심을 가진 사람들을 대상으로 진행하고 있다. 140명을 수용할 수 있는 홀에서 진행하며, 강사는 박물관 직원 외에 외부 전문가를 초청하는 경우도 있다.

7. 나가사키학長崎学 전문가 강좌

일반인 대상의 역사강좌로, 〈나가사키학 강좌〉보다 수준이 높은 내용으로 소수인원을 대상으로 진행하는 전문강좌이다. 박물관 직원이 각각의 연구주제에 맞게 최신의 성과를 소개하고 있다. 30명의 소수인원제이며, 수장고에 보관된 소장자료를 실제로 보거나, 사료에서 역사적 사실과 현상을 읽어내는 내용으로 진행되고 있다.

8. 자원봉사자 활동

박물관 자원봉사자는 박물관 방문자 서비스를 비롯한 여러 가지 기능 중의 한 부분을 담당하는 중요한 존재이다. 한편으로 자원봉사 참가자는 박물관이 실시하는 다양한 연수를 통해서 얻은 지식이나 기술을 방문자와의 교류를 통해서 살리는 것으로 방문자의 만족도를 높이고 자원봉사자 자신도 충족감을 얻을 수 있다. 이처럼 박물관의 자원봉사자 활동은 참가하는 시민을 대상으로 한 교육서비스의 하나로 자리매김할 수 있다.

나가사키역사문화박물관은 위와 같이 참가자의 연령에 따라 다양한 교육서비스를 실시하고 있다. 각 박물관의 전시내용이나 지역의 특성, 대응할 수 있는 직원수나 전문성, 다른 업무와의 균형 등에 따라서 제공되는 교육서비스의 내용이나 프로그램의 수에 차이가 있다.

제3절 정보제공 서비스reference service

1. 박물관의 정보제공 서비스

정보제공 서비스는 이용자로부터의 질문에 회답하는 서비스와 이를 위한 참고자료를 구축하고 충실하게 서비스의 질을 높이려는 노력으로 구분할 수 있다. 전자는 직접서비스, 후자는 간접서비스라고 한다. 박물관 시설에서는 다양한 요구를 가진 시민을 위한 서비스 제공의 장으로서, 정보제공 기능은 그 중요성이 커지고 있다. 이 절에서는 박물관에서의 정보제공 서비스를 대략적으로 소개하고자 한다.

2. 직접서비스
1) 이용자의 지원

정보제공 서비스의 원칙은 이용자의 조사·연구 활동을 지원하는 것이다. 이용자의 입장에서 정보제공 서비스를 이용한다는 것은 서지·사전·편람 등의 참고문헌, 각종 데이터베이스, 목록, 팸플릿 등의 레퍼런스 컬렉선을 이용하는 것이며, 질문에 답변해 달라는 것이다.

정보제공 서비스에 충실하려면 이용자의 질문에 직원이 정확한 정보를 적절한 형태로 신속하게 제공하는 환경을 구축하는 것이 필요하다. 이와 더불어 이용자가 독자적으로 조사할 수 있는 환경을 지원하는 레퍼런스 컬렉션을 정비하여, 이용하기 쉽게 배치하고, 이를 위한 안내를 게시하고, 소책자leaflet 등을 활용하는 것도 서비스의 중요한 일부임을 잊어서는 안된다.

2) 질문에 대한 대응

질문은 안내데스크·전화·팩스·전자우편·문서로 이루어진다. 이용자로부터의 질문은 질문기록표에 기록한다. 이때 병의 진료·치료 등의 판단을 필요로 하는 상담, 법률상담, 자료의 구입·매각의 알선중개, 미술품 등의 감정이나 시장조사, 개인의 생명·명예·재산 등에 손해를 끼칠 수 있는 질문은 받아들일 수 없는 질문이므로 사절한다. 질문의 내용이 막연한 경우도 있다. 이것은 이용자가 참고자료에 대해 명확한 이미지를 가지고 있지 않은 경우와 약간의 단서가 보이면 나머지는 스스로 조사하고자 하는 마음을 가지는 경우로 나눌 수 있다. 전자의 경우에는 회답의 제시를 서두르지 않고, 이용자와 함께 조사하겠다는 자세를 보여주는 것이 중요하다. 후자의 경우에는 이용자 스스로 조사하겠다는 자세를 존중하여 적절한 회답을 제시하는 것이 필요하다.

3) 조사방법의 원칙

조사방법에는 ① 가까운 자료부터 시작하고, ② 고차원의 자료에서 저차원의 자료로, ③ 일반적인 주제에서 전문적인 주제로 등 세 가지 원칙이 있다.

①은 먼저 박물관 내의 자료를 조사하고, 다음으로 박물관 내에서 접근이 가능한 정보원, 다른 박물관·도서관의 소장자료나 기관단체의 기록정보원으로 넓혀간다.

②는 참고도서의 해제, 서지, 사전 등 3차·2차 자료부터 조사하기 시작한다.

③은 일반주제의 자료를 단서로 하면서, 전문주제의 자료조사로 나아간다. 예를 들어, 백과사전에서 조사하기 시작하여 점차 상세한 정보를 찾으면서, 전문주제의 사전이나 편람으로 향하는 조사방법이다.

4) 회답의 원칙

회답의 원칙에는 다음의 세 가지가 있다. ① 기록된 정보에 기초하여 회답한다. ② 이용자에게 제시한 기록정보에 관한 평가는 하지 않는다. ③ 사실에 관한 질문에 대해서는 유사한 참고문헌 등이 있으면, 두 가지 이상을 검색하고 기록으로 되어 있으면 그것을 보여준다.

①은 직원의 기억에 근거하여 회답을 하지 않는 것이다. 확실한 근거가 되는 문자에 의한 기록정보를 근거로 회답해야 한다.

②는 이용자는 스스로의 문제의식에 따라 조사·연구를 진행하는 것이며, 그 과정에서 제공된 기술내용에 대해서는 이용자 자신이 판단한다. 박물관이나 그 직원들은 이용자의 조사·연구의 일부분을 지원하고 있는 것에 지나지 않는다.

③은 같은 주제임에도 불구하고, 사전 등에서 표기나 내용이 다른 경우가 있다. 정보제공 서비스에 대한 이용자의 신뢰를 높이기 위해서도 이 점에 유의해야 한다. 또한 이 원칙은 인터넷에서 얻은 정보에 대해서도 적용된다.

3. 간접서비스

1) 레퍼런스 컬렉션의 정비

레퍼런스 컬렉션이란 서지·사전·편람 등의 참고자료, 박물관에서 독자적으로 작성한 서지 색인류(박물관이 작성한 2차 자료), 레퍼런스 관련 질문·회답을 위한 팸플릿, CD-ROM, DVD, 온라인 데이터베이스, 인터넷 정보원, 기타 각종 파일 등 레퍼런스 도구의 총체를 가리킨다.

정보제공 서비스의 내용은 레퍼런스 컬렉션의 수집범위의 양과 질, 그리고 레퍼런스 업무담당 직원의 수와 능력으로 결정된다고 말할 수 있다. 레퍼런스 컬렉션의 정비는 각 박물관의 정보제공 서비스의 기본방침에 따라 지속성과 일관성을 가지고 진행해야 한다.

정보제공 서비스의 기본은 이용자의 조사·연구가 진전될 수 있도록 필요한 정보를 필요한 때에 제공하는 것이다. 이를 위해서는 박물관이 가진 1차 자료가 분류·정리되어, 축적·보존되는 것이 전제가 된다. 중요한 1차 자료를 쉽게 찾을 수 없다면, 정보제공 서비스라 할 수 없다. 이렇게 정리된 1차 자료를 이용자가 쉽게 찾아볼 수 있도록, 자료명·저자명·소장장소 등의 항목이 붙여진 목록이 정비되어 있어야 한다. 자료목록에서는 찾아낼 수 없는 서지나 신문기사, 논문 등을 대상으로 한 2차 자료의 정비도 필요하다.

게다가 박물관의 정보서비스의 충실을 기하는데 있어서 빼놓을 수 없는 것이 디지털 정보에 의한 접근환경이다. 현재는 인터넷 홈페이지를 통해서 소장자료를 검색할 수 있는 박물관이 많아지고 있다. 회화자료나 기물器物이라면 화상을 게재하는 것이 보다 풍부한 정보를 이용자에게 제공할 수 있다.

제4절 학교연계 교육서비스

1. 학교연계 교육서비스의 특징

서비스가 이용자의 요구에 부응하는 것이 전제인 이상, 학교대상 서비스도 이용자인 학생이나 교사의 요구에 맞는 것을 제공해야 한다. 단, 서비스의 직접적인 대상이 학생이라고 해도, 그 배후에는 학생들에게 박물관을 이용하도록 하고 싶은 교사의 요구가 있다는 점을 잊어서는 안된다. 박물관을 이용하는 교사는 사전에 설정한 학습목표(목적)를 학생들에게 달성시키고 싶다는 욕구를 가지고 있다. 박물관 측은 '실물자료, 사람들과의 만남, 체험학습'을 이용해서, 교사의 요구에 부응하는 교육서비스를 제공하는 것이 중요하다.

이 절에서는 학교연계 교육서비스를 학생용과 교사용으로 구분하여 각 서비스의 특징과 제공에 있어 유의해야 할 점을 정리하였다. 방문수업과 이동박물관에 대해서는 제5절 아웃리치 서비스에서 다루고자 한다.

2. 학생대상 서비스

1) 안내guidance · 전시해설

안내는 박물관을 방문할 때 학생들의 대표가 박물관 직원에게 인사를 하고, 박물관 측도 환영의 마음을 전달하는 기회이다. 그리고 전시실의 특징 · 넓이 · 볼거리, 견학시 유의점 등을 알기 쉽게 전달하여, 학생들

〈그림 13.2〉 자원봉사자의 전시해설

의 활동에 대한 이미지를 구체화시키는 것도 안내의 중요한 역할이다.

전시실 내에서 실시하는 전시해설에 있어서, 직원은 사전에 교사와 해설에서 다루게 되는 전시자료와 해설의 관점을 확인해 둔다. 해설자는 전시물과 학생들의 지식이나 경험을 연결하면서 이해하기 쉽게 설명하도록 유의해야 한다. 전시실에서 학생들은 전시물 '보기', 해설자의 설명 '듣기', 워크시트 '작성하기' 등 세 가지 행위를 중심으로 한다. 해설자는 이 세 가지 행위가 동시에 섞이지 않도록 학생들의 상황을 파악하면서, 다음은 어떤 행위에 집중할 것인지를 생각하며 전시실을 안내해야 한다.

2) 체험형 학습

박물관 중에는 학교를 대상으로 체험형 학습 서비스를 제공하는 예가 많다. 시가현립비와코박물관에서는 학교단체를 대상으로 체험학습을 실시하고 있다. 체험학습 프로그램에는 비와 호수의 플랑크톤 관찰, 화석의 복제물 만들기, 갈대피리 만들기 등이 있다. 모든 체험프로그램은 1시간에서 1시간 30분의 활동시간과 전시견학으로 편성되어 있다. 이처럼 단순히 체험만으로 끝나는 것이 아니라, 그 체험을 단서로, 전시물에 대한 깊이 있는 이해로 이어지도록 교육프로그램을 구성하는 것이 필요하다.

3) 워크시트

박물관을 견학하는 모든 학교단체를 대상으로, 직원이나 자원봉사자가 전시해설을 하는 것이 어려운 경우도 있다. 워크시트는 학생들이 전시물을 보거나 이해하는 데 중요한 보조도구가 될 수 있다. 제작에는 학교 관계자에게도 참여를 요청하여, 학년별 학습내용과 박물관 전시물과의 관련성을 검토하고, 학생들이 박물관에 머무는 시간 내에 끝낼 수 있는 양과 내용으로 해야 한다. 완성된 워크시트는 공개하기 전에 반드시 시행·평가·수정의 과정을 거칠 필요가 있다. 또한 실제로 이용을 거듭하는 가운데 끊임없이 수정해 나가는 것도 중요하다.

4) 대출교재 · 학습키트kit

일본에서 대출교재 서비스는 빠르게는 국립과학박물관이 1988년 4월부터 대출을 시작한 '학습용 표본세트'가 있지만, 종합적인 학습시간이 도입된 것을 계기로 많은 박물관에서 운용하기 시작하였다.

2002년 9월부터 운영을 시작한 국립민족학박물관의 학습키트 '민빠쿠 みんぱっく'는 캐나다의 이누이트Innuit를 비롯하여, 안데스 지역 등 세계 여러 지역이나 민족별로 사람들의 생활과 관련된 도구·의상·악기 등과 그에 대한 해설, 그리고 영상자료나 참고도서나 사진집 등을 여행가방 suitcase에 넣은 것이다(〈그림 13.3〉).

〈그림 13.3〉 국립민족학박물관 〈서울스타일 - 어린이의 하루〉 팩(pack)

모든 자료는 실제로 입거나, 연주하거나, 가지고 놀 수 있다. 자료 1점마다 현지 일상생활 속에서의 사용방법 등을 소개한 '물건정보 카드'가 붙어있어, 학생들이 카드를 사용해서 조사학습을 할 수도 있고, 교사가 수업 준비 시 참고할 수 있도록 만들어져 있다. 이 여행가방 속에는 카드 외에 현지에서 수록한 영상이나 교사용 참고서적도 들어 있다.

5) 원격수업

박물관과 학교 교실을 인터넷으로 연결하여 실시하는 쌍방향형 원격수업 서비스가 박물관에서도 시행되고 있다. 후쿠오카福岡에 있는 우미노나카미치해양생태과학관海の中道海洋生態科学館은 1998년부터 원격수업에 몰두하여 많은 실적과 노하우를 축적하고 있다. 낙도落島가 많은 나가사키현長崎県에서도 나가사키역사문화박물관과 나가사키현미술관長崎県美術館이 낙도의 학교와 연간 수차례의 원격수업을 실시하고 있다.

원격수업에서는 교실의 학생들이 모니터나 스크린 너머로 다양한 정보를 얻는다. 그러나 박물관 측이 일방적으로 설명을 하는 경우에는, 학생들은 TV방송을 보는 것과 마찬가지로 수동적이 될 수밖에 없어서 집중력이 부족하게 된다. 원격수업을 제작할 때는 실제 교실에서 행해지는 질문이나 대답, 체험적인 활동을 도입하는 등 쌍방향성을 살린 수업콘텐츠를 제작하도록 유의해야 한다.

3. 교사대상 서비스

1) 예비조사 · 협의

박물관 이용을 고려하고 있는 교사를 대상으로, 박물관은 부담없이 상담할 수 있고 정확한 정보를 제공할 수 있는 체제를 정비해 둘 필요가 있다. 교사와의 상담에서 박물관 측은 교사가 박물관 이용을 이미지로 연상하기 쉽도록, 과거의 이용사례 · 체험학습 프로그램 · 워크시트 등 학습도구 샘플을 준비해 둘 필요가 있다. 또한 교사 측에서는 학생들이 식사를 할 장소를 확보할 수 있을지도 중요한 확인사항이 된다.

2) 연수회

여름방학 등 장기휴가 중에 교사대상 연수회를 개최하는 것은 교사의 박물관 이용에 대한 이해를 심화하는 것과 연결되고, 이와 동시에 교사와 박물관 직원의 상호이해의 장으로도 효과적이다.

나가사키역사문화박물관은 2008년도부터 교사를 대상으로 지속적으로 실시하는 협력학교 파트너즈프로그램協力校・パートナーズプログラム이라는 회원제 연수회를 발족시켰다. 2개월에 1회씩 개최되는 이 연수회에서는 박물관을 이용한 수업계획이나 실천보고, 박물관 측이 제작한 교육서비스의 평가검토, 박물관 직원의 연구성과 발표회 등을 실시하고 있다. 이 프로그램은 교사의 자주성을 존중하는 조심스러운 결속이기는 하지만, 학교와 박물관이라는 조직을 넘어서 교사와 박물관 직원이라는 개인 차원의 유대로 상호이해를 증진하고 있다. 교사와 직원의 협동으로 행해지는 수업의 실천은 새로운 교육서비스를 만들어 내는 원동력이 되고 있다.

3) 박물관이용 안내서

교사가 박물관을 이용할 때 참고할 수 있도록, 이용방법이나 실천사례를 소개한 안내서가 많은 박물관에서 제작되고 있다. 예전에는 책자 형태로 제작되어 배포되는 경우가 많았던 안내서이지만, 배포된 학교에서 다른 자료에 묻혀 충분히 활용되지 않는 경우도 보였다. 이제부터는 관심이 있는 교사가 필요로 할 때 이용할 수 있도록, 박물관 홈페이지에서의 다운로드에 의한 정보제공을 적극적으로 도모해야 한다.

제5절 아웃리치 서비스outreach service

박물관은 사회적 존재가치를 높이기 위하여 모든 사람들에게 열린 접근 가능한 존재가 될 필요가 있다. 단지 방문해 주는 사람들을 기다리는 것만이 아니라, 사회에 적극적으로 나아가는 것이 요청되고 있다. 이와 같은 박물관 밖 활동을 '아웃리치outreach' 활동이라고 부른다.

1. 이동박물관
1) 이동박물관의 목적

이동박물관의 목적은 지리적·시간적·신체적 요인으로 인하여, 평소 박물관과 친숙해질 기회가 적은 사람들에게 박물관의 전시나 교육서비스를 제공하여, 지역의 문화진흥이나 학교교육의 충실에 기여하는 데에 있다. 또한 평소에는 박물관과 관련이 적은 사람들이나 장소를 대상으로 실시하여, 박물관의 존재를 어필하고appeal 새로운 이용자 확보를 노리는 목적도 있다. 이동박물관의 장소는 박물관시설 이외에도 마을회관·학교·복지시설 등에서 이루어지기도 한다.

2) 실시후보지의 선정

이동박물관의 전시 개최장소는 지역적 편향·이동시간·장소의 넓이·온습도나 자외선 등 전시환경 및 제반사항을 고려하여 가급적 조기에 결정할 필요가 있다. 학교 체육관이나 복지시설의 강당처럼 전시전용공간이 아닌 장소가 전시장소가 되는 경우에는 특히 온습도·자외선·자료의 안전 등을 고려해야 하고, 유화나 도자기처럼 환경에 의한 영향을 받기 어려운 자료·복제자료·패널 등으로 대체하는 대응이 필요하다.

3) 전시내용의 결정

전시개최가 결정되면 이용시설 측과 전시내용의 구체화 작업을 진행한다. 전시주제는 박물관의 전시내용, 소장품이 가진 성격, 방문자의 연령·흥미와 관심을 고려하여 결정한다. 예를 들어, 학교에서 개최하는 경우에는 학생들의 수업내용과의 관련성을 중시할 필요가 있다. 또한 전교생을 대상으로 하는 경우에는 폭넓은 연령층에 대응하기 위해서 체험적인 전시를 짜맞춘 내용이 요구된다. 고령자에게는 옛 도구나 장난감, 마을이나 생활의 변천을 보여주는 오래된 사진 등 방문자의 기억을 환기시키는 전시가 인기가 있다.

4) 경비와 역할의 분담

이동박물관의 운영에서 수용자 측이 실제로 가장 많이 신경을 쓰는 점은 금전적·인적·물적 부담을 어느 정도 감수해야 할 필요가 있는가이다. 박물관 측에서는 이러한 각종 부담에 대하여 개최장소를 선정하는 시점에서 박물관 측과 수용자 측 중 어느 쪽이 부담할 것인지를 명확히 하는 것과 동시에 수용자 측의 부담을 줄일 수 있도록 노력하는 것이 중요하다. 일반적으로 발생하는 부담에는 다음과 같은 것이 있다. 금전적인 부담에는 자료 운반비·직원 출장여비·전시자료 보험료·전시장소 사용료·경비원 인건비 등이 있다. 인적부담은 주로 전시장소의 설치와 철거에 따른 작업, 자료의 진열과 철거, 전시설명이나 관련된 체험프로그램의 지도와 지원이 있다. 물적부담에는 전시장소에서 사용하는 전시 좌대·전시패널·컴퓨터·모니터 · 프로젝터 · DVD 플레이어 등이 있다.

2. 출장강좌

1) 출장강좌의 특징

출장강좌는 박물관 직원이 학교나 마을회관 등 학교교육시설이나 사회교육시설로 찾아가서 강연 · 강좌 · 수업 · 워크숍 등을 하는 아웃리치 서비스이다. 일본의 경우, 특히 2002년 초 · 중학교에서의 종합적인 학습시간의 도입을 계기로 많은 박물관이 채택하기 시작한 교육서비스이다.

나가사키역사문화박물관에서는 2009년도부터 출장수업을 시작했다. 실시에 즈음하여, 박물관 교육담당 학예직과 학교교사 사이에 충분한 협의를 한다. 교사로부터 수업을 통해서 학생들에게 학습시키기를 바라는 내용을 확인하고, 그것을 달성하기 위하여 어떤 자료를 어떤 순서로 어느 정도의 내용을 전달하면 좋을지를 수업의 진행상황이나 학생들의 지식수준 등도 고려하면서 결정해 간다.

또한 수업시 박물관 측 직원과 학교교사와의 역할분담을 확인하는 것도 수업을 원활하게 진행할 수 있는 중요한 포인트point가 된다. 박물관 직원의 역할은 교수자로 수업을 진행하는 데에 있다. 이때 학교교사의 역할은 ① 수업이 시작할 때 인사와 마칠 때 정리를 하고, ② 학생들이 듣는 것만으로는 이해하기 어려운 내용을 칠판에 적어 시각적인 이해를 도와주고, ③ 학생들에게 발언을 구할 때 등에 있어서 발언자를 결정하고, ④ 내용이나 표현이 어렵다고 느껴질 때는 박물관 직원에게 확인하는 것이다. 교사는 수업의 전문가이며, 학생들의 개성이나 학급의 분위기를 가장 잘 이해하고 있는 입장에 있다. 출장수업은 박물관 직원이 모든 것을 하는 것이 아니라, 박물관 직원과 교사가 협력하여 수업을 만든다는 기본적인 생각에 기초하여 실시하고 있다. 나가사키역사문화박물관의 출장수업에서 자주 실시하는 프로그램의 주제로는 다음과 같은 것들이 있다.

① 데지마出島에 거주하는 네덜란드인의 일상생활

데지마에 살았던 네덜란드인들의 모습을 그린 두루마리 그림의 퍼즐을 구성한다(〈그림 13.4〉). 그리고는 거기에 그려진 내용에서 발견한 것이나 의문이 드는 부분을 발표하게 한다. 마무리 작업으로, 그러한 의문 등에 대해서 박물관 직원이 해설을 더하여 데지마에 거주했던 네덜란드인들의 일상생활에 대한 이해로 연결한다.

〈그림 13.4〉 두루마리 그림에서 데지마(出島)의 일상생활을 해독하는 출장강좌

② 나가시마를 통해서 가져온 해외 물건들

에도시대의 나가사키는 네덜란드와 중국으로부터 다양한 상품이 수입되고 있었다. 이 주제의 프로그램에서는 사슴·표범·상어의 가죽, 향신료, 한약재 등의 실물을 만지거나, 냄새를 맡는 등의 체험을 통해서 어떤 상품이 들어왔는지를 알게 한다.

③ 나가사키역사문화박물관의 업무

박물관이 소장하는 자료를 나가사키의 역사를 전하는 '보물'로 정하고, 박물관에는 그 보물을 '모으다(수집)', '가져다 두다(보존)', '알아보다(조사·연구)', '보여주다(전시)', '전하다(교육)'는 역할이 있는 것을 소개한다. 이 프로그램은 박물관의 역할과 거기에서 일하는 학예직의 업무를 전하는 내용을 다룬다.

생면부지의 어른이 선생으로 교실에 와서 수업을 하는 출장수업은 학생들에게 가장 친숙한 교실이라는 공간이 비일상의 학습장소로 바뀌는 기회이다. 출장수업을 받아들인 교사로부터는 회화 자료·복제물·체험용 자료 등을 이용하여 학생들이 적극적으로 참여하는 박물관학습 스타일이 평소의 교과서나 자료집을 사용하는 수업과는 다르고 신선해서 학생들의 반응도 좋았다는 평가가 들린다.

한편, 담당 학예직에게도 칠판에 적는 기술, 학생들이 이해하기 쉬운 표현방법이나 화제의 제시방법 등 교사가 교실에서 실시하는 수업형식의 교육활동에서 배우는 것이 매우 많다. 따라서 출장수업은 학예직의 '전하다·가르치다' 기술의 향상에도 이어지는 교육서비스라고 할 수 있다.

제14장 박물관 교육담당자[107]

제1절 교육담당자의 역할

박물관에서 교육은 박물관 기능의 일부로 보는 사고방식과 박물관 활동의 총체로 파악하는 사고방식 이렇게 두 가지 방식이 있다. 전자의 경우, 교육담당자는 각종 교육프로그램의 기획·운영에 관여하지만, 후자는 그 이외에도 박물관 활동 전체를 총괄하는 시각을 가지는 것이 요구된다. 오늘날과 같은 평생학습사회에서 박물관은 그 핵심기관 중 하나로, 이용자의 학습요소를 이끌어 내어 주체적인 학습을 양산하는 다양한 교육프로그램을 실천하는 것이 요구되고 있다. 큰 틀에서 보면, 교육담당자의 역할은 바로 이점에 있다.

1. 박물관 전문직원

일본의 〈박물관법〉에서는 박물관 전문직원으로 학예직을 두고 있으며(제4조 3), 그 직무를 "박물관 자료의 수집, 보관, 전시, 조사·연구, 기타 이와 관련된 사업에 대한 전문적 사항"(제4조 4)으로 규정하고 있다. 이 내용은 폭넓게 박물관이 달성해야 할 모든 기능을 포괄한다.

일본의 〈박물관법〉상, 박물관을 자료의 수집·보관, 전시 및 보급사업, 조사·연구를 일체로 실시하는 기관으로 정의하고 있으며(제2조), 전문직원

---

107) 코마미 카즈오(駒見和夫) : 와요여자대학(和洋女子大学) 교수.

인 학예직은 이러한 역할을 종합적으로 담당하는 것이 요구되고 있다. 즉, 각 박물관의 목적의 비중은 다르지만, 학예직 직책상의 전문성은 학술연구자·전문기술자·교육자로서의 역할을 수행하는 것이다. 그러나 많은 박물관에서는 연구를 기반으로 한 소장품의 활용기관으로 박물관의 운영목적을 설정하는 경향이 강하며, 학예직의 전문성이 종합적으로 필요하다고 인정하면서도, 학예직을 학술연구자로 보는 시각이 여전히 지배적이다.

그런데 시민사회에서 박물관의 정착이 진행됨에 따라, 박물관의 각 기능의 고도화가 요구되었다. 이 때문에 학예직이 단독으로 모든 역할을 감당하는 것은 예전보다 어려워져, 역할을 분담해서 각 기능의 전문성을 강하게 발휘할 수 있는 직원을 배치하는 등 인적인 환경정비가 과제로 떠올랐다. 특히 오늘날과 같은 평생학습사회에서 박물관의 역할이 강하게 기대되고 있는 만큼, 시민대상 학습지원에 책임을 다하는 박물관 직원의 중요도가 점차 높아지고 있다.

2. 교육담당의 위치설정

오늘날 박물관의 골격이 갖추어진 것은 근대 유럽이며, 그곳에서 탄생한 근대박물관은 계몽사상의 침투나 시민혁명을 계기로, 자유롭고 평등한 개인을 보장하기 위하여 지식적인 측면에서의 해방, 즉 학습기회를 일반대중에게 제공하는 것이 근간이었다. 이 교육적 역할이 중심에 있었기에, 박물관은 시민과 함께 활동하는 존재로 발달하게 되었고, 사회에서 정의한 공공성이 높은 현대박물관의 모습에 이르렀다고 인식된다.

이러한 박물관 이념을 강하게 계승해 온 미국에서는 교육활동에 특화된 전문직인 박물관 에듀케이터museum educator가 1950년에 등장하였고, 이후 박물관 학습의 효과를 높이기 위한 노력을 전개하고 있다. 1991년에는 미국박물관협회American Association of Museums가 현대박물관의 활동지침으로 삼고자, 박물관의 교육적 역할에 관한 '탁월과 균등Exellence and Equity'을 채택했다. 이 원칙에는 "광의적 의미에서 교육을 박물관의 공공서비스적 역할의 중심에 둔다. 각 박물관의 사명 속에 일반인 대상 서비스를 위해 노력하는 것을 명시하고, 이를 박물관활동의 중심에 두어야 한다"고 기록하여, 활동의 기반으로서 교육을 사명으로 하는 박물관 교육의 위상이 명확하다(미국박물관협회 2000:13-4).

유럽도 마찬가지 경향으로, 영국에서는 1997년 문화미디어체육부 Department for Culture, Media and Sport 위촉보고서인《공통의 부A Common Wealth》(앤더슨 1999)에서 시민의 재산인 박물관의 자료와 정보의 공유화를 위한 모든 활동의 본질은 교육이라고 강조하면서, 여기에 박물관의 존재 의의를 두고 있다. 서구에서는 이러한 행동방침을 배경으로 박물관 교육을 수행하는 부서가 설치되어 전문직원이 활약하고 있다.

일본의 경우, 〈사회교육법〉에서는 박물관을 사회교육시설로 하고 있지만, 〈박물관법〉에서는 교육보급활동을 박물관 기능의 하나로 두고 있으며(박물관법 제2조), 각 박물관에서는 박물관 활동을 통합하는 것이 교육이라고 이해하는 인식이 그 동안 저조했었다. 그러나 다양한 학습체계의 전개를 요구하는 평생학습의 이념이 일본에서도 교육시책의 근간으로 받아들여지게 되었고, 또한 서구 박물관 분야의 앞서 언급한 동향에도 영향을 받아, 박물관 활동의 핵심에 교육을 두는 조류가 생겨나고 있다.

2000년 일본박물관협회는 바람직한 박물관 본연의 모습에 대한 조사·연구보고서인《대화와 연대'의 박물관》을 정리하였다. 이 보고서에서는 "평생학습사회의 새로운 교육시스템 속에서는 박물관이 기존 학교중심의 교육활동과 비교할 수 없는 중요한 역할을 분담하고, 그것을 완수하는 것이야말로 박물관의 사회적 존재이유라는 공통인식을 전 직원이 가지는 것"이(일본박물관협회 2001:4) 중요하다고 지적하고 있으며, 교육보급 활동을 추진하는 인원은 직무의 하나로 독립시키기보다는, 학예직의 직무분담에 따른 대응이 현단계에서는 능률적인 것으로 알려져 있다고 기술하고 있다(일본박물관협회 2001:26-27).

《'대화와 연대'의 박물관》을 기본으로 각 박물관에서 새로운 방향성의 근거로서 《박물관의 바람직한 모습》이 2003년에 제시되었고, 이 보고서에서는 학예직 직무의 전문분화와[108] 함께 다른 전문직·기술직 직원의 배치에도 유의할만한 제안이 보인다(일본박물관협회 2003:14).

또한 2007년 '향후 박물관 본연의 모습에 관한 검토 협력자회의'가[109] 정리한 보고서에서는 "박물관이 평생학습기관으로서 충실한 학습지원을 도모하기 위해서는, 교육보급을 전문으로 하는 이른바 '박물관 에듀케이터' 등의 전문직을 배치함으로써 시민서비스의 향상이 기대된다"고 명시하면서(향후 박물관 본연의 모습에 관한 검토 협력자회의 2007:23), 학예직과 분리된 박물관 교육전문직을 배치하는 방향으로 전망하고 있다.

즉, 평생학습사회에 대응해야 할 현대박물관에서는 교육이 핵심역할이며, 모든 박물관 직원이 이러한 인식을 공유해야 한다. 교육담당자는 시대의 요청에 적절하게 대응하는 것이 부과된 명제이며, 현대박물관의 사회적

---

108) 학문영역에 의한 전문분화나 자료보존·교육보급, 모든 기능에 의한 분담.
109) 일본 박물관제도 개선의 방향성을 검토하기 위하여, 문부과학성(文部科学省) 평생학습정책국(生涯学習政策局)에 설치.

존재를 지탱하는 위치를 차지하고 있다고 할 수 있다. 또한 교육활동의 충실을 기하기 위해서는, 학예직이 역할을 나누어 학습지원을 담당하는 것만이 아닌, 교육전문직을 배치해야 할 필요성도 높아지고 있다.

3. 교육담당의 직무

교육담당자의 직무내용은 각 박물관이 실시하는 교육서비스의 실무가 중심이 된다. 교육대상은 박물관 이용자이고, 교육활동은 당연히 이용자의 눈높이에 맞추는 자세여야 한다(〈그림 14.1〉). 박물관이 내세우는 목적에 따라차이는 있지만, 실제로 담당하는 교육서비스는 관내 교육서비스와 관외 교육서비스로 크게 나누어진다.

관내 교육서비스는 일반적으로 전시해설이 가장 높은 비중을 차지한다. 전시물에는 어떤 형태로든 해설이 있어서, 관람자에게 전시물의 가치가 발견되어 학습효과가 생기는 경우가 많다. 박물관 전시는 관람객에게 말을 거

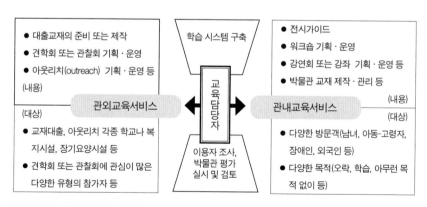

〈그림 14.1〉 교육대상자의 직무와 대상의 관계

는 장치를 두어 관람객의 의식 참여를 이끄는 커뮤니케이션의 한 형태로 파악되지만, 상호간의 커뮤니케이션을 한층 원활하게 할 수 있는 것은 적절하게 갖추어진 인적 지원이다. 관람객에게 있어서, 인적 지원의 장점은 각 관람객의 관심이나 목적에 맞는 해설을 들을 수 있는 점이다. 이에, 박물관은 다양한 관람객을 대상으로 다양한 해설 프로그램을 준비하는 것이 매우 중요하다.

해설에 있어서는 관람객의 관람동기나 목적을 파악하고, 교육수준이나 생활환경에 대한 관찰을 바탕으로 교육내용이나 말하는 방법을 연구하는 것이 관람객의 만족도를 높이는 교육효과를 낳는다. 예를 들면, 성별·나이·심신장애자·외국인 등 각 개인이나 단체group에 따라서도 해설의 내용이나 대응방법이 달라진다. 관람객의 다양한 유형에 따라 해설내용이나 대응방법이 적절하지 못하면, 교육효과 이전에 관람객에게 불쾌감이나 고통을 안겨주는 경우도 있다. 관람목적의 차이에 의한 경우도 마찬가지로, 해설자의 의도가 관람객의 의식과 맞지 않으면 교육효과는 올라가지 않는다. 한편 인적 대응을 좋아하지 않는 관람객도 있으며, 음성기계에 의한 해설제작에도 대처가 필요하다. 해설자는 어떠한 경우에도 전시기획 담당자와 충분한 의사소통을 도모하고, 전시기획의 의도와 목적을 제대로 파악해 두는 것이 필수적이다.

전시해설 이외에 워크숍·강연회·강좌의 기획 및 운영, 박물관 교재의 제작 및 관리도 중요한 직무이다. 워크숍은 참가자와 담당자의 커뮤니케이션을 중시하고 체험적인 요소를 도입한 교육서비스이며, 여기에서도 참가자의 다양성을 고려한 프로그램의 설정이나 실시방법이 요구된다. 강연회는 기획전/특별전의 주제와 관련된 학습을 심화하는 프로그램으로 학예직이나 외부 연구자 등을 강사로 해서 전시기간 중에 개최하는 경우가 많다. 강좌는 박물관 활동과 관련된 주제를 내걸고 지속적으로 실시되는 교육활동으로, 박물관 애호가fan를 육성하는 기회가 되고, 이 그룹이 핵이 되어 박물관 자원봉사 조직이 결성되는 사례가 적지 않다.

또한 박물관 교재는 두 종류로 학생과 교사를 대상으로 하고 있다. 전자는 워크시트나 해설시트가 대표적이고, 학습자가 즐기면서 전시를 이해할 수 있도록 연구하여 만든다면, 전시물에 대한 관찰력이나 감상력을 높이는 효과를 낳을 수 있다. 정보기기가 발달한 오늘날에는 정보통신기술ICT 기기를 이용한 학습교재도 학생의 흥미를 강하게 유발하며 의미있는 교재가 된다. 후자의 교사용 교재로는 학생의 박물관학습을 효과적으로 진행하기 위한 '박물관학습 입문'의 작성 등이 있다.

관외 교육서비스로는 대출교재의 준비 및 제작, 견학·관찰, 아웃리치 프로그램의 기획 및 운영 등이 있다. 대출교재는 학교에 대한 대응이 주를 이루고, 소장자료나 작품 등을 다루는 방법에 대한 설명서manual와 함께 대여하고, 실물교육에 기여하는 목적을 갖는다. 교육담당자가 제작한 독창적인 original 교재도 활용도가 높다. 대출하기 전에 교사를 대상으로 한 강의lecture의 기회를 마련하면 효과는 한층 더 높아진다. 또한 박물관 활동과 관련된 주제를 가진 견학회나 관찰회는 박물관 교육의 폭을 넓히는 활동이다. 사적지·시가지·문학비의 견학회나 동식물·자연환경의 관찰회가 자주 실시되고 있다.

박물관 직원이 다른 시설이나 기관에 가서 교육서비스를 제공하는 아웃리치 프로그램에는 찾아가는 박물관과 출장강좌가 있다. 찾아가는 박물관은 박물관에서 떨어진 지역의 주민센터나 문화센터 등에 자료와 작품을 운반하여 전시를 개최하는 것으로, 지리적으로 박물관서비스의 이용이 어려운 사람들에게 기회를 제공한다는 점에서 의의가 깊다. 한편 워크숍적인 프로그램을 실시하는 출장강좌는 박물관과 학교연계의 기운이 무르익음과 동시에, 학교를 중심으로 이에 대한 요구가 높아지고 있다. 수업 커리큘럼에 넣고 담당자와 교사가 연계하여 실시하면 효과는 매우 크다. 또한 특수학교나 각종 복지시설, 장기요양시설에 대한 아웃리치 프로그램도 사전준비나 실시방법에 많은 노력이 필요하지만, 박물관 이용이 물리적으로 어려운 사람들에게는 귀중한 교육서비스가 된다.

이상과 같이 교육담당자는 박물관학습의 코디네이터coordinator이자, 한편으로는 박물관의 커뮤니케이터communicator라고 할 수 있는 존재이지만, 그 역할은 소장 및 전시하고 있는 소장품에 내재된 지식이나 의미를 끌어내어 이용자에게 전달하고, 배움을 촉진하는 것만으로는 충분하지 않다. 그것을 박물관의 사회적 · 문화적 가치에 두고, 박물관체험 자체가 교육의 힘을 가지고 있다는 점을 인식하고 보급하는 데 노력을 기울여야 한다. 즉 전시와 각종 프로그램을 서로 연관되게 하고, 전체로서 박물관체험을 내다보는 학습시스템의 구축이 요구되는 것이다. 그러기 위해서는, 박물관 이용자에 대한 조사 · 연구와 박물관 평가의 실시 · 검토가 기반이 되고, 박물관 활동을 지원해 주는 자원봉사자나 지역의 각종 교육기관 등과의 연계 추진이 관건이 될 것이다.

제2절 교육담당자의 실태

현재 박물관 교육담당은 학예직의 역할 중 하나로 교육보급활동을 두고, 다수의 학예직 중에서 담당자를 정하는 형태가 일반적이다. 하지만 압도적으로 수가 많은 소규모 박물관에서는 여러 명의 학예직을 배치하는 곳이 적고, 대부분의 경우 한 사람이 모든 박물관 직무와 함께 교육적 역할도 담당하고 있다.

한편, 학예직과는 별도의 박물관 전문직으로, 교육적 직무를 수행하는 직원을 두는 예가 얼마 안되지만 조금씩 증가하고 있다. 또한 교육담당자 밑에 전시해설사나 자원봉사 전시해설사가 조직되어 있는 경우도 증가하고 있어, 학습지원 서비스의 원동력이 되고 있다.

1. 교육보급담당 학예직

전형적인 직명은 아니지만, 학예직 속에 조직되어 교육서비스를 주요 직책으로 하는 학예직이다. 해당 박물관에 소속된 학예직 중에서 담당을 분담하거나, 일정한 기간을 두고 각 학예직이 교대로 직무를 맡는 등, 박물관의 인적 환경에 따라 다양한 대응이 이루어지고 있다. 교육에 관한 지식이나 교수법의 발휘를 의도하여, 학교교육 경험자를 활용하는 공립박물관도 적지 않다. 이 경우, 학교 근무 중 인사이동으로 박물관에 부임하고, 일정한 임기를 마치면 다시 학교로 돌아간다.

이러한 교육보급담당 학예직은 앞에서 기술한 바와 같이 박물관 교육의 실무를 수행하지만, 박물관 교육은 담당자만이 책무를 지는 것은 아니다. 현대의 박물관에서는 교육이 각 기능에 근거한 활동의 총체가 되는 기간적

基幹的**110** 역할이라는 인식을 모든 학예직이 공유하는 것이 중요하다고 생각된다.

교원경험자가 학예직으로 활동하는 경우, 특히 학교에 의한 박물관 이용을 지원하는 효과가 기대된다. 교육현장에서의 경험을 살려서 박물관과 학교를 연결하는 역할을 담당하고, 박물관학습과 학습지도 요령이나 수업 커리큘럼과의 관련에 시선을 돌리게 하고, 학교교육의 실정에 맞는 학습프로그램을 만들 수 있는 점이나, 학생의 학습에 대한 관심과 행동특성에 대한 이해가 깊은 점 등의 이점이 있다.

교원경험자가 활약하는 박물관에서는 상설전시와 교과서의 내용을 대응시킨 텍스트나 워크시트 등의 학생용 교재, 교사의 시점에서 지도계획이나 지도방안을 넣은 가이드북 작성 등 교원경험자의 능력의 특성을 살린 성과가 거론되고 있다. 또한 교사 대상 박물관연수를 개최할 때, 박물관 측의 일방적인 정보발신에 치우치지 않는다는 평가를 받는 경우가 많다. 각종 워크숍에서도 학생들뿐만 아니라, 광범위한 참가자층에 대한 교육적 배려가 다양한 방법으로 기획 및 운영되고 있다. 게다가 박물관 교육의 실천 이후 교원경험자가 학교현장으로 돌아갔을 때, 박물관학습의 이해자로서 적극적으로 나서주는 것이 기대되고, 이는 학교교육과 박물관연계의 추진에도 이어질 것이다.

다만 교원경험이 있는 학예직이 반드시 박물관 교육의 전문가라고 말할 수 있는 것은 아니다. 학교교육과 사회교육은 이념이나 방법에 있어서 다른

---

110) 어떤 분야나 부문에서 가장 으뜸이 되거나 중심이 될 만한. 또는 그런 것. 역주

부분이 많이 있다. 따라서 학교에서의 교육수단이 박물관 교육에 항상 적절하다고는 할 수 없으며, 해당 박물관의 목적이나 기능에 대한 깊이 있는 이해를 바탕으로 한 대응이 요구되는 것은 말할 필요가 없다.

또한 앞서 서술한 바와 같이 일반 학예직의 상당수가 박물관을 연구를 기반으로 한 소장품의 활용기관으로 인식하고, 스스로를 학술연구자로 자리매김하는 직업관이 강하다. 그래서 학교에서 이동하여 교육보급 직무를 맡은 학예직은 학술적 전문성의 관점에서 이질적으로 보여 고립되어 버리는 일이 있다. 이로 인하여, 비교적 단기간에 학교로 돌아가는 경우가 많아, 장기계획에 따른 실천을 공동으로 진행하는 것이 어려운 점도 문제의 배경에 있다고 생각된다. 그렇지만 서로의 능력에 대한 특성을 인정하고, 각 박물관이 내세우는 목적을 향한 연계체제를 세우고, 박물관 교육의 의의에 대해 공통으로 이해를 도모하면서, 박물관 활동을 전반적으로 수행해 나가는 노력을 기울이는 것이 중요하다.

2. 박물관 교육 전문직원

박물관 교육 전문직원은 학예직과는 다른 직제로 배치되는 것으로, 영어로는 'museum educator', 'museum teacher', 'interpreter' 등으로 불리고 있다. 각 직명을 살펴보면, 'museum educator'는 미국의 박물관에서 정착한 용어이다. 미국에서는 학예직과 관련된 조직이 교육계와 연구계 이렇게 두 부문으로 나누어져 있는 경우가 많고, 에듀케이터는 교육부문에 배치된 전문직으로 박물관에서 기획·실시하는 교육서비스 전체를 총괄하는 책임을 맡고 있다. 일본에서도 조직상 교육부문을 별도로 구성하는 사례가 늘고 있고, 이를 전담하는 직원을 학예직과 구별하기 위하여 직제상 확립된 직명은

아니지만, '뮤지엄 에듀케이터ミュージアム・エデュケーター'라는 직함을 이용하는 상황이 인정된다.

'뮤지엄 티처ミュージアム・ティーチャー'도 미국의 사례를 모방한 호칭이며, 일반적으로 전시해설이나 워크숍 등에서 참가자와 대화하면서 학습을 직접 지원하는 직원으로, 에듀케이터가 총괄하고 교육경험이 있는 자원봉사자를 활용하는 경우가 많은 것 같다. 일본에서는 그다지 정착하지 않았지만, 앞서 서술한 학교교원 중 박물관으로 이동해 온 직원을 '뮤지엄 티처' 또는 '박물관교원博物館教員'이라 부르는 사례가 종종 발견된다.

'인터프리터インターブリター'도 미국의 박물관에서 생겨난 호칭이며, 주로 해설활동을 위해 배치되는 직원을 가리키는 것 같으며, 관람객이 편하게 말을 건넬 수 있는 환경조성 등도 연구하고, 상대로부터 흥미를 끌어내어 의문점에 답한다. 해설사의 역할은 단순히 설명에 그치지 않고, 관람객과의 대화를 통해서 전시에 대한 이해의 심화를 이끄는 존재라고 할 수 있다. 담당자는 또한 자원봉사자인 경우가 많으며, 어린이박물관children's museum에서는 같은 세대에 의한 친숙한 해설을 의도한 '틴즈 인터프리터teens interpreter(청소년 해설사)'의 활약도 알려져 있다.

일본어로는 영어의 '인터프리터'란 말이 해석자나 해설자 등으로 직역할 수 있기 때문에, 이를 '전시해설원'으로 치환하여 사용하는 사례를 이전에는 볼 수 있었다. 하지만 최근의 서구 박물관에서는 해석interpretation, 즉 단순한 정보전달이 아닌 참가자의 직접체험을 통해서 사물이나 현상의 배후에 있는 의미나 관계를 스스로 알아낼 수 있도록 하는 것을 목적으로 한 교육활동이 중시되어, 이를 실시하는 사람을 '인터프리터'라고 부르게 되었다. 그 때문에 일본에서도 전시해설원과는 구별하여, 관람객과의 대화나 체험을 통해서 박물관의 교육적 가치를 폭넓게 제공하는 전문종사자라는 의미에서 교육활동의 전문직원에게 '인터프리터'라는 호칭을 사용하는 예를 볼 수 있다.

이들 박물관 교육전문직원의 공통점은 활동에 있어서 모두 관람객과의 의사소통을 중시하는 위치에 있다는 점이다. 박물관에서는 전시나 각종 프로그램에서 관람자나 참가자의 참가와 이를 촉진하기 위한 대화방법의 연구, 즉 커뮤니케이션을 만들어 내는 것이 관람자나 참가자를 깊은 이해와 공감으로 이끄는 것이며 학습을 성립시키는 토대가 된다. 따라서 박물관에서 다양한 커뮤니케이션의 장을 창조하고 실천하는 것이 교육전문직원의 활동의 기축이 되고 있다.

3. 전시해설사와 자원봉사 전시해설사의 활동

박물관 교육에서 커뮤니케이션의 성립은 필수요건이다. 이에 관람자와의 직접적인 커뮤니케이션을 통하여 박물관에서의 학습을 지원하는 직원으로 전시해설사와 자원봉사 전시해설사의 배치가 많은 박물관에서 실행되고 있다. 이들은 일반적으로는 교육담당 학예직이나 전문직원이 총괄하고 있다.

전시해설사는 대형 박물관을 중심으로 배치가 정착되고 있으며, 전시실에서 관람자에게 작용을 해서 다각적인 박물관학습의 기회를 만들고, 박물관학습을 전개하는 역할을 담당한다. 실제로는 전시된 각 자료·작품이나 전시스토리의 해설, 관람자의 질문에 대한 대응 등을 하고 있다. 시간을 정해 놓고 해설투어를 전시해설사에게 맡기는 박물관도 보인다.

관람자의 상당수가 반드시 강한 학습의욕을 가지고 있는 것은 아니며, 막연한 목적이나 어떤 즐거움을 기대한 방문자가 압도적으로 많다. 그러므로 전시해설사의 적절한 대처가 관람자의 흥미와 관심을 끌어내고, 박물관학습의 싹을 틔우는 계기가 된다.

　해설활동에서 교시적인 일방향성의 설명이 아닌, 대화의 장을 창출하고 즐기면서 깨달음과 발견을 이끌어내는 대응이 가능하다면, 전시물이나 전시전체에 대한 관람자의 관심이 높아짐과 동시에, 깊이 있는 이해와 폭넓은 학습효과를 낳을 수 있다. 이에 방문자를 가르치는 것이 아니라, 배경지식을 가지고 방문자의 이야기를 들으면서, 그들이 발견할 수 있도록 조언이나 도움을 주는 것이 해설사의 역할이라는 지적도 있다(누노타니 1999:161-6).

　또한 해설사는 방문자와 대면하고 접할 기회가 가장 많은 존재로, 그 대응이나 인상에서 박물관의 이미지가 달라져 버린다. 말하자면, 박물관의 얼굴이기에, 전시물에 대한 지식이나 해설내용의 습득뿐만이 아니라, 걸음걸이나 자세·말투·발성방법 등 접객매너의 체득도 필요하다. 아무리 뛰어난 전시라도, 적절함이나 호감이 결여된 해설사의 언동은 박물관 전체에 대한 평가를 떨어지게 한다. 그리고 딱딱하고 긴장감이 강한 곳에서는 양질의 박물관학습이 생기기 어려우며, 웃는 얼굴에 정중한 대응이 이용자를 즐거운 학습으로 이끌게 된다.

　게다가 해설사는 전시실이 활약의 주된 장소인 만큼, 관람자가 쾌적하게 관람할 수 있도록 전시환경의 정비나 박물관 내에서의 안전관리 및 위급 상황시 대피유도에도 대처하는 것이 요구되고 있다.

　이와 같은 전시해설사의 고용형태는 대부분의 경우 임기제 촉탁직원으로 박물관이 채용하거나, 위탁파견을 받아 배치하거나 둘 중 하나이다. 관람자에 대한 부드러운 인상과 대응을 기대해서인지 젊은 여성이 많다. 일본의 경우, 채용이나 배치에 맞는 학예직의 자격조건은 그다지 제시되어 있지 않다. 해설내용이나 고객대응 연수는 계획적으로 실시되고 있지만, 박물관의 매력을 전달하여 교육효과를 높이려면 그 역할과 기능 등 박물관학에 관한 지식과 이해를 가지고 있는 것이 바람직하며, '학예원學芸員'이나 '학예원보學芸員補'의111 자격취득을 임용조건으로 고려해야 할 것으로 생각된다.

〈그림 14.2〉 체험프로그램을 소개하는 치바시과학관(千葉市科学館) 직원과 자원봉사자 교육보급 그룹이 팀으로 방문자의 학습지원을 담당하고, 시민 자원봉사자가 이를 지원하는 체제를 취하고 있다. 출처: 치바시과학관

박물관에서의 자원봉사자에 대해서는 등록이라는 형태로 인정하거나 활동을 위촉하여 운영하는 경우가 많다. 문부과학성文部科学省이 실시한 2008년도 사회교육조사에 따르면, 박물관 및 박물관 유사시설의 자원봉사 등록자 수는 75,588명이며, 등록제도를 마련하고 있는 박물관은 1,231관으로 조사대상 박물관의 21.3%를 차지하고 있다. 자원봉사 등록은 중형 이상의 박물관으로 확산되고 있는 것으로 보이며, 1996년도 조사결과와 비교하면 12년간 등록자수가 거의 배로 증가한 상황이다. 따라서 박물관 활동을 창조하는 것은 전임직원뿐만 아니라, 지역의 다양한 인재에 의해서 유지된다는 발상의 전환이 필요할 것이다. 이러한 사람들과의 연계와 협력의 관계가 박물관의 이용성을 높이고, 박물관 활동의 활성화나 확장의 추진력이 되는 것이 틀림없다.

---

111) 서구의 'curator' 또는 'keeper'를 일본에서는 '학예원(보)' 등으로 부르고 있음. 역주

박물관 자원봉사자는 이전에는 접객[112]이나 환경정비[113]에 대한 대응이 다수를 차지하고 있었다. 오늘날에는 참가의 동기가 지적 관심에 기초하여 스스로 배움을 넓히는 것과 자기 계발을 지향하고 있기에, 사무적인 보조작업이 아닌, 전시해설이나 체험프로그램의 시연과 같은 학예업무에 대한 지향이 강해지고 있다. 즉, 자원봉사 전시해설사는 각각의 활동을 통해서 박물관 교육의 실천적인 부분을 맡고 있지만, 동시에 그들도 박물관에서 학습자이기도 하기에, 관람자나 참가자와의 학습체험의 공유가 자원봉사 전시해설사가 담당하는 박물관 교육의 특징이라고 할 수 있다.

이러한 자원봉사 전시해설사의 활동내용으로 전시해설과 워크숍 등의 이벤트 운영을 볼 수 있다. 학습지원자로서의 자원봉사 전시해설사는 다양화하는 관람자의 요구에 부응하고, 세심한 서비스로 기여하는 것이 요구되고 있다.

제3절 교육담당자의 육성

박물관 교육을 어떤 인적 체제로 실시할지는 박물관의 규모나 활동내용 등에 따라 달라진다. 교육담당자만이 교육을 진행하는 박물관도 있고, 교육담당자의 총괄하에 전시해설사나 자원봉사 전시해설사가 조직되어 역할의 한 부분을 담당하는 등 상황은 다양하다. 박물관에서 이와 같은 교육담당자

---

112) 박물관 안내, 접수, 전시실 감시.
113) 박물관 내외의 미화작업.

가 양성될 수 있다는 관점에서, 이 절에서는 전문직으로 자리잡은 박물관 에듀케이터에게 요구되는 능력과 관람자에 대한 학습지원을 매일 실천하고 있는 전시해설사와 자원봉사 전시해설사의 양성에 대해 다루어보고자 한다. 왜냐하면 적절한 인적 환경을 갖추지 않으면, 박물관에서 학습활동은 일어나기 어렵기 때문이다.

1. 박물관 에듀케이터에게 요구되는 것

교육활동은 일반적으로 명확한 교육목적을 가지고 계획적으로 하지 않으면 효과가 발생하기 어렵다. 또한 학습자의 행동특성이나 요구를 파악하고, 학습에 적절한 환경을 조성하는 것도 필요하다. 박물관 교육도 마찬가지로, 박물관의 활동목적으로부터 도출된 교육의도나 전체계획에 근거하지 않은 워크숍 등의 프로그램은 일회성의 단순한 오락으로 끝나고 만다. 그리고 이용자의 의향을 고려하지 않은 기획이나 관람에 대한 배려가 결여된 전시환경은 학습을 야기하는 일이 거의 없을 것이다.

박물관을 실효성 있는 교육기관으로 만들기 위해서는 각종 프로그램이나 전시를 매력적이고 쾌적한 활동이 되도록 상호 연관되게 하고, 어떻게 관람자가 배움을 체감하고 만족감을 느끼게 할지, 즉 어떤 과정에서 학습성과를 가져올지가 과제가 된다. 전시나 각종 프로그램과 관람자 사이에 상호작용이 없으면 학습의 싹은 틀 수 없다. 상호작용의 요건은 참가이며, 커뮤니케이션이나 체험이 주요 수단이 된다. 박물관 교육을 총괄하는 담당자는 이를 인식하고, 박물관 교육프로그램의 기획과 운영에 임하지 않으면 안되고, 스스로도 효과적인 커뮤니케이션 방법을 연구하여 그 능력을 연마하는 것도 중요하다.

교육프로그램의 기획은 방문자에 대한 깊이 있는 이해가 기반이 된다. 방문자의 동향이나 의식은 보편적인 부분도 있지만, 박물관의 목적이나 이에 입각한 운영상황 등에 따른 차이도 크다. 예를 들면, 방문자의 생활환경·박물관 방문의 동기와 목적·박물관 내에서의 행동·전시나 프로그램에 대한 평가·박물관에 대한 요구사항 등을 파악하고 검토하는 것은 각 박물관에서의 박물관 교육방식이나 구체적인 방법을 생각하는 데 필요성이 높다. 방문자연구에서는 행동관찰·인터뷰·설문조사 등과 같은 조사방법의 실시가 유익하다.

또한 박물관에서 학습이 성립되기 위한 전제조건으로서, 누구나 이용할 수 있는 환경의 정비가 필요하다. 그렇지 않으면, 박물관을 물리적으로 이용할 수 없는 사람으로부터 학습의 기회를 빼앗는 것이 되고, 결과적으로는 교육이 중심적인 역할을 하는 박물관의 존재 의의를 부정하게 되는 것이다. 서구에서의 활동을 보면, 모든 사람이 박물관이 준비하는 프로그램에 참가할 수 있도록 박물관과 이용자를 연결하는 역할을 담당하는 직원의 존재가 큰 의미를 가지고 있다. 이들은 접근성 코디네이터accessibility coordinator라고 불리는 전문직원으로, 시설·설비나 전시디자인에 대한 평가와 개선계획의 수립, 목표달성 상황의 감시, 접근성을 보장하는 네트워크의 구축과 함께 교육프로그램의 개발에도 참가하고 있다. 이에 더해, 모든 사람들을 적극적으로 맞아들이겠다는 이념이나 의식을 박물관 내에서 키우면서, 이를 이해하고서 활동하는 인재육성에도 두드러진 활약을 하고 있다고 인정받고 있다.

박물관 직원이 이용자를 적극적으로 맞아들이려는 의식은 누구나 아무런 지장 없이 배울 수 있도록 하는 기본조건이며, 이 의식에 대한 막연한 감상이 아닌 명확한 인식을 높이는 것은 진정성이 있는 적절함과 수준이 높은 행동에 의하여 뒷받침이 된다. 박물관의 이용성을 높이고 유지하는 것을 총괄하는 접근성 코디네이터는 본래 없어서는 안 되는 존재로 여겨지지만, 일본의 상황에서는 접근성 코디네이터와 같은 전문직원의 배치가 용이하지 않다. 하지만 이는 박물관 교육을 보장하는 기반이 되기 때문에, 적어도 에듀케이터는 접근성 코디네이터의 능력을 갖추도록 노력해야 할 것이다.

그런데 일본의 경우 박물관 교육을 담당 및 총괄하는 에듀케이터는 '학예원學芸員' 자격취득자가 맡는 예가 많지만, 에듀케이터가 배치되어 있는 많은 박물관에서는 직제상 '학예원'과는 구분해서 배치하고 있기 때문에, '학예원' 자격취득을 채용조건으로 하지 않는 경우도 적지 않다. 박물관 교육이라고 하는 독자성이 있는 기능은 박물관학에 대한 지식이나 이해가 있어야 특징을 발휘하는 활동이 가능하게 된다는 것은 자명하다. 타기관에서 교육에 관한 경험이 풍부하더라도, 또한 소장자료나 작품에 대한 학술지식이 뛰어나더라도, 그것이 박물관 교육의 수행과 직결되는 것은 아니다. 일본의 대학에서 개설하고 있는 '학예원' 양성 과정의 질에 의문이 들긴 하지만, 박물관 전문직으로 자리를 차지하고 있는 박물관 에듀케이터도 현행 '학예원' 자격의 취득을 필요조건으로 해야 할 것으로 보인다.

2. 전시해설사의 양성

전시해설사는 관람자와 항상 대면하고, 관람자를 전시 및 각종 프로그램과 연결하는 위치에 있기 때문에, 박물관 학습을 이끌어내고 전개시켜 나가는 내비게이터navigator라고 할 수 있다. 전시해설사의 양성지표는 박물관 교육의 역할을 효과적으로 수행할 수 있도록, 각 박물관의 운영이념이나 활동방침에 따라 계획적인 연수기회를 제공하고, 적절한 지식과 기능 및 태도를 몸에 갖추게 하는 것이다. 관람자를 끌어들이는 해설활동에는 해설사 개개인의 인간적인 매력도 중요한 요소이지만, 전체의 조화를 해쳐서는 안될 것이다. 개별 해설사에 따라 전시나 박물관에 대한 방문자의 인상이나 학습성과에 큰 차이가 생기는 것은 바람직하지 않다. 해설사의 양성은 박물관 전체에 대한 평가와 관계되기 때문에 매뉴얼이나 가이드라인을 작성하고 통일적으로 실시하는 것에 유의해야 한다.

해설사의 연수는 ① 접객에 대한 태도, ② 전시와 자료에 관한 지식, ③ 커뮤니케이션의 기능, ④ 안전관리와 긴급사고 대응, 이에 대한 습득이 주요한 내용이다.

①에서는 고객인 방문자에 대해, 모든 사람을 맞이하고 환대하려는 마음을 전면에 내세우고 밝은 표정으로 예절을 갖춘 대응이 요구된다. 대면하는 해설사의 접대에서 생기는 즐거운 기분과 좋은 느낌은 박물관학습이 성립하기 위한 기반이 된다. 방문자를 차별하지 않고 친절하게 접대하는 마음과 태도, 그 위에 장애자·고령자·어린이·외국인에 대한 실제적인 대응 등의 체득을 도모하지 않으면 안 된다. 연수 때뿐만 아니라, 매일 아침 몸가짐·발성·웃는 얼굴·자세·걸음걸이 등을 해설사간에 서로 점검하고 있는 박물관도 많다.

②에 대해서는 방문자에게 학습정보를 제공하고, 폭넓은 학습상담에 응하는 것이 필요한 경우도 있기 때문에, 연수에서는 해당 박물관의 목적·역사·활동업무·소장자료의 개요에 대한 지식을 습득해 두는 것이 필요하다. 전시에 관해서는, 새로운 기획전의 개최 이전에 전시내용을 충분히 학습하는 연수프로그램을 마련하는 것이 당연하고, 잘못된 인식에 따른 해설이 있어서는 안 된다. 연수 이외에도, 기획전 담당 학예직과 긴밀히 연락하

여 해설내용을 확인하고, 자발적으로 학습에 임하는 자세는 해설사에게 필수적인 자질이라고 할 수 있다. 또한 해설사끼리 리허설을 하고, 서로 검토하여 문제점을 해소하는 연수도 유익하다.

〈그림 14.3〉 박물관실습에서 전시해설의 실천 (와요여자대학 문화자료관) 학생이 기획하고 설치한 박물관실습 성과전에서, 방문자에 대한 전시해설 트레이닝과 실전실습에 전념하고 있다.

③의 커뮤니케이션 기능과 관련해서는 화술·말하는 방법·어휘 등에 대한 연수가 실시되고 있다. 해설은 정확하고 바른 말로 알기 쉽게 하지 않으면 의미가 없다. 방문자의 흥미를 이끌어내고, 질리지 않고 즐겁게 듣게 하기 위한 해설방법의 트레이닝이 핵심이지만, 커뮤니케이션은 상호의사 교류가 있어야 성립되기 때문에, 방문자의 이야기를 듣는 방법도 중요하다. 이에 전문 아나운서를 강사로 초청해 연수를 실시하는 예도 보인다.

④의 경우, 전시해설과는 직접적인 관계가 없지만, 해설사는 방문자가 많이 모이는 전시실에서 활동하기 때문에, 돌발사고가 발생할 경우를 대비하여, 방문자의 안전한 대피를 유도하거나 상황에 따른 대응훈련도 빼놓을 수 없다. 항상 방문자의 안전관리와 전시자료의 안전을 지켜보는 태도를 기르는 것이 필요하다.

3. 자원봉사 전시해설사의 양성

박물관 자원봉사는 자신의 흥미와 관심, 시간적인 사정 등에 따라 지식이나 기술을 자발적으로 무보수로 제공하는 사회봉사활동이지만, 박물관 직원과 마찬가지로 자원봉사자의 언행에는 책임이 따른다. 자원봉사자는 경력이나 학식 등이 다양한 사람들의 집합체이며, 그 활동은 개인의 능력이 기반이 되지만, 박물관이라는 기관에서 안정된 교육서비스를 제공하기 위해서는 학습지원을 위한 지식이나 기술을 익히지 않으면 안 된다. 또한, 해당 박물관이 실시하는 교육의 목적이나 이념을 올바르게 이해하는 것도 전제가 된다.

학예직 등 박물관 전문직원이 아닌 시민이 학습지원을 수행하는 것에 대하여 정확성이라는 측면에서 우려하는 의견도 들린다. 전시해설이나 체험프로그램의 지원을 담당하는 자원봉사 전시해설사의 잘못된 정보나 대응은 방문자에 대한 학습지원의 질을 떨어뜨리고, 심지어는 부정하게 만들 수 있기 때문에 자원봉사 전시해설사를 대상으로 한 계획적이고 적절한 연수나 훈련의 기회를 마련하는 것이 필요하다.

현황을 살펴보면, 일정 횟수의 사전연수를 수강하는 것을 자원봉사자 등록조건으로 하는 경우, 등록 후에 연수를 받고 활동을 시작하는 경우, 등록과 함께 활동을 시작하면서 임의로 연수를 수강하는 경우로 나뉜다. 자원봉사에 대한 참가의욕이나 지속성을 높이기 위해서도, 활동 전의 사전연수를 생략해서는 안 될 것이다. 또한 활동 후의 정기연수는 학습지원능력을 향상시키게 되어 개개인의 충실감을 충족시키게 될 것이다.

각 상황을 비교하면, 당연히 사전연수와 채용 후 연수를 정기적으로 실시하고 있는 박물관 쪽이 자원봉사에 자신을 가지고 진지하게 활동하고, 관람자와의 커뮤니케이션이나 교류도 활기를 띠고 있는 것으로 관찰된다. 본인의 자주성이나 주체성을 중시하는 것도 자원봉사자의 대응에서는 중요하다고 할 수 있지만, 박물관 교육 담당직원이 중심이 되는 연수가 충실하고 의무화되어 있으면, 박물관 직원과 자원봉사자의 연계가 강해져서 문제가 발생했을 때의 대응 등이 원활하게 이루어지고, 더욱이 자원봉사자간의 상호교류도 깊어져 전체적으로 결속력이 생긴다. 연수가 비계획적이고 임의적이면, 방문자에 대한 학습지원의 질이 저하됨과 동시에 박물관 전체의 인적인 신뢰관계를 구축하기 어렵게 된다. 유감스럽지만, 자원봉사자와 학예직이 상호이해가 안되어 대립적 관계가 되어버린 박물관도 존재한다.

자원봉사 전시해설사 양성을 위한 연수나 훈련의 내용은 전시해설사와 공통되는 부분이 많지만, 자원봉사자는 스스로도 학습자인 것을 특징으로 하고 있다. 그 때문에 개별 학습욕구나 발달단계에 따른 지원이나, 자기 연찬研鑽의[114] 과정을 수용하는 연수프로그램이나 방법을 연구하는 것이 바람직하다. 또한 그들의 주체성을 살리고, 자원봉사자 그룹이 자체적인 연수계획을 세우도록 이끌어 나가는 것도 중요하다.

---

114) 학문 따위를 깊이 연구함. 역주

제15장 박물관 교육의 과제[115]

제1절 박물관 교육의 개념재고

박물관이 변해가고 있다. 어느 시대든지 모든 조직체는 진화하는 도중에 있다고 말할 수 있지만, 최근 박물관의 동향은 특히 교육분야에서 주목할 만하다. 사회의 동향에 호응하듯이, 외부평가가 화제가 되고 내부변혁과 함께 박물관의 '존재의의raison d'être'를 지금 다시 묻고 있다. '불역유행不易流行'이라는[116] 말로 바꾸어 말하면, '불역不易'이라는 부분은 문화와 역사를 후세에 전달하는 기능, 즉 사회기억장치로서의 박물관이며, 그것은 곧 자료의 '보존'행위로서 박물관의 사회적 존재의의가 보장되는 것이다. 한편 '유행流行'이라는 부분은 박물관의 교육활동이다. 많은 박물관이나 미술관에서 워크숍이나 체험교실 등이 운영되고 있다. 학교교육에서는 할 수 없는 교육활동을 실시하고 있는 것이 큰 특징이라고 할 수 있지만, 박물관 교육이야말로[117] 오늘날 가장 중요한 과제이며, 이 교육활동을 중심으로 박물관개혁이 진행되고 있다고도 말할 수 있는 것이다.

박물관의 기능이 변화하고 있다고 말할 수 있는 것은 박물관의 정의를 보

---

115) 미즈시마 에이지(水嶋英治) : 츠쿠바대학(筑波大学) 교수(教授).
116) 마츠오 바쇼(松尾芭蕉)가 주창한 하이카이(俳諧)의 기본 이념으로, '변화하는 것과 시대에 따라 변화하지 않는 것'이 시의 한 구(句) 속에 통일되는 것을 이상으로 삼음. 역주
117) 박물관 교육의 정의는 다양하지만,《박물관 교육 핸드북(博物館教育ハンドブック)》(1992)에 의하면, "박물관을 향해서의, 박물관 내에서의, 박물관을 통해서의 그리고 박물관으로부터 발생한 교육"이라고 정의하고 있다.

면 일목요연하게 알 수 있다. 박물관의 정의는 나라마다 다르고 또한 시대와 더불어 변천하지만, 반대로 말하자면, 새롭게 정의하는 작업 자체가 박물관의 사명mission을 정기적으로 재검토하고 있다는 증거이기도 하다. 일본의 〈박물관법〉이나 박물관의 정의에 대해서는 이 책에서도 언급하고 있으므로, 여기에서는 서구의 사례를 살펴보고자 한다.

〈표 15.1〉에서 보듯이, 영국 박물관협회Museums Association의 정의에서는 1984년에는 '학습'기능을 박물관의 정의 속에 포함시키고 있지 않았지만, 1998년의 정의에는 교육을 중시하는 관점에서 이 '학습'이라는 용어를 박물관의 정의 속에 포함하고 있다.

〈표 15.1〉 영국 박물관협회의 '박물관의 정의'

제정연도	정의
1984년	박물관은 공공의 이익을 위하여, 물적 증거와 관련 정보를 수집 · 문서화 · 보존 · 전시 · 해석하는 기관이다.
1998년	박물관은 사회로부터 위탁된 자료나 표본을 수집 · 보존하고 이용하기 쉽게 하는 조직이며, 소장품에 의해 사람들이 지적 흥분이나 학습, 즐거움을 얻는 것을 가능하게 하는 기관이다.

또 다른 특징적인 점은 '이용하기 쉽게 하는'이라는 개념이 도입되어 있다는 점이다. 영문으로는 'access'라는 용어가 사용되고 있는데, 이 'access(접근성)'라는 개념도 현 사회에서는 중요한 요소이다. 물리적으로나 정보적으로, 접근성accessibility을 높이는 것은 일본뿐만 아니라 전세계 박물관계에서도 큰 과제이다.

그럼 미국의 경우는 어떠한가? 미국에서는 박물관계가 일치단결할 수 있는 것은 '교육'밖에 없다는 결론에 이르렀다고 한다. 미국박물관협회American Association of Museums가 1991년에 내놓은 정책문서인 〈탁월과 공평: 교육과 박물관의 공공성Excellence and Equity: Education and the Public Dimension of Museums〉은 10년에 걸친 논의의 집대성이다. 미국박물관협회에 따르면, 1980년대 중반 〈21세기 박물관의 역할〉이 정리된 후 〈탁월과 공평〉이라는 문서가 완결되었다고 한다. 이러한 정책 하에 박물관의 교육중시 경향이 진행되어, 교육전문직인 에듀케이터educator의 등장을 촉구하게 된 것이다. 이러한 미국의 에듀케이터와 교육부문의 발전·확충에 주목하게 되면서, 각 국의 대학에서는 박물관 에듀케이터를 양성하는 과정도 충실히 실행되고 있다. 예를 들어 캐나다의 더브리티시 컬럼비아대학The University of British Columbia에서는 박물관 교육학 석사과정을 개설하고 있다. 일본의 박물관은 서구의 박물관 교육활동을 참고하여 도입하고, 박물관의 교육활동을 크게 발전시키고 있다.

영국의 박물관 뿐만 아니라, 프랑스나 네덜란드의 박물관의 정의에는 박물관의 기초로서 '소장품'을 내세우고 있다. 그러나 미국의 경우에는 소장품을 가지고 있지 않은 과학센터science center나 어린이박물관children's museum도 박물관의 범주에 넣고 있다. 이런 점에서도 각 나라의 박물관에 대한 사고방식의 차이가 나타나고 있다. 어쨌든 박물관은 공공서비스와 교육을 위한 시설이라고 정의되고 있다. 박물관은 '탁월성excellence', 즉 지적 엄격성의 전통을 지키는 것 그리고 '공평성equity'의 실현을 위해 노력하는 것, 즉 다양한 사회계층을 포용하는 기관으로 알려져 있다. 〈탁월과 공평〉에는 다음과 같은 구절이 등장한다.

소장품을 박물관의 심장부라고 한다면, 우리가 교육이라고 부르게 된 것, 즉 자료와 사고방식을 알기 쉽고 자극적인 방법으로 제시하려는 노력이야말로 박물관의 정신이다.

이 구절에서 "박물관의 정신"이란 숭고한 표현으로, 오늘날 박물관 활동의 중심은 바로 탁월한 공공교육에 있다고 할 수 있다.

미국 샌프란시스코에 있는 세계적으로 유명한 과학센터인 익스플로라토리움Exploratorium은 핸즈온(체험형 전시), 워크숍(실기교육), 네트워크(인터넷 등에 의한 정보자원)를 '박물관 운영의 세 가지 원칙'으로 들면서 교육활동의 기반으로 하고 있으며, 이 세 가지 원칙이 갖추어져야 비로소 박물관 운영이 성립한다고 주장하고 있다(〈그림 15.1〉).

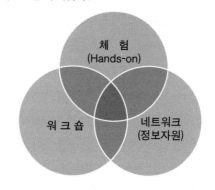

〈그림 15.1〉 미국 샌프란시스코 익스플로라토리움 (Exploratorium) 박물관 운영의 3가지 원칙

제2절 평생학습의 장으로서의 박물관

박물관은 평생학습의 장이라고 말해지는데, 그것은 '언제든지, 어디에서든지, 누구든지' 배울 수 있는 기회가 보장되어 있기 때문이다. 그러나 만약 그렇다면 이는 인터넷상의 콘텐츠(학습자원)와 조금도 다를 바가 없다.

역시 박물관에는 박물관으로서의 특성이 있지 않으면 안 된다. 그것은 사이버 공간상의 '장場'이 아니라, 물리적 공간에서의 '장場'이다. 다시 말하자면, '지금밖에, 여기밖에, 당신밖에' 볼 수 없는 '일회성' 장소가 박물관으로서의 '장場'인 것이다.

조금 더 국제사정을 알기 위해서 프랑스의 박물관 동향으로 눈을 돌려보자. 프랑스에서는 21세기가 되어서야, 박물관법을 개정하고[118] 새로운 개념을 규정했다. 거기에는 다음의 두 가지 요점이 있다.

① 교육서비스를 갖추지 않은 박물관은 '프랑스박물관'이[119] 아니다.
② 박물관사명使命의 중심에 '관람객'을 둔다. 이에 근거하여 18세 미만은 무료로 한다.

다시 말하자면 박물관이 교육서비스를 갖추는 것이 필수조건이 된 것이다.

지금까지 살펴본 바와 같이, 오늘날 영국·미국·프랑스의 박물관은 분명히 '교육지향형'으로 바뀌었다고 말할 수 있다. 그러면 박물관 교육을 실현하기 위해서는 어떠한 정책이 필요한가? 다시 영국의 동향을 살펴보면, '교육정책'이 국가의 최중점 과제가 된다. 블레어 정권 들어 국가정책의 우선순위로 "첫째도 교육, 둘째도 교육, 셋째도 교육"(1997년)이라고 주장했지만, 이 정책을 재표명하여 '정규교육, 비정규교육, 자발적 학습'으로 수정하

---

118) 〈フランス博物館に関する 2002年1月4日の法律〉.
119) '프랑스박물관(musée de France)'이라는 호칭은 컬렉션 소장자의 요구에 따라 부여되는 것이지만, 정책의 일관성을 유지하기 위하여 프랑스박물관고등평의회(Haut conseil des musées de France)를 창립하였다. 그 결과, 지방분권의 일환으로 1910년 이전의 기탁품 수 만점을 해당지역의 박물관에 이관하기로 하고, 그때까지 있었던 '지정박물관', '등록박물관'이라는 제도를 폐지하였다(살루아 2003).

고 있다. 박물관도 당연히 이 교육개혁에 들어가게 되었다.

박물관 교육과 관련된 키워드를 두 가지 들어보고자 한다. 하나는 '사회적 포용social inclusion'이다. 영국의 행정과 박물관계의 사고방식은 국가정책의 영향으로 변화하고 있다. 박물관 이용과 관련해서는, 소수민족·장애인 등과 같은 사회적 약자minority를 포함하고, 이를 사회 전체로 발전시켜 나가야 한다는 것이다. 이 개념과 짝을 이루는 것은 '문화적 배제'이다. '돈이 없는 사람은 들어오지 마시오'가 아니라, '돈이 없는 사람도 박물관 견학을 통하여 학습해 주십시오'라는 사회통합정책을 채택하고 있다. 역설적으로 말하자면, 이 정책으로 사회에 편입되는 것은 '사람'보다 오히려 '박물관'이고, 그 결과 열린 박물관으로서 또한 평생학습기관으로서 사회에 편입할 수 있게 된 것이다.

다른 하나의 키워드는 '접근성access'이다. 박물관의 정의라는 부분에서 보았듯이, '이용의 편리'가 접근성이다. 박물관은 문화의 다양성을 존중하고, 사회적 자원인 소장품·도서자료·고문서류를 적극적으로 유효하게 활용해 나가야 한다. 소장품의 교육적 가치는 다양하지만, 동시에 관람객 및 일반시민에게 이용의 편리성을 높이는 것은 '사회적 포용'이라는 관점에서 중요한 개념이다.

이를 위해서도 교육정책·박물관정책이 중요하고, 공공접근성이 중요한 시책과제라는 점이 오늘날 영국의 사고방식이다. 다시 정리해 보면, 그 기초에 있는 것이 소장품이고, 그것을 활용하는 교육이 오늘날 요구되고 있는 것이다.

영국의 박물관 등록제도Registration Scheme는 일종의 박물관 기준이다. 지금까지의 등록제도의 중심은 '소장품의 보호와 보존preservation'이었다. 하지만 박물관기준의 쇄신을 검토한 결과, 다음 등록제도의 중심은 '교육'이 된다고 영국의 박물관협회는 말하고 있다. 즉, 소장품의 '보호'이상으로 '활용'이 박물관의 사명이라는 방향으로 변화하고 있다는 것을 알 수 있다. '교육적 활용'을 실시하고 있지 않은 박물관은 프랑스의 박물관과 마찬가지로 박물관기준을 충족시키지 않는다고 판단하는 것이다. 영국을 참고로 박물관 등록기준을 제정한 네덜란드박물관협회Nederlandse Museumvereniging도 같은 사고방식에 근거하고 있다.

한마디로 말하자면 박물관은 각 나라 사람들의 재산a common wealth이며, 모든 시대 모든 이들을 위하여 존재하는 공공재公共財이다. 박물관은 교육적·사회적·경제적·정신적인 가치에 관한 공공교육자원을 가지고 있으며, 무한한 표현력을 지닌 보편적인 교육기관으로 개념이 규정된다. 이러한 사고방식은 일본을 포함한 다른 나라의 박물관에 있어서도 많은 참고가 될 것이다.

제3절 에듀케이터educator의 역할

숫자적인 측면에서 볼 때, 일본은 미국의 18,000관에 이어 5,700관의 박물관 대국이다(2011년 11월 기준). 그러나 일본의 박물관은 과연 세계에서 통용되는 질적인 수준에 도달하고 있는지, 박물관 경영에 개선의 여지는 없는지에 대하여 냉정한 눈으로 분석해 볼 필요가 있다.

일본의 박물관계에 상당한 영향력을 가지고 있는 칼 유진 거트Carl Eugen Guthe는 《좋은 박물관이 되기 위해서So You Want a Good Museum》(1957)에서 박물관에는 '조직화'와 '체계화'가 필요하다고 반복해서 지적하고 있다. 이는 전시방법에 있어서도, 학생활동에 있어서도, 박물관으로서의 조직화·체계화가 중요하다는 점을 강조하는 것이다.

그렇다면 일본의 박물관은 전반적으로 교육활동이나 프로그램이 조직화되어 있는가? 과연 교육사업으로서 체계가 세워져 있는가? 물론 그 중에는 체계적으로 워크숍을 실시하고 있는 미술관도 있지만, 다시 생각해보면 관람객이 지속적으로 워크숍에 참가하기보다는 단발적으로 참가하는 경우가 많다.

예를 들면, 〈그림 15.2〉에서 보듯이 박물관 교육에는 두 가지 경로가 있다. 학예직이 직접 진행하는 교육활동과 학예직이 교사나 자원봉사자를 통

경로 1   박물관자료에 대한 해설이나 감상교육·실물교육을 통해서 직접적으로 관람객을 교육하는 경우

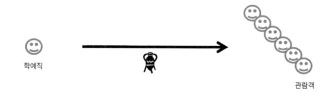

학예직   관람객

경로 2   박물관자료에 대한 감상교육·실물교육을 하는 방법이나 교수법을 가르쳐 간접적으로 관람객을 교육하는 경우

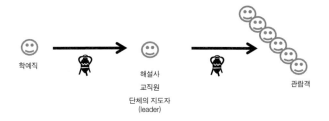

학예직   해설사 교직원 단체의 지도자 (leader)   관람객

〈그림 15.2〉 박물관교육의 두가지 경로

해서 간접적으로 진행하는 교육활동이다. 그것이 설사 박물관 자료나 소장품을 이용한 교육활동이라고 해도, 실제로 이 두 가지 방법론은 엄연히 다른 것이다. 하지만 일본의 박물관 교육활동을 보면, 그 차이가 그다지 인식되지 못하고 있다. 박물관의 교육활동은 이 두 가지 방법이 결합되어야 하겠지만, 일본의 박물관이 처한 오늘날의 상황에서는 박물관 교육education과 박물관 교수법pedagogy을 나누어 생각해 봐야 할 것이다.[120]

학교교육 관계자나 박물관을 지탱하는 자원봉사자 등을 교육하는 것은 더 나아가 박물관 문화를 육성하고 관람객의 저변확대로 이어진다. 어떤 경로를 채택하는 지에 따라 발생하는 결과가 다른 것이다.

평생학습사회의 역할을 담당하는 기관으로서 박물관의 역할을 물어보았을 때, 기존의 개념은 보존, 수집, 전시, 조사·연구, 전통문화의 계승이었지만, 오늘날 사회가 요구하는 박물관의 기능은 '교육'이며, 평생학습기관으로서의 박물관은 중요한 역할을 담당하고 있다. 문제는 이보다 앞서 박물관의 수보다, 활동의 '질' 즉, 교육프로그램의 질이 요구되고 있는 점이다. 이 점은 누구라도 생각할 수 있는 것이다. 박물관은 문화발전을 위한 사회기반시설infrastructure의 하나이며, 그 수가 어느 정도 갖추어지면 질을 추구하는 것은 당연하다.

교육을 다른 사람에게 미치는 영향력이라고 잠정적으로 정의해 본다면,

---

120) 학교교육 현장에서 일어나는 교육은 강제와 의무를 전제로 하고 있는 것에 반해, 박물관 교육은 '자유'를 전제로 하고 있다(슈뗑 1987:241). 독일에서는 '교육학(Pädagogik)'이라는 용어가 보다 빈번하게 사용되고 있으며, 박물관 교육을 나타내는 'museumspädagogik'이라는 말도 사용되고 있다. 관련된 관람객의 연령, 교육수준 또는 사회적 배경에 상관없이, 이 용어는 박물관이 제공하는 모든 활동을 가리키고 있다.

박물관 교육력이란 국민생활을 활성화하는 자극제의 역할을 다해야 하는 것이다. 박물관 교육력, 종합력, 즉 '박물관의 힘'이 지금처럼 요구되는 시대는 없다.

그렇다면 기능변화에 따른 박물관의 경영전략, 특히 박물관 교육을 중심으로 한 활동을 재검토할 필요가 있다. 그것이 박물관의 진화로 이어지기 때문이다.

참고문헌

고가 다다미치(古賀忠道)・토쿠가와 무네마사(德川宗政)・히구치 키요유키(樋口淸之) (엮음) (1976a)《博物館學講座 第1卷》, 東京: 雄山閣.

_____ (엮음) (1976b)《博物館學講座 第7卷 》, 東京: 雄山閣.

_____ (엮음) (1978)《博物館學講座 第5卷》, 東京: 雄山閣.

거트, 칼 유진(Guthe, Carl Eugen) (1957)《So You Want a Good Museum: A Guide to the Management of Small Museums》, Washington, D.C.: American Association of Museums.

건축학회(建築學会) (엮음) (1936)《明治大正建築写真聚覧》, 東京: 建築学会.

교토국립박물관(京都國立博物館) (1997)《京都國立博物館百年史》, 京都: 京都國立博物館.

국립과학박물관(国立科学博物館) (엮음) (2003)《標本学 自然史標本の収集と管理》, 秦野: 東海大出版会.

_____ (엮음) (2010)《「科学リテラシー 涵養活動」を創る~世代に応じたプログラム開発のために》, 東京: 国立科学博物館.

국립민족학박물관(国立民族学博物館) (엮음) (1984)《国立民族学博物館十年史》, 吹田: 国立民族学博物館.

_____ (엮음) (2003)《平成14年度の学習キット'みんぱっく'に関する運用報告》, [大阪]: 国立民族学博物館.

국립사회교육연수소(国立社会教育研修所) (엮음) (1978)《博物館職員講習講義資料 博物館学》, [東京]: 国立社会教育研修所.

국립서양미술관(国立西洋美術館) (2009)《ル・コルビュジエと国立西洋美術館: 開館50周年記念》, [東京]: 国立西洋美術館.

국립역사민속박물관(国立歴史民俗博物館) (엮음) (2011)《国立歴史民俗博物館要覧 2011
年度》, 東京: 国立歴史民俗博物館.

국제식물분류협회(International Association for Plant Taxonomy) (1997)《国際植物命
名規約 (東京規約)》, 大橋広好 訳, 茨城県: 津村研究所.

기노시타 나오유키(木下直之) (2007)《わたしの城下町: 天守閣からみえる戦後の日本》,
東京: 筑摩書房.

나이클, 카스파 프리드리히(Neickel, Caspar Friedrich) (1727)《Museographia Oder
Anleitung Zum rechten Begriff und nützlicher Anlegung der Mvseorvm, Oder
Raritäten-Kammern》, Leipzig: Hubert.

넬슨, 로버트(Nelson, Robert S.) · 쉬프, 리차드(Shiff, Richard) (엮음) (2002)《美術史を
語る言葉: 22の理論と実践》, 加藤哲弘 · 鈴木 広之 · 秋庭史典 (訳), [東京]: ブリュッ
ケ · 星雲社.

누노타니 토모(布谷知夫) (1999)〈展示解説員〉, in 카토우 유우지(加藤有次) (엮음)《生涯
学習と博物館活動》東京: 雄山各, 161-166.

_____ (2004)《施策としての博物館の実践的評価》, 東京: 雄山閣.

_____ (2005)《博物館の理念と運営》, 東京: 雄山閣.

니시노 아키라(西野嘉章) (2000)〈'展示の評価'について〉,《琵琶湖博物館研究調査報告》,
17号, 143-144.

다발롱, 쟝(Davallon, Jean) (엮음) (1986)《Claquemurer, pour ainsi dire, tout l'univers:
La mise en exposition》, Paris: Centre Georges Pompidou, Centre de creation
industrielle.

데발레, 앙드레(Desvallées, André) · 메레스, 프랑스와(Mairesse, François) (엮음) (2010)
《Key Concepts of Museology》, Paris: Armand Colin.

도쿄국립근대미술관(東京国立近代美術館) (엮음) (2001)《美術館を読み解く: 表慶館と現代の美術》, [東京]: 東京国立近代美術館.

도쿄국립박물관(東京国立博物館) (1973)《東京国立博物館百年史》, 東京: 東京国立博物館.

도쿄도미술관(東京都美術館) (엮음) (2007)《記憶と再生: 東京都美術館80周年記念誌》, [東京]: 東京都美術館.

라루스, 피에르(Larousse, Pierre) (1874)《Grand dictionnaire universel du XIXe siècle, vol. 11》, Paris: Larousse.

루미스, 로스(Loomis, Ross) (1987)《Museum Visitor Evaluation: New Tool for Museum Management》, Nashville, TN: American Association for State and Local History.

마사다 요이치(正田陽一) (2000)〈動物園における展示のあり方〉, in 渡辺守雄 ほか《動物園というメディア》, 東京: 青弓社.

마일스, 로저(Miles, Roger S.) (1986)《展示デザインの原理》, 中山邦紀 訳, 東京:丹青社.

마츠모토 에이주(松本栄寿) (1996)〈スミソニアン国立航空宇宙博物館をめぐる論争 ― 歴史的背景と展示の現状―〉,《博物館学雑誌》, 第213巻 第2号, 1996年, 35-54.

맥카시, 버니스(McCarthy, Bernice) (1990)〈Using the 4MAT System to Bring Learning Styles to Schools〉,《Educational Leadership》, 48(2), 31-37.

무라카미 야스스케(村上泰亮) (1975)《産業社会の病理》, 東京: 中央公論社(中公叢書).

미국박물관협회(American Association of Museums) (2000)《卓抜と均等3教育と博物館がもつ公共性の様相 1992年米国博物館協会報告書》, 日本博物館協会 訳, [東京]: 日本博物館協会.

벨처, 마이클(Belcher, Michael) (1993)《Exhibitions in Museums》, Washington, D.C.: Smithsonian Institution Press.

브느와, 뤽(Benoist, Luc) (2002)《博物館学への招待》, 水嶋英治訳, [東京]: 白水社.

살루와, 자끄(Sallois, Jacques) (2003) 《フランス博物館・美術館(Les musées de France)》, 波多野宏之・永尾信之 訳, [東京]: 白水社.

슈뗑, 프랑스(Schouten, Frans) (1987) 〈L'éducation dans les musées: un défi permanent〉, 《Museum》, 39(4), 240-243.

스크레번, 챈들러(Screven, Chandler. G.) (1976) 〈Exhibit Evaluation: A Goal-Refferenced Approach〉, 《Curator》, 19/4, 271-290.

시미즈 히사오(清水久夫) (2005) 《博物館Q&A》, 東京: 慶友社.

시민 Zoo 네트워크(市民 ZOO ネットワーク) (2004) 《いま動物園がおもしろい》 東京: (岩波ブックレット) 岩波書店.

시바타 토시타카(柴田敏隆)・오오타 마사미치(太田正道)・히우라 이사무(日浦勇) (엮음) (1973) 《自然史博物館の取集活動》, 東京: 日本博物館協会.

시이나 노리타카(椎名仙卓) (1993) 《図解博物館史》, 東京: 雄山閣.

앤더슨, 데이비드(Anderson, David) (1999) 《A Common Wealth: Museums in the Learning Age》, Norwich: Department for Culture, Media and Sport.

오가와 요시카즈(小川義和) 외 (2011) 〈科学リテラシーの涵養に資する科学系博物館の教育事業の開発・体系化と理論構築〉, 研究報告書: 国立科学館.

오사카성 천수각(大阪城天守閣) (엮음) (2011) 《天守閣復興: 大阪城天守閣復興80周年記念特別展》, 大阪: 大阪城天守閣.

오사카시립자연사박물관(大阪市立自然史博物館) (엮음) (2007) 《大阪市立自然史博物館叢書—① 大和川の自然 》, 東京: 東海大学出版会.

_____ (엮음) (2011) 《大阪市立自然史博物館 展示解説》, 第14集, 大阪: 大阪市立自然史博物館.

오사카시립전기과학관(大阪市立電気科学館) (엮음) (1987) 《大阪市立電気科学館50年の

あゆみ》, 大阪: 大阪市立電気科学館.

오오구시 나츠미(大串夏身)・사이토우 세이이치(斎藤誠一) (엮음) (2010)《情報サービス論》松戸: 理想社.

오차노미즈여자대학(お茶の水女子大学) (2008)〈Aエリアwave 2調査報告 第11集: 青少年期から成人期への移行についての追跡的研究〉, 東京: お茶の水女子大学.

오차노미즈여자대학(お茶の水女子大学)・베넷세교육연구개발센터(ベネッセ教育研究開発センター) (엮음) (2009)〈教育格差の発生・解消に関する調査研究報告書〉, [東京]: ベネッセ教育研究開発センター.

오호리 사토시(大堀哲)・고바야시 타츠오(小林達雄)・하타 노부유키(端信行)・모로하시 히로쿠마(諸橋博熊) (엮음) (1996)《ミュージアム・マネージメント》, 東京: 東京堂出版.

오호리 사토시(大堀哲) (엮음) (1997)《博物館学教程》, 東京: 東京堂出版.

_____ (1999)《博物館学講座 第10巻: 生涯学習と博物館活動》, 東京: 雄山閣.

_____ (엮음) (2005)《博物館概論》, 東京: 学文社.

와이즈 잭슨, 피터 S. 와이즈(Wyse Jackson, Peter S.)・서덜랜드, 루시 A.(Sutherland, Lucy A.) (2004)《植物園の保全活動に対する国際アジェンダ(International Agenda for Botanic Gardens in Conservation)》, 皆川順子監修・監訳, [東京]]: 植物自然保護億歳機構(Botanic Gardens Conservation International).

와코우 켄지(若生謙二) (2010)《動物園革命》, 東京: 岩波書店.

유네스코(United Nations Educational, Scientific and Cultural Organisation) (2011)〈Operational Guidelines for the Implementation of the World Heritage Convention〉, Paris: UNESCO World Heritage Centre.

이시다 오사무(石田戢) (2010)《日本の動物園》, 東京: 東京大学出版会.

이시모리 슈조우(石森秀三) (엮음) (2004)《改訂版博物館経営・情報論》, 東京: 放送大学教

育振興会.

이토이가와 쥰지(糸魚川淳二) (2010) 〈包括的博物館—21世紀の美術館像—〉, 《瑞浪市化石
　　博物館研究報告》, 36, 91-126.

일본과학기술진흥재단(日本科学技術振興財団)・과학기술관(科学技術館)・탄세이연구소
　　(丹青研究所) (엮음) (1987) 〈展示評価の調査・研究〉, 東京: 日本科学技術振興財団・
　　科学技術館.

일본박물관협회(日本博物館協会) (2001) 《対話と連携'の博物館—理解への対話·行動への
　　連携—》, 調査研究報告書: 文部省.

_____ (2003) 《博物館の望ましい姿 市民とともに創る新時代博物館》, 調査
　　研究報告書: 日本博物館協会.

일본식물원협회(日本植物園協会) (2007) 《日本の植物園における生物多様性保全》, [東京]:
　　日本植物園協会.

일본전시학회(日本展示学会) (엮음) (2010) 《展示論—博物館の展示をつくる》, 東京: 雄山閣.

전국대학박물관강좌협의회 서일본부회(全国大学博物館講座協議会西日本部会) (엮음)
　　(2010) 《新しい博物館学》, 東京: 芙蓉書房出版.

전기학회 전기기술사연구활동의 현황조사전문위원회(電気学会電気技術史研究活動の現
　　状調査専門委員会) (엮음) (1995) 〈電気技術史研究活動の沿革と現状〉, 《電気学会技
　　術報告》, 1-56.

전일본박물관학회(全日本博物館学会) (엮음) 《博物館学事典》, [東京]: 雄山閣.

카나야마 요시아키(金山喜昭) (2001) 《日本の博物館史》, [東京]: 慶友社.

카와시마-베르트랑 아츠코 (川嶋-ベルトラン 敦子) (2001) 〈博物館展示における文字情報
　　の提示方法とその評価--調査方法論を中心として〉, 《日本ミュージアム·マネージメ
　　ント学会研究紀要》, 第5号, 1-11.

카토우 유우지(加藤有次) (1992)《博物館学総論》, 東京: 雄山閣.

카토우 유우지(加藤有次) 외 (엮음)(1999)《博物館学講座 第10巻: 生涯学習と博物館活動》, 東京: 雄山閣.

카토우 켄이치(加藤謙一) (2010)〈長崎歴史文化博物館の学校との連携事業 - 協力校・パートナーズプログラムがもたらした変化 ->, 長崎歴史文化博物館《長崎歴史文化博物館 研究紀要》, 第5号, 15-30.

코야마 히로시게(小山博滋) (2000)《植物標本の作り方》, 東京: 国立科学博物館後援会.

쿠라타 키미히로(倉田公裕)・야지마 쿠니오(矢島國雄) (1993)〈博物館展示評価の基礎的研究〉,《明治大学人文科学研究所紀要》, 第33册, 271-290.

쿠보타 토시오(久保田稔男) (1998)〈造幣寮・韮山反射炉・尚古集成館〉, in 日本産業遺産研究会・文化庁歴史的建造物調査研究会 (編)《建物の見方・しらべ方: 近代産業遺産》, 東京: ぎょうせい.

타카야스 레이지(高安礼士) (엮음) (2010)《産業技術誌: 科学・工学の歴史とリテラシー》, 岡田厚正 監修, 東京: 裳華房.

탄게 겐조(丹下健三)・후지모리 테루노부(藤森照信) (2002)《丹下健三》, 東京: 新建築社.

탄세이연구소(丹青研究所) (엮음) (1993)《Ecomuseum: エコミュージアムの理念と海外事例報告》, 東京: 丹青研究所.

탄세이종합연구소(丹青総合研究所) (1991)〈教育普及の視座: セルフガイド〉,《Museum Data》, 15号.

포크, 존(Falk, John H.)・디어킹, 린(Dierking, Lynn D.) (1996)《博物館体験》, 高橋順一 駅, 東京: 雄山閣.

하인, 조지(Hein, George H.) (2010)《博物館で学ぶ》, 高野光行監訳, 東京: 同成社.

향후 박물관 본연의 모습에 관한 검토 협력자회의(これからの博物館の在り方に関する検

討協力者会議) (2007)《新しい時代の博物館制度の在り方ついて》, 調査研究報告書: 文部科学省.

헤이본샤(平凡社) (엮음) (1972)《世界大百科事典 6》, 東京: 平凡社.

헨미 하지메(邊見端) (1986)〈明治期"博物館学"の面目 - 坪井正五郎博士の業績 - 〉,《博物館学雜誌》, 第11巻 第2号, 20-29.

호리오 테루히사 (掘尾輝久) (1989)《敎育入門》, 東京: 岩波書店.

후지모리 테루노부 (藤森照信) (1993)《日本の近代建築 上(幕末·明治篇)》, 東京: 岩波書店.

히비 노부코(日比伸子) (2010)〈橿原市昆虫館の挑戦~20年に一度のリニューアル〉,《全科協ニュース》, 40(5), 5-7.

찾아보기

Original Japanese title: HAKUBUTSUKANGAKU Ⅱ
- HAKUBUTSUKAN TENJIRON * HAKUBUTSUKAN KYOUIKURON
Copyright ⓒ Satoshi Ohori, Eiji Mizushima 2012
Original Japanese edition published by Gakubun-sha

Korean translation rights arranged with Gakubun-sha
through The English Agency (Japan) Ltd. and KL Management

세린문화예술총서 1
박물관 전시 및 교육론

2017년 4월 4일 초판 1쇄 발행
2019년 12월 20일 초판 2쇄 발행

엮은이 미즈시마 에이지 · 오호리 사토시
옮긴이 김건희 · 배정현 · 주미정

펴낸이 권혁재

편　집 권이지
표지디자인 김경희

인　쇄 성광인쇄

펴낸곳 학연문화사
등　록 1988년 2월 26일 제2-501호
주　소 서울시 금천구 가산동 371-28 우림라이온스밸리 B동 712호
전　화 02-2026-0541-4
팩　스 02-2026-0547
E-mail hak7891@chol.net

ISBN 978-89-5508-368-2 93900

협의에 따라 인지를 붙이지 않습니다.

책값은 뒷표지에 있습니다.
잘못된 책은 바꾸어 드립니다.